中高职跨境电商贯通系列教材

跨境电子商务基础及法律法规

杭州楚汭教育科技有限公司　组　编

罗　杰　主　审

朱琦晓　主　编

叶碧琼　洪芳芳　徐冰清　吴晓波　副主编

电子工业出版社
Publishing House of Electronics Industry
北京·BEIJING

内 容 简 介

本书从跨境电商的商业形态、业务板块、管理决策、法律法规等要素反映完整的跨境电商生态系统，共包括八个学习任务：初识跨境电商、跨境电商平台、跨境电商选品策略、跨境网络零售、B2B跨境电商、跨境电商仓储物流、跨境电商支付、跨境电商法律与规则体系。

本书通过典型案例导入学习任务，以思维导图的形式展示学习脉络，通过小资料等栏目有效辅助学习，可作为职业院校跨境电商、国际贸易、国际商务、电子商务、商务英语等专业的教材，也可作为各类电子商务社会培训用书，还可作为企业电子商务从业人员参考用书。

未经许可，不得以任何方式复制或抄袭本书之部分或全部内容。
版权所有，侵权必究。

图书在版编目（CIP）数据

跨境电子商务基础及法律法规 / 朱琦晓主编. —北京：电子工业出版社，2023.7
ISBN 978-7-121-45790-6

Ⅰ. ①跨⋯　Ⅱ. ①朱⋯　Ⅲ. ①电子商务－法规－中国　Ⅳ. ①D922.294

中国国家版本馆 CIP 数据核字（2023）第 108299 号

责任编辑：薛华强　　特约编辑：何清文
印　　刷：三河市龙林印务有限公司
装　　订：三河市龙林印务有限公司
出版发行：电子工业出版社
　　　　　北京市海淀区万寿路 173 信箱　　邮编：100036
开　　本：787×1092　1/16　　印张：12　　字数：337.9 千字
版　　次：2023 年 7 月第 1 版
印　　次：2023 年 7 月第 1 次印刷
定　　价：45.00 元

凡所购买电子工业出版社图书有缺损问题，请向购买书店调换。若书店售缺，请与本社发行部联系，联系及邮购电话：（010）88254888，88258888。
质量投诉请发邮件至 zlts@phei.com.cn，盗版侵权举报请发邮件至 dbqq@phei.com.cn。
本书咨询联系方式：（010）88254569，xuehq@phei.com.cn，QQ1140210769。

前　　言

随着经济全球化与电子信息技术的纵深发展，跨境电子商务（简称跨境电商）成为国际贸易领域的新业态。特别是"一带一路"倡议的不断深化推进，推动跨境电商迅猛发展。传统产业的升级与新业态的快速发展，加大了行业对跨境电商人才的需求。因此，培养跨境电商高素质综合应用型人才成为职业教育的重要任务。

"跨境电子商务基础及法律法规"是跨境电商专业的一门专业核心课程，课程包含的知识与技能是从事跨境电商领域工作必须具备的基础理论知识和基本职业技能。本书根据国家职业标准的知识与能力结构要求，以跨境电商的商业形态、业务板块、管理决策、法律法规等要素构成一个跨境电商生态系统，明确跨境电商的概念及主要业务形态。本书各任务的编写以典型案例导入，以启发学生思考，激发学习兴趣；以思维导图的形式展示学习脉络、整体架构知识体系，帮助学习者形成系统学习思维；小资料等栏目是对核心内容的补充与拓展，可有效辅助学习者对专业知识的理解。

本书可作为职业院校跨境电商、国际贸易、国际商务、电子商务、商务英语等专业的教材，也可作为各类电子商务社会培训用书，还可作为企业电子商务从业人员参考用书。

建议在互联网教学环境下完成本课程的教学任务，教学参考学时数为108学时，具体课时分配如表1所示。

表1　教学课时分配

课程内容		学时数		
		总计	基础模块	实践与练习模块
学习任务一	初识跨境电商	10	8	2
学习任务二	跨境电商平台	8	4	4
学习任务三	跨境电商选品策略	12	8	4
学习任务四	跨境网络零售	16	10	6
学习任务五	B2B跨境电商	16	10	6
学习任务六	跨境电商仓储物流	16	8	8
学习任务七	跨境电商支付	8	6	2
学习任务八	跨境电商法律与规则体系	18	14	4
机动		4		
总计		108		

撰写本书各任务的主要人员具体如下。

学习任务一由朱琦晓（宁波市鄞州职业教育中心学校）、叶碧琼（宁波市鄞州职业教育中心学校）、胡凌冰（宁波市鄞州职业教育中心学校）编写。

学习任务二由王珏（杭州市临平商贸职业高级中学）、史燕珍（宁波市鄞州职业教育中心学校）编写。

学习任务三由徐冰清（杭州市临平商贸职业高级中学）、顾倩倩（宁波市鄞州职业教育中心学校）编写。

学习任务四由高翰扬（杭州市临平商贸职业高级中学）、徐冰清（杭州市临平商贸职业高级中学）编写。

学习任务五由吴晓波（嘉善信息技术工程学校）、高翰扬（杭州市临平商贸职业高级中学）编写。

学习任务六由顾倩倩（宁波市鄞州职业教育中心学校）、吴晓波（嘉善信息技术工程学校）编写。

学习任务七由洪芳芳（台州市教育教学研究院）、王珏（杭州市临平商贸职业高级中学）编写。

学习任务八由史燕珍（宁波市鄞州职业教育中心学校）、洪芳芳（台州市教育教学研究院）编写。

本书由杭州楚汸教育科技有限公司组编，罗杰担任主审。

本书由朱琦晓担任主编并负责统稿，叶碧琼、洪芳芳、徐冰清、吴晓波担任副主编，史燕珍，顾倩倩、高翰扬、王珏、胡凌冰、俞佳咪、郑婕、陈雁参与编写。

由于编者水平和时间有限，书中难免存在不足之处，恳请读者批评指正。

编　者

目 录

学习任务一 初识跨境电商 1

  学习活动一 跨境电商的概念与特点 3
    一、跨境电商的定义 3
    二、跨境电商的特征 3
  学习活动二 跨境电商的分类 5
    一、按交易主体分类 5
    二、按商品流向分类 7
    三、按平台服务类型分类 7
  学习活动三 跨境电商与传统国际贸易 8
    一、电子商务模式下的国际贸易创新 8
    二、跨境电商与传统国际贸易的区别 11
    三、跨境电商的优势 12
  学习活动四 跨境电商的发展历程与发展趋势 13
    一、跨境电商发展历程 13
    二、我国跨境电商发展现状及趋势 15
  复习与思考 19

学习任务二 跨境电商平台 21

  学习活动一 跨境电商服务平台介绍 24
    一、跨境电商服务平台概况 24
    二、跨境电商服务平台之间的联系 28
    三、进口跨境电商平台 28
    四、出口跨境电商平台 31
  学习活动二 跨境电商服务平台选择 42
    一、跨境电商的发展痛点 42
    二、跨境电商服务平台盈利模式 43
    三、跨境电商服务平台的选择指标 45
  复习与思考 46

学习任务三　跨境电商选品策略 48

学习活动一　跨境电商产品结构分析 50
  一、国内电商消费产品结构分析 50
  二、跨境电商消费产品结构分析 51

学习活动二　主要地区、国家市场分析 53
  一、北美 53
  二、欧洲 54
  三、亚洲 58
  四、非洲 62

学习活动三　跨境电商选品 63
  一、跨境电商选品的基本思路 63
  二、适宜在跨境电商平台销售的产品 64
  三、跨境电商选品策略介绍 65

学习活动四　跨境电商选品需注意的问题 68
  一、法律问题 68
  二、市场因素 70
  三、货源问题 70

复习与思考 70

学习任务四　跨境网络零售 72

学习活动一　跨境网络零售的概念 74
  一、概念 74
  二、特点 74

学习活动二　跨境网络零售的发展条件 75
  一、发展的基础条件 75
  二、发展的间接因素 76
  三、发展的关键因素 77
  四、发展的重要条件 78
  五、发展的主要条件 79

学习活动三　跨境网络零售的经营模式 80
  一、跨境网络零售出口经营模式 80
  二、跨境网络零售进口经营模式 81
  三、跨境电商网络零售 O2O 经营模式 84

学习活动四　跨境网络零售业务流程及注意问题 85
  一、定位目标市场 86
  二、选择产品 86
  三、确定产品线 86
  四、选择货源 86

目录

　　五、开展网络营销 ··· 87
　　六、选择物流方式 ··· 87
　　七、选择融资与支付方式 ·· 88
　　八、清关和退税 ··· 88
复习与思考 ··· 88

学习任务五　B2B 跨境电商 ·· 91

学习活动一　B2B 跨境电商概念 ··· 93
　　一、概念 ·· 93
　　二、分类 ·· 95

学习活动二　B2B 跨境电商的发展现状 ··· 97
　　一、全球发展现状 ··· 97
　　二、中国发展现状 ··· 98

学习活动三　B2B 跨境电商困境 ··· 101
　　一、各国企业缺乏长远战略部署 ··· 101
　　二、信用保障体系欠缺 ··· 101
　　三、缺乏政策支持与有效监管 ··· 102

学习活动四　我国 B2B 跨境电商发展前景 ······································· 102
　　一、B2B 跨境电商主导地位 ··· 102
　　二、B2B 出口跨境电商趋势 ··· 102
　　三、B2B 进口跨境电商趋势 ··· 103
　　四、中国 B2B 跨境电商新态势 ·· 104
　　五、中国 B2B 跨境电商未来三大方向 ··· 105
复习与思考 ·· 107

学习任务六　跨境电商仓储物流 ··· 109

学习活动一　出口仓储模式 ·· 111
　　一、国际物流模式 ·· 112
　　二、海外仓模式 ·· 114

学习活动二　进口仓储模式 ·· 115
　　一、保税区模式 ·· 115
　　二、自贸区模式 ·· 116
　　三、直邮物流模式 ·· 119

学习活动三　跨境电商物流概述 ·· 120
　　一、跨境电商物流的定义 ··· 120
　　二、跨境电商物流与跨境电商的关系 ·· 121
　　三、跨境电商物流的现状与发展趋势 ·· 122
　　四、跨境电商物流发展中面临的问题 ·· 123

学习活动四　跨境电商物流模式 ⋯⋯⋯⋯⋯⋯⋯⋯⋯⋯⋯⋯⋯⋯⋯⋯⋯⋯⋯⋯ 125
　　一、国际邮政物流模式 ⋯⋯⋯⋯⋯⋯⋯⋯⋯⋯⋯⋯⋯⋯⋯⋯⋯⋯⋯⋯⋯⋯⋯⋯ 125
　　二、国际商业快递模式 ⋯⋯⋯⋯⋯⋯⋯⋯⋯⋯⋯⋯⋯⋯⋯⋯⋯⋯⋯⋯⋯⋯⋯⋯ 126
　　三、国际专线物流模式 ⋯⋯⋯⋯⋯⋯⋯⋯⋯⋯⋯⋯⋯⋯⋯⋯⋯⋯⋯⋯⋯⋯⋯⋯ 128
　　四、海外仓模式 ⋯⋯⋯⋯⋯⋯⋯⋯⋯⋯⋯⋯⋯⋯⋯⋯⋯⋯⋯⋯⋯⋯⋯⋯⋯⋯⋯ 128
　　五、其他模式 ⋯⋯⋯⋯⋯⋯⋯⋯⋯⋯⋯⋯⋯⋯⋯⋯⋯⋯⋯⋯⋯⋯⋯⋯⋯⋯⋯⋯ 129
复习与思考 ⋯⋯⋯⋯⋯⋯⋯⋯⋯⋯⋯⋯⋯⋯⋯⋯⋯⋯⋯⋯⋯⋯⋯⋯⋯⋯⋯⋯⋯⋯⋯ 130

学习任务七　跨境电商支付 ⋯⋯⋯⋯⋯⋯⋯⋯⋯⋯⋯⋯⋯⋯⋯⋯⋯⋯⋯⋯⋯⋯⋯⋯ 132

学习活动一　跨境电商支付概述 ⋯⋯⋯⋯⋯⋯⋯⋯⋯⋯⋯⋯⋯⋯⋯⋯⋯⋯⋯⋯⋯ 134
　　一、定义 ⋯⋯⋯⋯⋯⋯⋯⋯⋯⋯⋯⋯⋯⋯⋯⋯⋯⋯⋯⋯⋯⋯⋯⋯⋯⋯⋯⋯⋯⋯ 134
　　二、演变与发展 ⋯⋯⋯⋯⋯⋯⋯⋯⋯⋯⋯⋯⋯⋯⋯⋯⋯⋯⋯⋯⋯⋯⋯⋯⋯⋯⋯ 135
学习活动二　跨境电商支付种类 ⋯⋯⋯⋯⋯⋯⋯⋯⋯⋯⋯⋯⋯⋯⋯⋯⋯⋯⋯⋯⋯ 137
　　一、跨境电商支付分类 ⋯⋯⋯⋯⋯⋯⋯⋯⋯⋯⋯⋯⋯⋯⋯⋯⋯⋯⋯⋯⋯⋯⋯⋯ 137
　　二、跨境电商支付方式比较 ⋯⋯⋯⋯⋯⋯⋯⋯⋯⋯⋯⋯⋯⋯⋯⋯⋯⋯⋯⋯⋯⋯ 141
　　三、影响跨境电商支付方式选择的因素 ⋯⋯⋯⋯⋯⋯⋯⋯⋯⋯⋯⋯⋯⋯⋯⋯⋯ 143
学习活动三　跨境电商支付风险 ⋯⋯⋯⋯⋯⋯⋯⋯⋯⋯⋯⋯⋯⋯⋯⋯⋯⋯⋯⋯⋯ 145
　　一、跨境电商支付风险来源 ⋯⋯⋯⋯⋯⋯⋯⋯⋯⋯⋯⋯⋯⋯⋯⋯⋯⋯⋯⋯⋯⋯ 145
　　二、跨境电商支付风险防范 ⋯⋯⋯⋯⋯⋯⋯⋯⋯⋯⋯⋯⋯⋯⋯⋯⋯⋯⋯⋯⋯⋯ 147
复习与思考 ⋯⋯⋯⋯⋯⋯⋯⋯⋯⋯⋯⋯⋯⋯⋯⋯⋯⋯⋯⋯⋯⋯⋯⋯⋯⋯⋯⋯⋯⋯⋯ 149

学习任务八　跨境电商法律与规则体系 ⋯⋯⋯⋯⋯⋯⋯⋯⋯⋯⋯⋯⋯⋯⋯⋯⋯⋯ 150

学习活动一　海关简介及跨境海关监管政策 ⋯⋯⋯⋯⋯⋯⋯⋯⋯⋯⋯⋯⋯⋯⋯⋯ 152
　　一、海关简介 ⋯⋯⋯⋯⋯⋯⋯⋯⋯⋯⋯⋯⋯⋯⋯⋯⋯⋯⋯⋯⋯⋯⋯⋯⋯⋯⋯⋯ 152
　　二、跨境海关监管政策 ⋯⋯⋯⋯⋯⋯⋯⋯⋯⋯⋯⋯⋯⋯⋯⋯⋯⋯⋯⋯⋯⋯⋯⋯ 152
学习活动二　跨境电商征税 ⋯⋯⋯⋯⋯⋯⋯⋯⋯⋯⋯⋯⋯⋯⋯⋯⋯⋯⋯⋯⋯⋯⋯ 155
　　一、种类 ⋯⋯⋯⋯⋯⋯⋯⋯⋯⋯⋯⋯⋯⋯⋯⋯⋯⋯⋯⋯⋯⋯⋯⋯⋯⋯⋯⋯⋯⋯ 155
　　二、进口征税计算 ⋯⋯⋯⋯⋯⋯⋯⋯⋯⋯⋯⋯⋯⋯⋯⋯⋯⋯⋯⋯⋯⋯⋯⋯⋯⋯ 156
　　三、出口税收 ⋯⋯⋯⋯⋯⋯⋯⋯⋯⋯⋯⋯⋯⋯⋯⋯⋯⋯⋯⋯⋯⋯⋯⋯⋯⋯⋯⋯ 157
学习活动三　跨境电商企业法律义务 ⋯⋯⋯⋯⋯⋯⋯⋯⋯⋯⋯⋯⋯⋯⋯⋯⋯⋯⋯ 158
　　一、如实申报 ⋯⋯⋯⋯⋯⋯⋯⋯⋯⋯⋯⋯⋯⋯⋯⋯⋯⋯⋯⋯⋯⋯⋯⋯⋯⋯⋯⋯ 158
　　二、如实传输电子信息 ⋯⋯⋯⋯⋯⋯⋯⋯⋯⋯⋯⋯⋯⋯⋯⋯⋯⋯⋯⋯⋯⋯⋯⋯ 158
　　三、代为履行纳税 ⋯⋯⋯⋯⋯⋯⋯⋯⋯⋯⋯⋯⋯⋯⋯⋯⋯⋯⋯⋯⋯⋯⋯⋯⋯⋯ 159
　　四、汇总纳税情况下的交保 ⋯⋯⋯⋯⋯⋯⋯⋯⋯⋯⋯⋯⋯⋯⋯⋯⋯⋯⋯⋯⋯⋯ 159
　　五、核实订购人的身份信息 ⋯⋯⋯⋯⋯⋯⋯⋯⋯⋯⋯⋯⋯⋯⋯⋯⋯⋯⋯⋯⋯⋯ 160
　　六、配合海关查验 ⋯⋯⋯⋯⋯⋯⋯⋯⋯⋯⋯⋯⋯⋯⋯⋯⋯⋯⋯⋯⋯⋯⋯⋯⋯⋯ 160
　　七、主动报告违规或走私行为 ⋯⋯⋯⋯⋯⋯⋯⋯⋯⋯⋯⋯⋯⋯⋯⋯⋯⋯⋯⋯⋯ 160
学习活动四　跨境电商网上争议解决 ⋯⋯⋯⋯⋯⋯⋯⋯⋯⋯⋯⋯⋯⋯⋯⋯⋯⋯⋯ 160
　　一、跨境电商企业涉诉大数据 ⋯⋯⋯⋯⋯⋯⋯⋯⋯⋯⋯⋯⋯⋯⋯⋯⋯⋯⋯⋯⋯ 160

二、跨境电商纠纷的特点 ·· 163
　　三、跨境电商的主要争议类型 ·· 163
　　四、跨境电商的争议解决方式 ·· 165
　学习活动五　跨境电商知识产权 ·· 168
　　一、侵权风险 ··· 169
　　二、侵权的应对 ·· 170
　学习活动六　跨境电商网络安全 ·· 171
　　一、大数据时代的信息安全 ··· 171
　　二、跨境支付安全 ··· 172
　学习活动七　跨境电商法律法规的国际协调 ································ 175
　　一、我国跨境电商相关法律法规 ··· 175
　　二、法律法规的国际协调 ··· 177
　复习与思考 ·· 178

参考文献 ··· 180

学习任务一

初识跨境电商

中国跨境电商发展为世界企业提供新机遇

以"跨境电商新机遇、新挑战"为主题的2020世界跨境电商大会于2020年11月19日在广州举行。本次大会聚焦跨境电商新业态发展,围绕跨境电商市场监管、全球跨境贸易通关便利化等热点话题展开深入研讨。与会人士表示,当前,中国的跨境电子商务正蓬勃发展,为世界经济的复苏注入新动能。

2020年以来,世界经济下行压力增大。而跨境电商作为外贸的新业态,以其数字化、多边化、便捷化的优势,为国际贸易合作提供了广阔的空间。当天大会上,上合组织秘书长弗拉基米尔·诺罗夫认为,数字经济和跨境电商在全球经济复苏中发挥了重要作用。他指出,中国电子商务模式不仅促进了世界数字经济的增长,而且对减少贫困和促进就业也发挥了非常重要的作用。

对于中国跨境电商蓬勃发展以及发挥的作用,中欧数字协会主席路易吉·干巴尔代拉也予以了积极肯定。他认为,在过去十年中,跨境电商已经成为世界上增长较快的行业之一,中国毫无疑问是现在全球跨境电商的领导者。他还观察到,"直播带货"也正成为中国跨境电商的新方式。他表示:"如今中国被认为是新商业模式的试验田。直播流媒体业务正成为中国电子商务的中心舞台。在线购物者会收看网红们推销的各种商品,咖啡豆甚至是火箭。直播销售已经成为外国品牌吸引数百万中国客户的最佳机会。"

世界贸易组织副总干事易小准表示,中国已经是电子商务的领跑者。他说,中国的电子商务公司将业务拓展到海外,为世界各地的中小企业提供通过电商开展业务的机会。他还透露,中国已提交一些基于互联网驱动的跨境货物贸易建议,期待中国继续积极参与并致力于世界贸易组织关于电子商务的建设性讨论和谈判。

学习目标

1. 掌握跨境电商的概念、特征，了解跨境电商生态系统中各主题间的关系。
2. 了解跨境电商与传统国际贸易的区别。
3. 了解跨境电商的发展现状。
4. 熟知跨境电商的发展历程与发展趋势。

本章知识脉络图

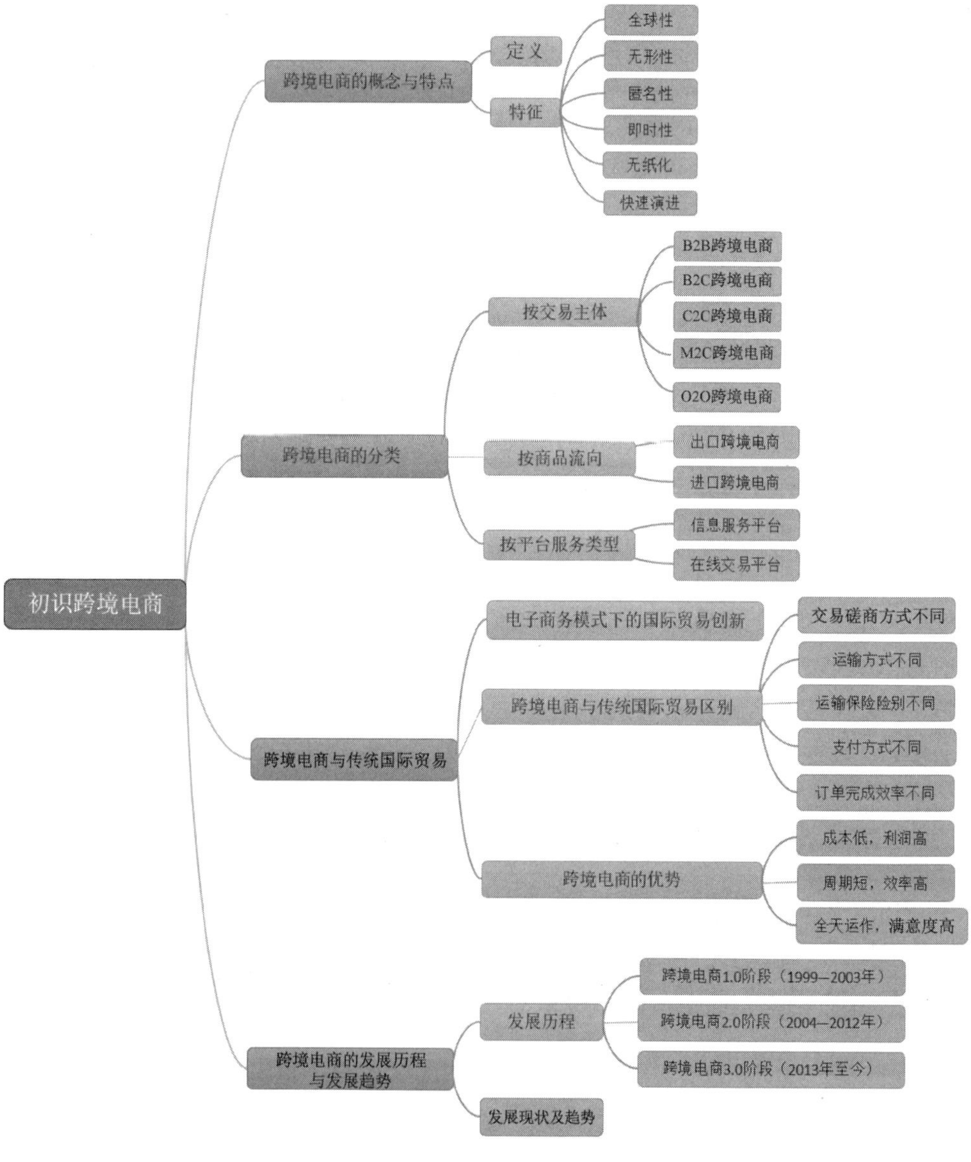

初识跨境电商
- 跨境电商的概念与特点
  - 定义
  - 特征
    - 全球性
    - 无形性
    - 匿名性
    - 即时性
    - 无纸化
    - 快速演进
- 跨境电商的分类
  - 按交易主体
    - B2B跨境电商
    - B2C跨境电商
    - C2C跨境电商
    - M2C跨境电商
    - O2O跨境电商
  - 按商品流向
    - 出口跨境电商
    - 进口跨境电商
  - 按平台服务类型
    - 信息服务平台
    - 在线交易平台
- 跨境电商与传统国际贸易
  - 电子商务模式下的国际贸易创新
  - 跨境电商与传统国际贸易区别
    - 交易磋商方式不同
    - 运输方式不同
    - 运输保险险别不同
    - 支付方式不同
    - 订单完成效率不同
  - 跨境电商的优势
    - 成本低，利润高
    - 周期短，效率高
    - 全天运作，满意度高
- 跨境电商的发展历程与发展趋势
  - 发展历程
    - 跨境电商1.0阶段（1999—2003年）
    - 跨境电商2.0阶段（2004—2012年）
    - 跨境电商3.0阶段（2013年至今）
  - 发展现状及趋势

学习活动一　跨境电商的概念与特点

一、跨境电商的定义

跨境电子商务（简称跨境电商）是指分属不同关境的交易主体，通过电子商务平台达成交易、进行支付结算，并通过跨境物流送达商品、完成交易的一种国际商业活动。

就一国而言，跨境电商包括进口和出口两种贸易类型。从国家和企业层面看，跨境电商有助于拓宽国际市场，优化多边资源配置；从消费者层面看，跨境电商有助于消费者获取全球物美价廉的商品。随着经济全球化和信息化进程的加速，跨境电商正在引领世界经济贸易大变革，并受到各国追捧，成为抢占全球网络经济版图的重要手段，其交易流程如图 1-1 所示。

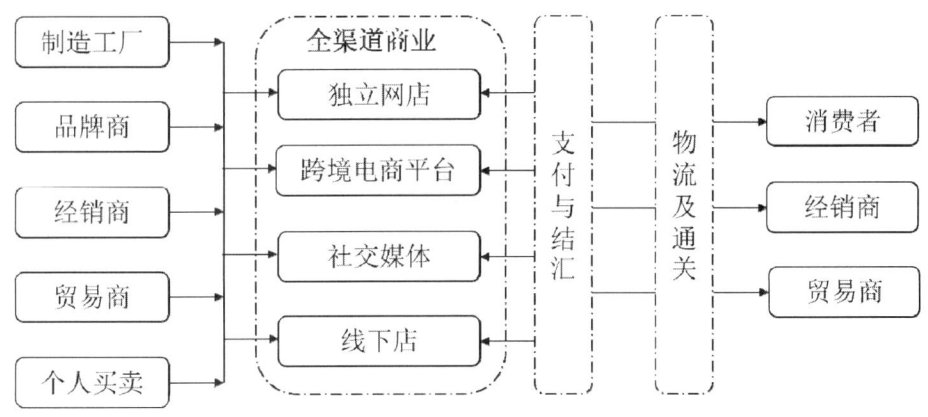

图 1-1　跨境电商交易流程示意

二、跨境电商的特征

跨境电商是基于网络发展起来的，网络空间独特的价值标准和行为模式深刻地影响着跨境电商，使其不同于传统的交易方式而呈现出自己的特点。

（一）全球性（Global Forum）

跨境电商与传统的交易方式相比，一个重要特点在于跨境电商是一种无边界交易，丧失了传统交易所具有的地理因素。互联网用户不需要考虑跨越国界就可以把产品尤其是高附加值产品和服务提交到市场。任何人只要具备了一定的技术手段，在任何时候、任何地方都可以让信息进入网络，相互联系并进行交易。比如，一家很小的巴基斯坦在线公司，通过一个可供世界各地的消费者点击观看的网页，就可以通过互联网销售其产品和服务。

> **小资料**
>
> **经济全球化**
>
> 经济全球化（Economic Globalization）是指世界经济活动超越国界，通过对外贸易、资本流动、技术转移、提供服务、相互依存、相互联系而形成的全球范围的有机经济整体的过程。
>
> 经济全球化是商品、技术、信息、服务、货币、人员、资金、管理经验等生产要素跨国、跨地区的流动，也就是世界经济日益成为紧密联系的一个整体。经济全球化是当代世界经济的重要特征之一，也是世界经济发展的重要趋势。

（二）无形性（Intangible）

网络的发展使数字化产品和服务的传输盛行。而数字化传输是通过不同类型的媒介（如数据、声音和图像）在全球化网络环境中集中进行的，这些媒介在网络中是以计算机数据代码的形式出现的，因而是无形的。数字化产品和服务基于数字传输活动的特性也必然具有无形性，传统交易以实物交易为主，而在电子商务中，无形产品却可以替代实物成为交易的对象。以书籍为例，传统的纸质书籍，其排版、印刷、销售和购买被看作是产品的生产、销售；然而在电子商务交易中，消费者只要购买网上的数据权便可以使用书中的知识和信息。

（三）匿名性（Anonymous）

由于跨境电商的非中心化和全球性的特性，因此很难识别电子商务用户的身份和其所处的地理位置。在线交易的消费者往往不显示自己的真实身份和自己的地理位置，重要的是这丝毫不影响交易的进行，网络的匿名性也允许消费者这样做。

（四）即时性（Instantaneously）

对于网络而言，传输的速度和地理距离无关。传统交易模式，信息交流方式如信函、电报、传真等，在信息的发送与接收间，存在着长短不同的时间差。而电子商务中的信息交流，无论实际时空距离远近，一方发送信息与另一方接收信息几乎是同时的，就如同生活中面对面交谈。某些数字化产品（如音像制品、软件等）的交易，还可以即时清结，订货、付款、交货都可以在瞬间完成。

（五）无纸化（Paperless）

电子商务主要采取无纸化操作的方式，这是以电子商务形式进行交易的主要特征。在电子商务中，计算机通信记录取代了一系列的纸面交易文件，用户发送或接收电子信息。由于电子信息以比特的形式存在和传送，整个信息发送和接收过程实现了无纸化。

学习任务一　初识跨境电商

> **小资料**
>
> **EDI**
>
> EDI 是 Electronic Data Interchange 的缩写，意为"电子数据交换"，是一种在公司之间传输订单、发票等作业文件的电子化手段。它通过计算机通信网络将贸易、运输、保险、银行和海关等行业信息，用一种国际公认的标准格式，实现各有关部门与企业或企业与企业之间的数据交换与处理，并完成以贸易为中心的全部过程，它是 20 世纪 80 年代发展起来的一种新颖的电子化贸易工具，是计算机、通信和现代管理技术相结合的产物。由于使用 EDI 可以减少甚至消除贸易过程中的纸面文件，因此 EDI 又被人们通俗地称为"无纸贸易"。
>
> 无纸贸易可以大量减少甚至消除在传统贸易过程中的各种纸面文件和单据，避免数据的重复收入，简化工作程序，它不仅能够加快信息的反馈速度、减少差错、降低成本、提高效益，还可以及时得到更多的商业信息，获得更多的贸易机会和条件，最重要的是提高贸易效率。

（六）快速演进（Rapidly Evolving）

互联网是一个新生事物，现阶段它尚处在幼年时期，像新生儿一样，必将以前所未有的速度和无法预知的方式不断演进。基于互联网的电子商务活动也处在瞬息万变的过程中，短短的几十年中电子交易经历了从 EDI 到电子商务零售业兴起的过程，而数字化产品和服务更是花样出新，不断改变着人类的生活。

学习活动二　跨境电商的分类

跨境电商按交易主体分类，可以分为 B2B 跨境电商、B2C 跨境电商、C2C 跨境电商、M2C 跨境电商和 O2O 跨境电商；按商品流向分类，可以分为出口跨境电商与进口跨境电商；按平台服务类型分类，可以分为信息服务平台和在线交易平台。

一、按交易主体分类

（一）B2B 跨境电商

B2B 是英文 Business-to-Business 的缩写，即商业对商业，或者说是企业间的电子商务，即企业与企业之间通过互联网进行产品、服务及信息的交换。B2B 跨境电商是指分属不同关境的企业之间，通过电商平台达成交易、进行支付结算，并通过跨境物流送达商品、完成交易的一种商业活动。从中国跨境电商的交易规模看，B2B 跨境电商交易占绝对优势，其占比达到 80.5%。由于 B2B 交易量较大，且订单较为稳定，未来跨境电商交易中 B2B 交易仍然是主流。

代表平台：敦煌网、中国制造网、阿里巴巴国际站、环球资源网等。

> **小资料**
>
> **中国制造网**
>
> 中国制造网是一个中国产品信息荟萃的网上世界，面向国内外采购商提供丰富产品的电子商务服务，旨在利用互联网将中国供应商的产品介绍给国内外采购商。其已稳定运营二十余年，成为数百万用户信赖的综合性电子商务网站。
>
> 凭借巨大而翔实的商业信息数据库、便捷而高效的功能和服务，中国制造网成功地帮助了众多供应商和采购商建立联系、共享商业机会。
>
> 中国制造网面向全球，以推广中国企业为己任，努力营造良好的网络商业环境，搭建更为宽广的网上贸易平台，为国内贸易的繁荣开启一扇方便的电子商务之门。
>
> 中国制造网分为国际站和内贸站。

（二）B2C 跨境电商

B2C 是英文 Business-to-Customer 的缩写。B2C 跨境电商是指分属不同关境的企业直接面向消费个人开展在线销售产品和服务，通过电商平台达成交易、进行支付结算，并通过跨境物流送达商品、完成交易的一种国际商业活动。尽管中国 B2C 跨境电商的交易占比仅为 19.5%，但随着跨境交易订单趋向于碎片化和小额化，未来 B2C 交易占比会出现一定的提升。

代表平台：速卖通、DX、兰亭集势、米兰网、大龙网等。

（三）C2C 跨境电商

C2C 即 Customer-to-Customer，是指通过第三方交易平台实现个人对个人的电子交易活动。C2C 跨境电商是指分属不同关境的个人卖方对个人买方开展在线销售产品和服务，即由个人卖家通过第三方电商平台发布产品和服务售卖，个人买方进行筛选，最终通过电商平台达成交易、进行支付结算，并通过跨境物流送达商品，完成交易的一种国际商业活动。

C2C 的模式可以满足碎片化用户的个性化需求，并形成规模。但 C2C 模式还是有固有的痛点，C2C 平台销售商品真假难辨，在获取消费者信任方面还有很长的路要走。

代表平台：淘宝全球购、洋码头、海蜜等。

（四）M2C 跨境电商

M2C 即 Manufacturers-to-Consumer，是生产厂家直接对消费者提供自己生产的产品和服务的一种商业模式，特点是流通环节减少至一对一，销售成本降低，从而保障了产品品质和售后服务质量。

（五）O2O 跨境电商

O2O 即 Online to Online，又称离线商务模式，是指线上营销、线上购买带动线下经营和线下消费。O2O 通过打折、提供信息、服务预订等方式，把线下商店的消息推送给互联网用户，从而将他们转换为自己的线下客户，特别适合必须到店消费的商品和服务，如餐饮、健身、看电影和演出、美容美发等。

二、按商品流向分类

（一）出口跨境电商

出口跨境电商是指境内商家将商品直销给境外买家，一般是境外买家访问境内商家的网店，然后下单购买并完成支付，接着境内商家将商品发国际物流至境外买家处。目前我国跨境电商还是以出口型为主。

代表平台：速卖通、敦煌网、中国制造网、环球资源网等。

（二）进口跨境电商

进口跨境电商是指境外商家将商品直销给境内买家，一般是境内买家访问境外商家的购物网站，选择商品、下单，然后境外商家将商品发国际快递至境内买家。

代表平台：亚马逊（中国）等。

三、按平台服务类型分类

（一）信息服务平台

信息服务平台主要为境内外会员商户提供网络营销平台，传递供应商或采购商等商家的商品或服务信息，促成双方完成交易。信息服务平台近年来有拓展在线交易服务的发展趋势。

代表平台：阿里巴巴国际站、环球资源网、中国制造网等。

（二）在线交易平台

在线交易平台不仅提供企业、产品、服务等多方面的信息展示，还可以通过平台线上完成搜索、咨询、对比、下单、支付、物流、评价等全程购物链环节。在线交易平台模式正在逐渐成为跨境电商的主流模式。

代表平台：敦煌网、速卖通等。

跨境电子商务基础及法律法规

学习活动三　跨境电商与传统国际贸易

一、电子商务模式下的国际贸易创新

（一）国际贸易在电子商务发展中的变革

电子商务的诞生及应用改变了国际贸易的历史，国际贸易由原来的实物化、单一买卖双方交易变为开放式、立体化、多元化、网络信息化的实体与非实体组成的贸易模式，激发了国际贸易的变革。虚拟经济理论的诞生引起了众多贸易者深层次的思考，面对传统的国际贸易和电子商务贸易相结合的挑战，国际贸易方式在信息化平台的推动下不断创新。

传统的贸易方式已经不适应信息化发展下的新型贸易的步伐，基于各国的贸易差异，如何在电子商务条件下，生产、反馈与使用信息成为国与国之间首要考虑的问题。对地域、文化上的差异信息，如何通过电子商务"虚拟经营"的方式组织及运作？

打破传统组织机构的层次和界限，建立一个开放系统。这使得本国贸易资源在"虚拟"化的形式下，面向全世界进行展示，使得每一个生产环节都被纳入现代信息网络，利用网上"虚拟现实"的技术在世界范围内更加直观地展示出来。传统的贸易方式受到了极大的挑战，必须变革以适应新形势。

（二）电子商务环境下的国际贸易管理创新

电子商务的诞生与发展必然会给国际贸易监管带来新的挑战，同时也为相关贸易国的对外贸易管理方式带来新的机遇与挑战。我国在对外贸易宏观管理中，也遇到了极大的挑战，如何运用电子商务开展国际间贸易、如何推行电子商务在企业中的管理等问题。我国商务部、工业和信息化部对信息化处理及监管方面的问题反复研究、实践，已取得初步成效：①出口商品配额实行电子招标；②网上申领、发放进出口许可证；③运用电子商务进行海关预报关管理和电子报关；④运用电子商务进行进出口商品检验管理等。

电子商务环境下的国际贸易监管变得更加效率化、规范化、信息化、公开化和透明化，进一步拓展了我国对外贸易发展的道路。

（三）国际贸易政策创新

目前，电子商务环境中的国际贸易政策创新主要体现在世界贸易组织（WTO）通过的《全球电子商务宣言》，该宣言的达成将对永久性禁止征收电子商务关税产生推动作用，在电子商务的发展史上树起了一个重要的里程碑。

从全球范围来看，电子商务是未来25年内世界经济发展重要的驱动力之一，世各国都十分重视信息产业和电子商务的发展。在当前电子商务发展的摇篮时期,各国给予免关税扶持,有利于电子商务的普及和成熟。

> **小资料**
>
> **关税**
>
> 关税是指一国海关根据该国法律规定,对通过其关境的进出口货物征收的一种税收。关税在各国一般属于国家最高行政单位指定税率的高级税种,对于对外贸易发达的国家而言,关税往往是国家税收乃至国家财政的主要收入。政府对进出口商品都可征收关税,但进口关税最为重要。
>
> 征收关税是一国政府增加其财政收入的方式之一,但随着世界贸易的不断发展,关税占国家财政收入的比重在不断下降。每个国家都会对进出口的商品根据其种类和价值征收一定的税款,其作用在于通过收税抬高进口商品的价格,降低其市场竞争力,减少在市场上对本国产品的不良影响。
>
> 2020年12月23日,国务院关税税则委员会办公室印发2021年关税调整方案,决定从2021年1月1日开始,对883项商品实施低于最惠国税率的进口暂定税率,抗癌药原料、助听器、婴幼儿奶粉原料等跟百姓生活密切相关的商品均在其中。同时,随着中国对外开放持续扩大,部分协定税率、最惠国税率也在降低。

(四)国际贸易运行机制创新

电子商务创造了一个网上虚拟市场,形成新的国际贸易运行机制,促进以信息网络为纽带的世界市场信息一体化进程。在这种网络贸易的环境下,各国间的经济贸易联系进一步加强,这为进一步促进国际贸易创新奠定了基础。

(1)电子商务环境中便捷的信息流动,减少了国际贸易的不确定性,校正了世界市场发展的盲目性,为减少国际贸易决策的时滞和失误创造了条件。

(2)电子商务超越时间和地域限制,解除了传统贸易活动中物质、时间、空间对交易双方的限制,改变了传统国际贸易运行机制下难以克服的区位劣势和竞争劣势。

(3)在电子商务环境中,产品和服务都表现为数字信号,有形贸易和无形贸易的界限变得越来越模糊。

(4)世界市场上的信息充分性进一步削弱。因不完全信息或信息不对称而产生的世界市场垄断进一步削弱,市场机制将在一定程度上更好地发挥作用,为世界市场中资源的有效配置提供充分而优良的信息服务,促进在全球范围内实现动态的资源优化配置。

(五)国际贸易交易方式创新

电子商务的发展和应用推动了国际贸易方式的创新,实现了对以纸面贸易单据的流转为主体的传统国际贸易流程和交易方式的变革。在信息产业向纵深发展的同时,发展迅速的国际贸易迫切要求实现全球贸易运作的信息化，节约社会成本和贸易成本，电子商务的发展正好满足了这种需求。

在传统贸易方式下，国际贸易流程以买方准备一份购物清单到登记应收款账户冲账，需要经历20多个环节，而电子商务方式下只需要8个环节就可完成交易。电子商务帮助国际贸易企业改革国际贸易流程，实现国际贸易管理的电子化、信息化、自动化、规模化，形成新的有效率的国际贸易流程管理模式，推动国际贸易方式创新。

（六）国际贸易营销创新

电子商务引起市场营销的巨变，促进国际贸易营销创新，产生了新的市场营销形式——电子营销。电子营销就是指通过电子信息网络进行市场营销。

企业通过电子营销，借助互联网，可以进行生产、信息传递、广告、购物、支付和信息化产品等业务，交互信息可以是资料文件、影像、声音等，可以进行一对一双向交互，甚至可以进行一对无数和无数对无数的交互。它可以将实体市场转移到最广泛人群均可以参与的虚拟市场上。客户参与的主动性和选择的主动性得到加强，现代的互动营销方式正在形成。

互动营销强调企业和消费者之间的双向推动，改变了传统营销中企业对消费者的单向推动。随着居民收入的提高、消费意识的成熟以及消费理念的转化，差异消费、个性消费成为时尚，互动式营销通过消费者积极参与生产的全过程，使企业既可获得大批量生产的规模经济，又能使其产品适应单个消费者的独特需求，既满足了大众化的需求，又满足了个性化的需求，从而最大限度地提高消费者对产品的满意度。

在电子营销中，企业和消费者形成的这种营销框架可以称为网络整合营销，它始终体现了以消费者为出发点及企业和消费者不断交互的特点，是对传统市场营销方式的突破。

（七）国际贸易运输方式创新

在EDI普及的情况下，国际贸易运输不仅仅是单一方式的运输，而是必须将仓储、运输、交通等密切结合起来，形成电子商务下的国际贸易综合物流。

运用信息网络对整个国际贸易运输过程进行综合管理，提高综合物流的每一个环节的效率和服务水平，降低库存、联运等综合物流各环节的成本。网络的时空"零距离"要求加快国际贸易运输速度，现代消费者奉行个性化消费的理念又加大了国际贸易的运输任务，这表明传统的国际运输逐渐不能适应网络经济的要求，因此，国际贸易运输方式需要创新。

在瞬息万变的电子商务时代，国际贸易呈现出的变化是对新的贸易环境和贸易方式的适应，应该说国际贸易作为国际经济发展的强大动力源泉，其创新和变革总是能够引起人们极大的兴趣。我国对国际贸易在新时期发展和创新的研究才刚刚起步，因此，有必要紧紧抓住电子商务带来的新机遇，借鉴发达国家的经验，使我国国际贸易发展进入新的里程。

二、跨境电商与传统国际贸易的区别

（一）交易磋商方式不同

传统国际贸易中，买卖双方都是通过电话、邮件、MSN 等即时通话工具及软件联系，一般会经历交易的准备（市场调研）、询盘、发盘、还盘、接受、签订合同、备货、租船订舱、购买保险、报关报检、运输货物、买方收货付款等过程。而跨境电商相比传统的国际贸易模式，具有可移动、多边化、订单小、频率高、低成本等特点，并且具有以下优势。

（1）先交货后交易，交易模式从线下转到线上，大大缩减了交易时间及成本，提高了交易频率。

（2）省略了很多中间商的环节，可以让生产商与消费者直接挂钩。

（3）跨境电商从最开始的交易磋商到成交整个过程都可以在跨境电商平台上进行操作，甚至一些与国家事业机关单位相联系的业务也都可以在线上进行，如银行转账、货代、商检、报关等业务都采用线上申请、线下办理的方式，加快了办理速度，简化了协商程序，极大地节省了时间，提高了效率。

（二）运输方式不同

传统的国际贸易运输方式主要包括海洋运输、航空运输、铁路运输、集装箱运输等。其中集装箱运输、海洋运输方式就占了将近 80% 的比例，而跨境电商中，由于交易品都是小而少的商品，不适用有最低装箱要求的集装箱海运，最惯常的运输方式是邮政运输中的国际快递，国家电子商务研究中心的数据显示，跨境电商 70% 的出口业务走的都是国际快递。

> **小资料**
>
> **航空快递**
>
> 航空快递是指航空快递企业利用航空运输，收取快件并按照向发件人承诺的时间将其送到指定地点或收件人手中，掌握运送过程的全部情况并能将即时信息提供给有关人员查询的门对门速递服务。
>
> 自航空业诞生之日起，航空物流运输就以快速而著称。常见的喷气式飞机的经济巡航速度大都在每小时 850～900 千米。快捷的交通工具大大缩短了货物在途时间，对于那些易腐烂、变质的鲜活商品，时效性强的报刊，节令性商品，抢险、救急品的运输而言，这一特点显得尤为重要。可以这样说，快速加上全球密集的航空运输网络使鲜活商品开辟了远距离市场，使消费者享有更多的利益。

（三）运输保险险别不同

既然跨境电商与传统国际贸易的运输方式不一样，则它们的保险种类自然也不同。在传统国际贸易中，针对海洋运输所设置的保险条款分别是英国伦敦保险协会所制定的协会货物条款（Institute Cargo Clause，ICC）和我国颁布的中国保险条款（China Insurance Clause，CIC）。CIC 针对海运货物设置平安险、水渍险、一切险以及一般附加险与特殊附加险，而在跨境电商中，由于运输方式主要是邮政运输，这些条款的内容显然不再适用，对于邮政运输更多采用的是一些快递类的保险。

（四）支付方式不同

在传统国际贸易中买卖双方在完成交货之后，会直接采用信用证、汇款和托收等支付方式收受货款，这些支付方式中间主要依托的是银行信用，所以中间环节较多，并且办理手续麻烦，涉及的票据也很繁杂，需要经历多手审核，成本较高，若遇到不合格的单据还要返工进行修改，加上买卖双方并不会直接面对面进行交流，有时还要考虑时差选择合适的时间进行联系。

如果在跨境电商平台上进行交易，就可以有效地避免这些难题，因为它们大多采用的是线上或电子支付方式，如信用卡、网上银行、电子转账、手机支付、第三方支付方式 PayPal 和支付宝等，新型的支付方式不仅成本低、速度快，而且还大大提高了交易效率，增强了双方的信任，有助于促成交易的完成。

（五）订单完成效率不同

在以往的国际贸易中，进口商与出口商大多数情况下都会采用电话、电传、邮件、展销会等方式进行交流，并且对于外贸行业来说想要获得新客户联系方式还是较为困难的。要么花费巨额的成本去参加全球各地的展销会，这样成交的效率高；要么在国际官网上搜索相关公司的信息或从商务参赞那里获得国外公司的黄页本，但效率低。有时买卖双方经过长期交涉，也不能完成合同的签订。

而在跨境电商模式下，买卖双方不需要长期交涉，只要在线上交流，而且线上的买方基本上都有需求，所以交易时间很短，成本很低，大大提高了效率。

三、跨境电商的优势

（一）成本低，利润高

相较于传统国际贸易而言，跨境电商的门槛不高，首先在境内选择合适的产品及进货渠道，然后通过国际性的电子商务平台联系境外的买家出售商品，支付方式则选择国际性的第三方支付平台，物流则交给跨境快递公司来完成。

从整个操作流程来看，跨境电商直接面对海外零售商或最终消费者，减少了贸易环节中各种花费，成本低，商品更具价格优势，所获利润更高。而传统国际贸易流通渠道多，经过多级分销，最后才到达有需求的企业或消费者手中，进出口环节多、时间长、成本高、利润低。

（二）周期短，效率高

跨境电商开展国际贸易，买卖双方可采用标准化、电子化的合同、提单、保险凭证、发票、汇票和信用证等，融订单、支付、物流等服务为一体，使各种相关单证在网上即可实现瞬间传递，不仅缩减了传统外贸的各种中间环节，还减少了因纸面单证中数据重复录入导致的各种错误，对提高交易效率的作用十分明显。买家在平台上下订单，一般一个月内即可收到货物。

（三）全天运作，满意度高

世界各地存在的时差为国际商务谈判带来诸多不便。企业在传统条件下提供每周7天、每天24小时的客户服务往往感到力不从心；而利用电子商务可以做到全天候服务，任何客户都可在全球任何地方、任何时间查询了解所需的信息，为出口企业带来更多的订单，并且可大大提高交易成功率，提高客户满意度。

跨境电商与传统国际贸易的比较如表 1-1 所示。

表 1-1　跨境电商与传统国际贸易的比较

比较项目	跨境电商	传统国际贸易
模式	以 B2C 为主	以 B2B 为主
参与商渠道	跨境电商、A/B 国电商（平台模式下）	A 国出口商、B 国进口商&批发商&零售商
发货时间	间隔短	间隔长
发货规模	规模小，包裹式	规模大，集装箱式
发货次数	批次多	批次少
通关方式	B2B 以货物和快件方式通关 B2C 以邮件方式通关	以货物方式通关
结算方式	通过跨境电商平台支付结算	现汇易货

学习活动四　跨境电商的发展历程与发展趋势

一、跨境电商发展历程

1999 年阿里巴巴成立，拉开了中国跨境电商发展的序幕，标志着国内供应商通过互联网与海外买家实现了对接，踏出了我国探索跨境电商的第一步。在接下来 20 多年的发展中，我国的跨境电商主要经历了三个阶段。

（一）跨境电商 1.0 阶段（1999—2003 年）

该阶段是我国跨境电商发展的起步阶段。该阶段的主要商业模式是网上展示、线下交易的外贸信息服务模式。在该发展阶段，第三方平台主要的功能是为企业以及产品提供网络展示平台，并不在网络上涉及任何交易环节。此时的第三方平台盈利模式主要是向进行信息展示的企业收取会员费（如服务费）。在跨境电商 1.0 阶段发展过程中，也逐渐衍生出竞价推广、咨询服务等为供应商提供一条龙的信息流增值服务。

跨境电商 1.0 阶段的典型代表是 1999 年创立的阿里巴巴。当时的阿里巴巴给中国的中小企业提供了在互联网上展示的黄页平台，致力于将中国企业的产品信息向全球客户展示，定位于 B2B 大宗贸易。买方通过阿里巴巴平台了解到卖方的产品信息，然后通过线下洽谈成交。

1970 年成立的环球资源网也是亚洲较早的贸易市场资讯提供者。之后还出现了中国制造网、韩国 EC21 网等大量以供需信息交易为主的跨境电商平台。跨境电商 1.0 阶段虽然通过互联网解决了中国贸易信息面向世界买家的难题，但是依然无法完成在线交易，对于外贸电商产业链的整合仅完成了信息流整合环节。

（二）跨境电商 2.0 阶段（2004—2012 年）

随着跨境电商的发展，企业对电商平台的服务需求逐渐多样化，这也促使跨境电商平台开始摆脱纯信息黄页的展示行为，将线下交易、支付、物流等流程实现电子化，逐步实现在线平台交易。2004 年敦煌网的上线，标志着国内跨境电商进入了新的发展阶段。

与第一阶段相比，跨境电商 2.0 阶段更能体现电子商务的本质。该阶段，B2B 平台模式成为主流，通过直接对接中小企业商户，实现产业链的进一步缩短，提升商品的利润空间，信息、服务、资源等得到进一步的优化整合。

同时，在跨境电商 2.0 阶段，第三方平台实现了营收的多元化，同时实现后向收费模式，将"会员收费"改为以收取交易佣金为主，即按成交效果来收取百分点佣金，同时还通过平台上的营销推广服务、支付服务、物流服务等获得增值收益。

（三）跨境电商 3.0 阶段（2013 年至今）

2013 年成为跨境电商的重要转型年，跨境电商全产业链都出现了商业模式的变化。随着跨境电商的转型，跨境电商 3.0 "大时代"随之到来。跨境电商 3.0 阶段具有大型工厂上线、B 类买家成规模、中大额订单比例提升、大型服务商加入和移动用户量爆发五个方面的特征。与此同时，跨境电商 3.0 阶段服务全面升级，平台承载能力更强，全产业链服务在线化。

在跨境电商 3.0 阶段，用户群体由草根创业向工厂、外贸公司转变，且具有极强的生产设计管理能力。平台销售产品由网商、二手货源向一手货源好产品转变。

跨境电商 3.0 阶段的主要卖家群体正处于从传统外贸业务向跨境电商业务的艰难转型期，生产模式由大生产线向柔性制造转变，对代运营和产业链配套服务需求较高。另外，跨境电商 3.0 阶段的主要平台模式也由 C2C、B2C 向 B2B、M2B 转变，批发商买家的中大额交易成为平台主要订单。

跨境电商行业可以快速发展到 3.0 阶段，主要得益于以下几个方面。

第一，得益于国家、地方的高度重视。在中央及各地政府大力推动的同时，跨境电商行业的规范和优惠政策也相继出台。如《关于开展国家电子商务示范城市创建工作的指导意见》（发改高技〔2011〕463 号）、《关于促进电子商务健康快速发展有关工作的通知》（发改办高技〔2012〕226 号）、《关于进一步促进电子商务健康快速发展有关工作的通知》（发改办高技〔2013〕894 号）、《关于跨境贸易电子商务进出境货物、物品有关监管事宜的公告》（海关总署〔2014〕56 号）等多项与跨境电商相关的政策出台，在规范跨境电商行业市场的同时，也让跨境电商企业开展跨境电商业务得到了保障。

第二，B2B 电子商务模式在全球贸易市场发展迅猛。有相关数据指出，2013 年，在美国，B2B 在线交易额达 5 590 亿美元，是 B2C 交易额的 2.5 倍。在采购商方面，59% 的采购商以在线采购为主，27% 的采购商月平均在线采购 5 000 美元，50% 的供货商努力让买家从线下转移到线上，提升利润和竞争力。

第三，移动电商的快速发展也成就了跨境电商 3.0 阶段的快速到来。智能手机和无线上网技术的发展，推动了互联网从 PC 端走向更为方便快捷的移动互联网端。移动互联网优化了人们的线上购物体验，为跨境电商 3.0 阶段的到来提供了有力的支持。相关数据显示，2013 年，智能手机用户占全球人口的 22%，首次超过 PC 比例。同时，据公开的统计数据，2013 年圣诞购物期间，亚马逊商城使用移动端进行购物的用户占比达 50%。2014 年，美国比价网站 PriceGrabber 的调查显示，当年感恩节购物季，40% 的消费者会在进商场前进行网上比价，50% 的消费者表示在商场会使用智能手机进行网上比价。另外，电商企业在移动端的积极推广和价格战促销等活动都进一步促进移动购物市场交易规模大幅增长，方便、快捷的移动跨境电商也为传统规模型外贸企业带来了新的商机。

二、我国跨境电商发展现状及趋势

（一）我国跨境电商的发展现状

2020 年，我国跨境电商进出口额达到 1.69 万亿元，增长 31.1%，跨境电商规模 5 年增长近 10 倍。市场采购贸易规模 6 年增长 5 倍，2020 年突破 7 000 亿元的规模。据不完全统计，全国外贸综合服务企业已超 1 500 家，服务客户数量超 20 万家，海外仓数量超 1 900 个。

中国的跨境电商产业发展领先于世界其他国家和地区。探求中国跨境电商发展的成功因素可以发现：庞大的互联网人口和内需市场为中国跨境电商市场提供了沃土，具有"世界工厂"美誉的中国制造业为中国跨境电商市场提供了产业基础，而巨型互联网商业平台的出现及其健康的生态系统则成为中国跨境电商发展的直接驱动力。

随着"一带一路"倡议、自贸试验区、供给侧改革的实施，以及跨境电商扶持政策的密集出台，中国跨境电商市场规模被有力地推动。大型工厂、外贸公司以及服务商的加入，使中国跨境电商生态体系日趋成熟。

为了能够搭上跨境电商"列车"，自 2012 年中国启动跨境电商服务试点以来，上海、重庆、杭州、宁波、郑州 5 个城市首次获批跨境电商服务试点城市，随后广州、深圳、天津、合肥、成都、大连、青岛、苏州、北京、南京、海口、义乌等城市也先后获批跨境电商综合试验区建设。

> **小资料**
>
> ### "一带一路"
>
> "一带一路"（The Belt and Road，B&R）是"新丝绸之路经济带"和"21世纪海上丝绸之路"的简称，于2013年9月和10月由中国国家主席习近平分别提出。依靠中国与有关国家既有的双多边机制，借助既有的、行之有效的区域合作平台，"一带一路"旨在借用古代丝绸之路的历史符号，高举和平发展的旗帜，积极发展与沿线国家的经济合作伙伴关系，共同打造政治互信、经济融合、文化包容的利益共同体、命运共同体和责任共同体。
>
> "一带一路"建设秉承共商、共享、共建原则。
>
> 恪守联合国宪章的宗旨和原则。遵守和平共处五项原则，即尊重各国主权和领土完整、互不侵犯、互不干涉内政、和平共处、平等互利。
>
> 坚持开放合作。"一带一路"相关的国家基于但不限于古代丝绸之路的范围，各国和国际、地区组织均可参与，让共建成果惠及更广泛的区域。
>
> 坚持和谐包容。倡导文明宽容，尊重各国发展道路和模式的选择，加强不同文明之间的对话，求同存异、兼容并蓄、和平共处、共生共荣。
>
> 坚持市场运作。遵循市场规律和国际通行规则，充分发挥市场在资源配置中的决定性作用和各类企业的主体作用，同时发挥好政府的作用。
>
> 坚持互利共赢。兼顾各方利益和关切，寻求利益契合点和合作最大公约数，体现各方智慧和创意，各施所长，各尽所能，把各方优势和潜力充分发挥出来。
>
> 截至2022年5月27日，中国已与150个国家、32个国际组织签署200多份共建"一带一路"的合作文件。

通过制度创新、管理创新、服务创新和协同发展，跨境电商综合试验区建设将打造跨境电商完整的产业链和生态链，逐步形成一套适应和引领跨境电商发展的管理制度和规则，形成推动中国跨境电商可复制、可推广的经验，支持跨境电商发展。跨境电商发展将会成为中国外贸发展的一个重要突破口。

（二）我国跨境电商的发展趋势

在经济全球化以及电子商务快速发展的大趋势下，跨境电商是未来国际贸易发展的必然趋势。跨境电商具有开放、高效、便利、进入门槛低等优势，它借助互联网技术实现商品和服务的跨境交易，冲破了各国进口许可的障碍，使国际贸易呈现出无国界的特点，在未来的发展过程中，必将朝向营造良好电子商务交易环境的方向发展。

1. 全渠道购物更加普遍

现在大部分人都有多种购物方式，节假日逛街在实体店消费，平日里不想出门就在网上购物，或者是在网上购买再到店内自提。购物方式多种多样，是因为现在互联网的飞速发展以及智能手机等移动设备的普及，导致了实体店与电商市场之间的界限越来越模糊。有数据表明，有73%的消费者在购物的过程中使用过多种渠道，这也证明了多渠道购物方式是当前趋势。

对于卖家来说，这意味着需要更多地了解消费者，消费者使用的渠道越多，平均订单价值增加的可能性就越大，卖家们需要洞察消费者在特定的渠道会购买什么商品，购买的原因和方式、购买的时间。了解了这些方面，卖家们才能更加清楚该如何推广产品和分配营销预算。

2. 海外仓发展迅猛

经过五年左右的发展，海外仓终于在2014年浮出水面，迎来疯狂增长。深圳大卖家纷纷在海外建仓。各种物流公司、海外实体公司都纷纷转向海外仓项目。最早做海外仓的出口易和递四方都陆续扩大海外仓规模。受亚马逊良好业绩的影响，eBay及速卖通也开始加大布局海外仓的力度，浙江省更是推出扶持百家海外仓计划。海外仓成为跨境电商发展的重要环节和服务支持，对促进我国外贸发展方式的转型升级、提升外贸方式的便捷性和效率、拓展国际营销网络、发挥外贸企业竞争优势等有一定的积极作用。

海外仓能够扩展跨境电商品类。通过海外仓，原来不便快递运输的商品也可以进行跨境交易，实现当地发货。另外，海外仓离消费者很近，可以实施退换货，能够极大地提高客户体验，进而提高销售额。

但海外仓并不是完美的。海外仓需要巨大的投入和精细化管理。国外的人力成本相当高昂。很多人眼中的海外仓，其实只是在海外租个仓库，采用很简单的仓库管理系统（Warehouse Management System，WMS），想要达到亚马逊仓储运营中心那样的效率还相差很远。

3. 社交购物兴起

现在有很多的社交媒体平台（如Facebook、YouTube、Twitter、抖音等）都推出了"buy"按钮，不仅能够让消费者更加方便快捷地在自己选择的社交媒体平台上购物，还显著改善了他们的社交销售功能，使得社媒平台不再仅仅是一个广告渠道。这种电商趋势的兴起也在很大程度上减少了消费者在社交媒体上购物的时间和精力，让购物体验变得更舒适便捷。这也是卖家和社交媒体平台双赢的局面，卖家可以在社交媒体平台上创建广告来增加曝光量促成消费，而这也能让社交媒体平台更加具有知名度。

4. 小语种市场变热

2014年跨境电商平台商开始激烈争夺小语种市场。在小语种地区提供本地化服务的平台并不鲜见，如速卖通专门针对巴西市场推出葡萄牙语网站，在物流和支付上也加强与巴西本土服务商的合作。又如，兰亭集势有27种语言，利用留学生、海归、兼职翻译人员等，实现了小语种的市场突破。

目前最有价值的小语种市场主要有：①俄语，排名第一，国内大龙网一直在深耕俄罗斯市场；②日语，日本是世界第三大经济体，有着巨大的市场；③德语，德国是欧洲经济实力最强的国家，金融危机之后一枝独秀；④西班牙语，是开拓南美电商市场的通用语言；⑤法语。

5. 移动购物崛起

经过几年的发展，移动市场已经愈发成熟，现代人越来越追求便利的生活，在移动设备上，消费者可以实现随时随地浏览、研究和购买商品。卖家可以对此采取一些行动帮助自己更好地销售。

（1）移动端人性化支付——首先要检查一下移动支付过程中的速度和效率，还有无缝性和用户友好性。

（2）使用消息推送进行推广和再营销——卖家可以通过移动设备向消费者推送独家折扣或促销活动等消息，不仅便于吸引活跃的消费者进行购物，还能够接触不太活跃的消费者，在他们面前刷存在感。

6. 保税模式潜力巨大

保税模式是商家通过大数据分析，将可能热卖的商品通过海运等物流方式提前进口到保税区，国内消费者通过网络下单后，商家直接从保税区发货，类似于B2B2C。相比于散、小、慢的国际直邮方式，保税模式可以通过集中进口、采用海运等物流方式，降低物流成本。同时，商家从保税区发货的物流速度较快，几乎与国内网购无差别，给客户更好的网购体验。

从监管角度讲，保税模式也有利于提高税收监管的便利性。虽然保税模式会对商家的资金实力提出更高要求，但目前来看，保税模式是适合跨境电商发展的集货模式，也是国内电商平台选用的主要模式。同时也要看到，通过保税模式进入仓库的货物能以个人物品清关，无须缴纳传统进口贸易17%的增值税，可能会对传统进口贸易带来冲击，监管部门也正在摸索着制定和完善相应的监管政策。

> **小资料**
>
> **保税区**
>
> 保税区也称保税仓库区，是一国海关设置的或经海关批准注册、受海关监督和管理的可以较长时间存储商品的区域。
>
> 保税区的功能定位为"保税仓储、出口加工、转口贸易"三大功能。保税区具有进出口加工、国际贸易、保税仓储商品展示等功能，享有"免证、免税、保税"政策，实行"境内关外"运作方式，是中国对外开放程度高、运作机制便捷、政策优惠的经济区域之一。

7. 技术创新推动服务创新

管理创新、服务创新与技术创新相辅相成、互相促进。第三次工业革命的浪潮正席卷而来,以互联网技术为代表的信息技术发展是其中主要的方向之一。云计算、大数据、互联网、移动互联、机器学习、虚拟现实等技术创新,将为跨境电商服务模式创新提供新的发展动力和新的拓展空间。以云计算和大数据为例,云计算将为商业服务提供强大的技术支持,解决计算能力、存储空间、带宽资源等瓶颈问题,未来的商业软件与服务将广泛部署在云计算平台上;大数据不仅能够为营销提供帮助,还能为企业日常经营、生产、创新提供支撑,目前大数据相关服务已延伸到零售、金融、教育、医疗、体育、制造、影视等各行各业。

复习与思考

一、名词解释

1. 跨境电商。
2. B2B。
3. 出口跨境电商。
4. 进口跨境电商。
5. O2O。

二、简答题

1. 跨境电商的特征有哪些?
2. 按交易主体的不同,跨境电商可以如何分类?
3. 电子商务模式下的国际贸易创新表现在哪些方面?
4. 跨境电商与传统贸易存在哪些区别?
5. 简要阐述跨境电商的发展历史与趋势。

三、案例分析

跨境电商彰显数字化优势

位于广州市番禺区的一家生产空气净化器的公司,2021年元旦前订单交货时间就已排到4月底;在一家电商平台,空气净化器在2020年4—11月累计出口订单同比增长近8倍;仅上海口岸,2020年出口家用空气净化器就近553万台,同比增长66.3%……由于全球消费者对室内净化、杀菌消毒的要求不断提高,不少中国企业生产的空气净化器成为"出口黑马",外贸成绩单十分亮眼。

空气净化器创造外贸佳绩,也是我国跨境电商蓬勃发展的一个缩影。数据显示,2020年我国货物贸易进出口总值同比增长1.9%,其中跨境电商进出口同比增长31.1%。在线下贸易受到冲击的同时，跨境电商不仅助力防疫和"宅经济"相关品类迎来出口较快增长，还推动机械、家居园艺、消费电子、美妆个护、包装印刷等行业在一些平台实现交易额增速翻番。事实证明，我国外贸经受住了压力测试，尤其是跨境电商为更多中国企业打开了海外市场，生动展现了中国经济的强大韧劲和旺盛活力。

跨境电商依托无接触交易，应对灵活快速，受疫情影响较小。此外，很多线下交易及时转至线上。2020年6月，第127届广交会首次完全以网络形式举办，释放出拥抱数字化发展大潮、探索国际贸易新道路的积极信号，成为外贸化危为机的有益探索。

数字化带来了交易方式的变革，更重塑着贸易形式。线上展会、跨境直播、云洽谈等形式创新，拉近了各国商家的距离；数字赋能洽谈、通关、结算等交易环节，极大提高了交易效率；1 800多个海外仓在全球落地，电子商务平台国际站、独立站兴起，全链条跨境供应体系正在形成。其中，数字技术在提升产品营销、流通效率方面，起到十分关键的作用。

1. 跨境电商企业是如何于危机中育新机的？
2. 数字技术深度赋能帮助跨境电商企业发展，你还知道企业有哪些政策扶持吗？请小组合作完成资讯调查报告。

学习任务二 跨境电商平台

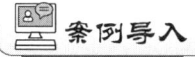

11 个"潜力股"跨境电商平台

近年来,电子商务发展趋势之一是利基市场的增长和中间商的逐渐淘汰。通过把产品放在各种各样的电子商务平台上,卖家可以覆盖更多的潜在客户,从而将影响力和销售范围扩大到新市场。下面我们将介绍 11 个颇具潜力的全球电子商务平台,可以对其进行测试以扩大市场和销售。

1. Americanas(拉丁美洲)

巴西在线市场 Americanas 的月访问量约为 4 500 万人次。B2W Digital 公司旗下的 Americanas 网站成立于 2014 年,2019 年年底收入超过 45 亿美元。B2W Digital 公司还拥有广受欢迎的电子商务网站 Submarino、Shoptime 和 Sou Barato。在进入巴西市场销售之前,卖家首先需要熟悉该国的支付网关和税收结构。我们还建议卖家与巴西当地的物流公司合作。

2. Bonanza(北美洲)

Bonanza 旨在与 eBay 和 Etsy 等平台竞争。Bonanza 在 2016 年被评为"广受推荐的交易平台"(超过了 eBay、亚马逊、Etsy)。Bonanza 是基于佣金模式的,这意味着没有 Listing 费用或月费。Bonanza 的优势在于,它在测试市场方面只需要很少的启动成本。

3. Cratejoy(北美洲)

基于 Loot Crate 和 Dollar Beard Club 等电子商务品牌的巨大知名度,我们知道订阅盒是可以赚钱的工具。Cratejoy 是一个专门销售订阅盒的电子商务平台。Cratejoy 的独特之处在于,其搭建的是一个综合类的"订购服务"平台,将各类产品和服务(如男性个人护理、健康零食、女性化妆品等)都囊括其中。Cratejoy 对于产品研究也很有用,卖家可以在其中看到竞争对手的 listing,以及他们如何打包和展示他们的产品。Cratejoy 中还有许多订阅盒和包装供应商,以及组装和物流提供商,卖家可以与他们合作,简化自己的业务流程。对于希望测试订阅盒而无须更改其当前销售模式或产生大量支出的多渠道卖家而言,Cratejoy 是理想的选择。

4. Fruugo(欧洲)

作为亚马逊欧洲的替代平台,这家总部位于英国的平台在全球约 23 个国家销售。Fruugo 经历了 4 年的稳定增长,为卖家提供了 11 种语言的产品清单,并允许用户用自己的货币支付。这是一个不收取开店费用或入驻费用的平台,这意味着卖家只有进行销售时才支付费用。

5. Google Express（美国）

Google Express 和 Shopping Actions 是 Google 为了与亚马逊竞争而推出的一个快速增长的平台。Google Express 托管多种品牌和产品，集成搜索和市场技术，为产品搜索者提供了无缝的购物体验。

6. Jet（北美洲）

Jet 在 2016 年被沃尔玛（Walmart）收购，但一直在自己的市场上独立运营。通过加入 Jet 的合作伙伴计划，电子商务品牌可以在这个拥有数百万网站访问者的市场上刊登目录和销售。

7. Jumia（非洲）

如果卖家想扩大在非洲的业务，Jumia 平台拥有大约 12 亿名潜在客户。Jumia 于 2012 年在尼日利亚拉各斯推出，现在在超过 14 个国家销售，是非洲较大的电子商务平台。若要在 Jumia 上销售，卖家需要填写在线表格，并能够在该站点上销售 5 种以上的产品。他们也有 affiliate 和供应商支持计划，在平台上销售的费用将根据卖家销售的产品类别而有所不同。

8. Lazada（亚洲）

Lazada 是阿里巴巴旗下的亚洲市场，销售来自印尼、马来西亚、菲律宾、新加坡、泰国和越南的商品。Lazada 成立于 2012 年，年收入超过 13.6 亿美元。要在 Lazada 上销售，卖家需要一个 IC 和 SSM（马来西亚商业）注册号，或者建立自己的物流，或者使用 Lazada 的服务。

9. OnBuy（英国）

OnBuy 是一个快速增长的低收费全球电子商务平台，成立于 2016 年，此后销售额实现了 800% 的增长。该平台的独特之处在于，所有的支付都是通过 PayPal 安全处理的。这意味着不用等待很长时间，卖家就可以获得首次销售的收入。

10. Reverb（北美洲）

Reverb 成立于 2013 年，是利基市场成功的一个例子，主要出售新旧二手音乐设备，非常适合音乐设备和配件市场的卖家。

11. Wish（北美洲和欧洲）

Wish 在线市场和应用程序成立于 2011 年，在欧洲和美国拥有超过 3 亿名活跃的移动购物者。Wish 提供了简便的设置和较低的费用，与愿望清单集成在一起，以确保在产品上市时通知潜在买家。

学习目标

1. 掌握跨境电商服务平台的分类。
2. 掌握跨境电商服务平台的功能。
3. 理解跨境电商服务平台之间的联系。
4. 了解进出口跨境电商平台。
5. 理解跨境电商服务平台的选择。

学习任务二 跨境电商平台

本章知识脉络图

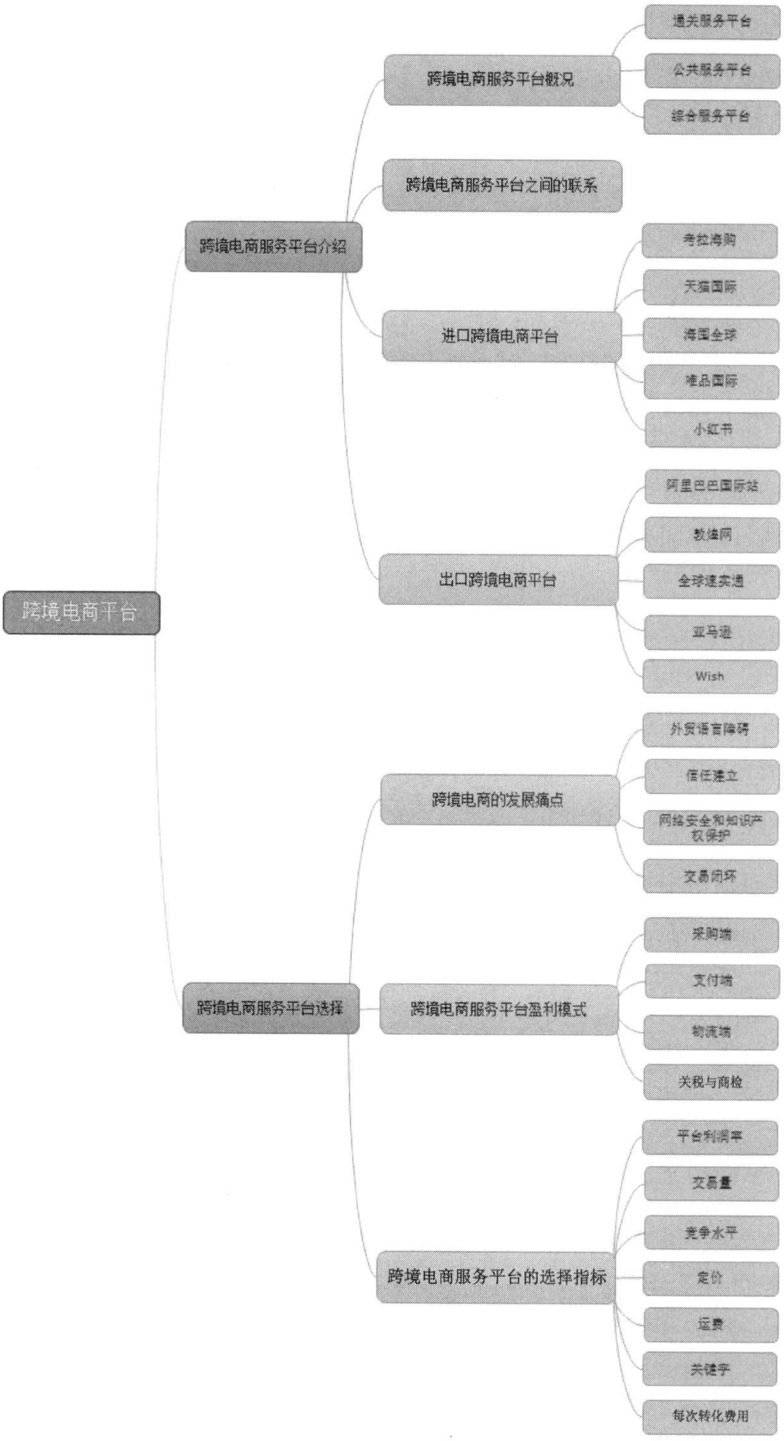

跨境电商平台
- 跨境电商服务平台介绍
  - 跨境电商服务平台概况
    - 通关服务平台
    - 公共服务平台
    - 综合服务平台
  - 跨境电商服务平台之间的联系
  - 进口跨境电商平台
    - 考拉海购
    - 天猫国际
    - 海囤全球
    - 唯品国际
    - 小红书
  - 出口跨境电商平台
    - 阿里巴巴国际站
    - 敦煌网
    - 全球速卖通
    - 亚马逊
    - Wish
- 跨境电商服务平台选择
  - 跨境电商的发展痛点
    - 外贸语言障碍
    - 信任建立
    - 网络安全和知识产权保护
    - 交易闭环
  - 跨境电商服务平台盈利模式
    - 采购端
    - 支付端
    - 物流端
    - 关税与商检
  - 跨境电商服务平台的选择指标
    - 平台利润率
    - 交易量
    - 竞争水平
    - 定价
    - 运费
    - 关键字
    - 每次转化费用

23

学习活动一　跨境电商服务平台介绍

一、跨境电商服务平台概况

近年来,跨境电商发展如火如荼,国家为了加速跨境电商的健康快速发展,同时也为了加强对跨境电商的管控,大力鼓励建设跨境电商服务平台。

建立服务平台的初衷是解决目前跨境电商行业的"痛点",因为平台的意义就在于可以凭借其资源整合优势,提供单个个体不能提供或无意愿提供的行业公共服务。平台的本质是服务业。

按照跨境电商服务平台面向的对象不同,支撑跨境电商运行的平台可分为三类:通关服务平台、公共服务平台、综合服务平台。其中,通关服务平台对应的是海关,公共服务平台对应的是政府,综合服务平台对应的是企业。三类平台之间相互联系,形成数据的统一交换和层层传递。

对三类平台按照其服务对象、服务内容和典型平台的不同,进行总结对比,如表 2-1 所示。

表 2-1　跨境电商服务平台功能对比

服务平台	通关服务平台	公共服务平台	综合服务平台
服务对象	传统中小型外贸企业、跨境进出口电商企业	传统中小型外贸企业、跨境进出口电商企业	传统中小型外贸企业、跨境进出口电商企业以及卖家
服务内容	通过企业数据与海关数据进行匹配,达到监管统计目的	在政府各职能部门之间形成了一个交集圈,也在政府与外贸企业之间搭建了一座沟通的桥梁	为中小企业和个人卖家提供代理服务,包括金融、通关、物流、退税、外汇等方面
典型平台	深圳市跨境贸易电子商务通关服务平台	上海跨境电商公共服务平台	阿里巴巴一达通

(一)通关服务平台

通关服务平台主要是统一报关流程,提升通关效率。海关总署建设全国统一版的通关服务平台,意为统一报关流程。该平台所上传的数据可直接对接海关总署内部系统,节省报关时间,提升通关效率;电商企业或个人可运用通关服务平台进行分送集报、结汇退税。

通关服务平台属于支撑层,货物通关采用"三单对比"的方式进行监管,"三单"指电子商务企业提供的订单、支付企业提供的支付单、物流企业提供的物流运单,如图 2-1 所示。海关收到上述三单后,仓储物流服务商需要把该订单的清单推送给海关,海关将订单、支付单、运单中的订购人信息、收件人信息、商品及价格信息和清单中的订购人信息、收件人信息、商品及价格信息进行数据校验比对。这个校验比对的过程就是"三单对比"。

图 2-1 "三单对比"

如果三单数据比对结果没有问题,那就会收到申报成功回执,确认无误后即可放行。如果有问题,会收到申报失败回执,海关会反馈相应的错误代码信息,按照海关回执,如果能通过申报信息修改的方式,可通过重新申报的方式处理,否则需要进行退单处理。通过企业数据与海关数据进行匹配,达到监管统计目的。

海关总署在三单发送上并无顺序要求。上海为了帮助企业快速通关,保证单证的完整性,申报时要求有序,按照订单/支付单/运单,最后才是清单的顺序。

从目前的统一版通关服务平台来看,服务对象主要还集中在小包裹的出口领域。但从实际操作上看,小包裹主要是个人或小卖家习惯使用的进出口方式,这类卖家大多存在"捞一票就走"的心理。使用通关服务平台会在短时间内增加成本,而对这类卖家起到的作用微乎其微。通关服务平台真正服务的对象应该是进出口规模较大的外贸企业小订单业务。外贸企业拥有常态化发展的需求,小订单的较小包裹也更易于监管统计。

▶ 小资料 ◀

报关

报关是指进出口货物装船出运前,向海关申报的手续。按照我国《海关法》的规定:凡是进出国境的货物,必须经由设有海关的港口、车站、国际航空站,并由货物所有人向海关申报,经过海关放行后,货物才可提取或装船出口。

在进出口贸易的实际业务中,绝大多数是卖方负责出口货物报关,买方负责进口货物报关,即绝大多数的贸易公司只是同自己国家的海关打交道。

报关是进出口贸易的环节之一,是国家对外经济贸易活动和国际贸易链条中的重要组成部分。报关业务的质量直接关系着进出口货物的通关速度、企业的经营成本和经济效益、海关的行政效率。由于报关活动与国家对外贸易政策法规的实施密切相关,报关业务有着较强的政策性、专业性、技术性和操作性。

(二) 公共服务平台

公共服务平台主要服务于外贸企业的纳税退税、支付结汇等。公共服务平台属于支撑层，由政府投资兴建，"公共服务"的含义具有双向性，一方面为各地政府的职能部门之间搭建公共信息平台，另一方面是服务于大众（主要是指外贸企业）。阳光化的外贸环节众多，涉及国检（检验检疫）、国税（纳税退税）、外管局（支付结汇）、商委或外经贸委（企业备案、数据统计）等政府职能部门及银行结汇等，传统外贸企业需要一一对接。

跨境电商行业因其碎片化订单的特殊性，如每笔订单都重复与职能部门对接将造成极其繁重的工作。另外，政府职能部门之间也需要一个公共区域共享企业上传的数据，并进行数据采集、交换对比、监管等工作。于是由政府投资兴建的公共服务平台成为了解决这些问题的根本手段。

与通关服务平台相同，地方性公共服务平台也普遍采用"三单对比"的方式进行监管，三单手续齐全并监管认可，才可享受正常的结汇退税。目前，公共服务平台均由各地政府自行建设，并无全国统一版本，服务内容有所差异，界面操作也不同，中国（石家庄）跨境电商综合公共服务平台主要功能介绍如图2-2所示。

图2-2 中国（石家庄）跨境电商综合公共服务平台主要功能介绍

公共服务平台不仅让政府各职能部门之间组成了一个跨境圈子，也成为政府与外贸企业之间的便捷沟通渠道，是政府各职能部门面向外贸企业开设的一扇服务窗口。

从目前出现的各地公共服务平台来看，其与通关服务平台存在相同的问题，就是服务对象主要集中在小包裹的进出口领域，使用价值不大，其真正的服务对象同样应该针对进出口规模较大的跨境电商小订单业务。

（三）综合服务平台

综合服务平台是企业层面建设的平台，以"为中小型外贸企业和个人卖家提供一站式服务"为基础，衍生出了一个新兴的代理服务行业。综合服务平台用于一站式解决中小外贸企业和个人卖家遇到的外贸问题。跨境电商的链条很长，涉及的操作环节众多，对于传统中小外贸企业和个人卖家来说难以吃透且工作量极其繁重。综合服务平台的出现可以一站式解决这部分人遇到的问题，其是真正服务于基层的平台。

综合服务平台属于服务群落的主体，一般由大型跨境电商企业建设，意在为中小企业和个人卖家提供代理服务，囊括了金融、通关、物流、退税、外汇等方面。综合服务平台在降低外贸门槛、处理外贸问题、降低外贸风险等方面为相关企业提供了便利和解决方案。目前业内知名的综合服务平台主要有阿里巴巴建设的一达通、大龙网建设的海通易达等。

一达通成立于2001年，是国内第一家面向中小企业的进出口流程外包服务平台，2014年阿里巴巴集团全资收购了一达通，并将一达通列为阿里巴巴打造外贸生态圈的重要组成部分。

一达通进出口服务包含进出口通关、物流、外汇、退税、融资全流程；以通关、外汇等进出口监管环节为基础，保证贸易真实性；以融资为核心，转变外贸交易方式，提升外贸竞争力；以物流为辐射，形成线下服务网络。一达通出口综合服务流程如图2-3所示。

图2-3 一达通出口综合服务流程

一达通的外部服务流程：针对中小企业，一达通根据简便、快捷、安全、适用的原则，采用专人对接、团队服务的方式提供服务。

一达通的内部服务流程：一达通在线进出口服务系统，通过创新的数字化、标准化流程提供进出口服务，不仅可以实时查询进出口规模、进出口开支和各类文件往来，而且大大提升了服务品质、降低了服务成本，形成了完整的信息化服务链条。在外部操作简单的同时，确保内部操作系统化、流程化。

一达通金融服务：通过电子商务平台与银行信贷平台相结合，一达通为中小企业提供供应链融资通道，集退税融资、电子商务、支付结算于一体，为中小企业提供全方位、多层次的综合金融服务方案。

一达通风险控制：根据服务中小微企业的实际情况，在风险管理方式上把横向点面式与纵向时间序列链条式结合起来，将海关、国检、外管、国税等各监管部门的风险管理要求与企业经营合理性监管有机地联系起来，在资源整合、信息互证的基础上，形成识别准确、反应敏捷、管理有效的企业风险管理体系。

二、跨境电商服务平台之间的联系

跨境电商通关服务平台、公共服务平台、综合服务平台是从三个不同层面出发建设的平台，分别由海关、政府和企业建设，在整个进出口流程中把控着不同的环节、承担着不同的职能。它们之间相互联系，形成信息数据之间的统一交换和层层传递，如图 2-4 所示。

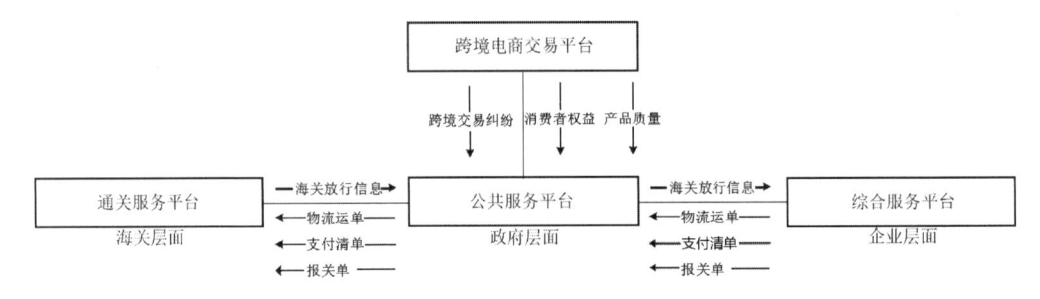

图 2-4　跨境电商服务平台关系

三、进口跨境电商平台

（一）考拉海购

考拉海购是以跨境业务为主的综合型电商，于 2015 年 1 月上线，以自营 B2C 电子商务模式为主，其所售商品种类涵盖母婴、美容彩妆、家居生活、营养保健、环球美食、服饰箱包、数码家电等。考拉海购 Logo 如图 2-5 所示。

图 2-5　考拉海购 Logo

2019 年 9 月 6 日，阿里巴巴集团宣布以 20 亿美元全资收购考拉海购，领投网易云音乐 7 亿美元融资。2020 年 8 月 21 日正式宣布战略升级，全面聚焦"会员电商"。

考拉海购采用自营直采模式，并拥有自主定价权，可以通过整体协调供应链及仓储、物流、运营的各个环节，根据市场环境和竞争节点调整定价策略。其在美国、德国、意大利、日本、韩国、澳大利亚等地设有分公司或办事处，深入产品原产地直采高品质、适合的商品，从源头杜绝假货，保障商品品质的同时省去诸多中间环节，直接从原产地运抵国内，在海关和国检的监控下，储存在保税区仓库。

考拉海购的物流模式主要采用保税进口和与第三方物流合作的方式。考拉海购在杭州、郑州、宁波、重庆四个保税区拥有超过 15 万平方米的保税仓储区，为行业第一。考拉海购已经成为跨境电商中拥有保税仓规模最大的企业。未来，考拉海购还将陆续开通华南、华北、西南保税物流中心。在海外，考拉海购初步在美国建成国际物流仓储中心，并将开通韩国、日本、澳大利亚、欧洲等国家和地区的国际物流仓储中心。

（二）天猫国际

天猫国际是阿里巴巴集团在 2014 年 2 月正式上线的在天猫商城下的一个子频道，所售商品种类主要包括美妆/个人护理、食品保健、母婴用品、服饰鞋包、生活/数码五个大类，旨在为国内消费者直供海外原装进口商品。其是一个综合型跨境电商平台，主要采用卖家入驻的平台模式。卖家可以分为四大类：品牌旗舰店、卖场型旗舰店、专卖店以及专营店。它采用邀请入驻和品牌自荐入驻两种方式招商。天猫国际 Logo 如图 2-6 所示。

图 2-6　天猫国际 Logo

截至目前，全球共有 87 个国家和地区的 29 000 多个海外品牌入驻天猫国际，覆盖了 5 800 多个品类，其中 8 成以上品牌首次入华。作为阿里巴巴全球化战略之一，天猫国际将和海外品牌一起，让中国消费者更便利、更高品质地"买全球"，发现更多全球新趋势。天猫国际为入驻卖家提供了营销广告、支付工具、物流系统、库存管理、报表管理等一系列附加服务，并从中收取年费和一定比例的佣金。

天猫国际也有相应的物流体系，模式也多种多样。

（1）保税模式：采取国外采购、国外仓库储藏方式，进入国内（物流包括海运、空运等）后报关，在保税区集中储存，用户下单后按照国内的物流模式进行配送。

这种模式的优点在于物流的效率非常高，客户下单后配送的速度快，客户的体验好，缺点是对于加盟者以及平台来说模式流程比较多，占用资金量比较大。

（2）直接邮递模式：这种模式是最直接的，只需要客户下单，然后直接在国外采购，直接通过国际物流进行投递，一般采用空运，然后走海关出关，接着进行国内物流模式的配送。

这种模式的优点在于投资较少，对于卖家来说流程少，而缺点就是物流时间比较长，不如在国内直接仓储发货快。

（3）代购模式：这种模式其实不在正规的物流模式范围内，不过目前也有很多人采用这种模式，就是通过专业的代购在海外购买，然后直接带回来。

（三）海囤全球

海囤全球由京东全球购更名而来，是京东在 2015 年 4 月上线的跨境电商业务，主营跨境进口商品业务，是京东旗下所属品牌。其涵盖来自美、法、英、日、韩、德、新西兰等国家和地区的母婴产品、服装鞋靴、礼品箱包等众多品类。海囤全球 logo 如图 2-7 所示。

图 2-7　海囤全球 Logo

海囤全球与海外商家的合作更为自由，包括自营模式和平台模式。其中，自营模式是京东自主采购，由保税区内专业服务商提供支持；平台模式则是通过跨境电商模式引入海外品牌商品，销售的主体就是海外的公司。

平台上所有卖家均为海外卖家，通过建立京东香港平台直接与境外全球购卖家签约，并给予知名品牌方、知名零售商、知名 B2B/B2C 电子商务网站以及有优秀运营团队及有运营基础的优质商家优先审核资格。海囤全球目前已开设多个国家馆和地区馆，为跨境电商企业提供了一个权威的跨境电商平台。

其物流模式分为保税仓发货和海外直邮两种，支持多种在线支付方式，如传统银行卡支付、微信支付和京东金融旗下的京东白条支付等。

◆ 小资料

保税仓

保税仓是用来存储在保税区内未交付关税的货物的多功能仓储库房，是保税制度中应用最广泛的一种形式。

货物存放在保税仓可以节省一大笔租金费用，尤其是时间较长时，这项优势更加明显。因保税仓的仓租较便宜，而且可在申报时直接在保税仓拖走报关。例如，广东省江门市江海区中岸集团保税仓是运作成功的保税仓之一。

海关允许存放保税仓的货物有三类：一是供加工贸易（进、来料加工）加工成品复出口的进口料件；二是外经贸主管部门批准开展外国商品寄售业务、外国产品维修业务、外汇免税商品业务及保税生产资料市场的进口货物；三是转口贸易货物、外商寄存货物以及国际航行船舶所需的燃料、物衬和零配件等。

保税仓分为公用型和自用型两类。公用型保税仓是根据公众需要而设立的，可供任何人存放货物。自用型保税仓是指只有仓库经营人才能存放货物的保税仓，但所存放货物并非必须属仓库经营人所有。

（四）唯品国际

唯品国际是唯品会在 2016 年 5 月正式上线的跨境电商业务。商品涉及美妆、母婴、营养保健、奢侈品、家居日用、服装、鞋包、时尚穿搭等多个大类，其核心理念在于精选和导购。它采用"自营直采，品牌授权"的业务模式，通过海关监管和第三方承保来确保商品品质。物流模式分为保税仓发货和海外直邮两种，并且它支持多种在线支付方式，包括支付宝支付、微信支付以及传统银行卡支付等。唯品国际 Logo 如图 2-8 所示。

图 2-8　唯品国际 Logo

（五）小红书

小红书创办于 2013 年。2017 年 12 月，小红书电商被《人民日报》评为代表中国消费科技产业的"中国品牌奖"。小红书通过深耕用户生产内容（User Generated Content，UGC）购物分享社区，发展成为全球性消费类口碑库和社区电子商务平台。其主要基于移动端 App，属于移动社区电子商务平台。小红书运营核心逻辑如图 2-9 所示。

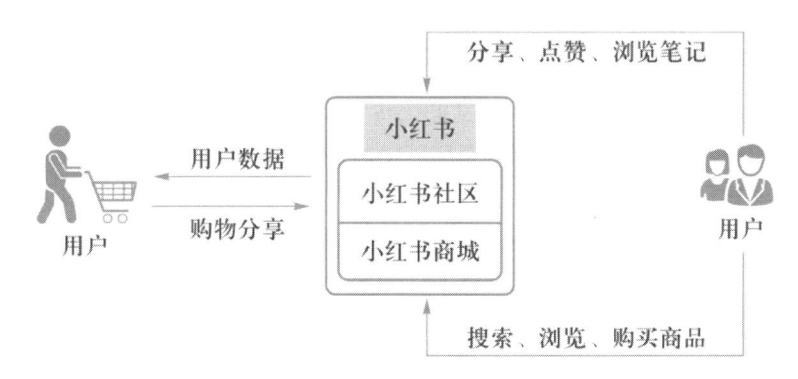

图 2-9　小红书运营核心逻辑

四、出口跨境电商平台

（一）阿里巴巴国际站

阿里巴巴国际站成立于 1999 年，是阿里巴巴集团最早创立的业务，是连接国内出口商和其他国家公司的在线贸易平台，也是目前全球最大、成立时间最久的 B2B 跨境贸易平台。阿里巴巴国际站 Logo 如图 2-10 所示。

图 2-10　阿里巴巴国际站 Logo

作为全球 B2B 模式的代表，阿里巴巴国际站拥有超过 3 500 万的用户，累计服务 200 多个国家，服务项目涉及金融、信息、物流等领域，包括外贸直通车、一达通、网商贷、顶级展位、信用保障、金品诚企等。阿里巴巴提供一站式的店铺装修、产品展示、营销推广、生意洽谈及店铺管理等线上服务和工具，帮助企业降低成本，高效率地开拓外贸市场。

1. 阿里巴巴盈利方式

（1）会员费：企业通过阿里巴巴国际站参与电子商务交易，必须注册为会员，每年要交纳一定的会员费才能享受网站提供的各种服务，目前会员费是阿里巴巴国际站最主要的收入来源。

（2）广告费：网络广告是门户网站的主要盈利点，同时也是阿里巴巴国际站的主要收入来源。金品诚企会员年费（包含推广费用）为 80 000 元/年。

（3）竞价排名：企业为了促进产品的销售，都希望在 B2B 网站的信息搜索中自己的排名靠前，而网站在确保信息准确的基础上，根据会员交费的不同对排名顺序进行相应的调整。

阿里巴巴国际站关键词搜索排名钻石词仅售 1~20 名，第一名为 96 000 元/年，第 2~10 名为 43 200 元/年，第 11~20 名为 24 000 元/年。

（4）增值服务：阿里巴巴国际站通常除了为企业提供贸易供求信息，还会提供一些独特的增值服务，包括企业认证、独立域名、行业数据分析报告、搜索引擎优化等。

视频拍摄：5 000 元/次，时长 60~70 秒。橱窗展示：12 000 元/组/年（每组五个橱窗产品）。

外贸直通车：开户金额为 20 000~30 000 元；自主设置，按照点击率收费。续充金额：10 000~100 000 元；账户总金额不能超过 150 000 元。

（5）线下服务：主要包括展会、期刊、研讨会等。通过展会，供应商和采购商面对面交流，一般的中小企业还比较青睐这个方式。期刊主要是关于行业资讯等信息，期刊里也可以植入广告。

（6）商务合作：包括广告联盟、行业协会合作、传统媒体的合作等。广告联盟通常是网络广告联盟,阿里巴巴国际站的联盟营销还处于萌芽阶段,还有很大的发展空间。

(7)按询盘付费:区别于传统的会员包年付费模式,按询盘付费模式是指从事国际贸易的企业不是按照时间来付费,而是按照海外推广带来的实际效果,也就是海外买家实际的有效询盘来付费。其中询盘是否有效,主动权在消费者手中,由消费者自行判断,来决定是否消费。

2. 阿里巴巴国际站服务种类

(1)国际免费会员能采购商品,还可以在国际站发布供应信息进行产品销售。

(2)全球供应商会员可以在国际站采购商品,同时可以发布产品信息进行销售,还可以在国际站上继续搜索产品或供应商的信息,针对后台的管理系统,可以提供英语、简体中文和繁体中文。在英语系统下,部分功能只开放一些增值外贸服务。

(3)中国供应商会员是阿里巴巴国际站的主要付费会员,主要依托国际站寻找海外买家,从事出口贸易。阿里巴巴国际站具有一个非常强大的后台管理,卖家在这里可以进行商品管理以及店铺装修等操作,而对于卖家来说不仅可以通过产品信息,也可以通过公司吸引买家,达成最后的交易,同时中国供应商也可以在网站上发布采购信息进行原材料的采购操作。中国供应商会员有以下几种专享的中国供应商服务:①拥有专业的二级域名网页;②拥有强大的后台管理系统;③可以与所有买家直接联系;④信息排名游戏;⑤不限量产品发布;⑥多账号外贸邮;⑦买家 IP 定位;⑧视频自主上传;⑨数据管家;⑩橱窗产品。

3. 阿里巴巴国际站模块

阿里巴巴国际站包括 4 个基本模块:产品模块、推广模块、交易模块和数据支持模块。

(1)产品模块:发布产品和管理产品。

(2)推广模块:产品排名和外贸直通车。

(3)交易模块:询盘以及采购直达(Request For Quotation,RFQ)。

(4)数据支持模块:提供一系列数据来帮助供应商监测产品信息、交易情况、市场动向等,在平台中被称为"数据管家"。

(二)敦煌网

敦煌网于 2004 年正式上线,为中国第一个 B2B 跨境电商平台,致力于帮助中国中小企业通过电子商务平台走向全球市场。敦煌网 CEO 王树彤曾在 1999 年参与创立卓越网并出任第一任 CEO。敦煌网开创了"为成功付费"的在线交易模式,并突破性地采取佣金制,免卖家注册费,只在买卖双方交易成功后才收取相应的手续费,同时还提供支付担保、第三方认证、增值服务等专业业务。敦煌网 logo 如图 2-11 所示。

图 2-11　敦煌网 Logo

敦煌网还在行业内部率先推出 App 应用，不仅解决了跨境电商交易中的沟通问题和时差问题，而且还打通了订单交易的整个购物流程。目前，敦煌网已经具备 220 多万家国内供应商在线、2 300 万种商品、遍布全球 222 个国家和地区的 2 800 万买家的规模。

1. 敦煌网的特点

（1）敦煌网在交易成功的基础上，根据不同的行业特点，向海外买家收取不同比例的服务费佣金，一般在交易额的 7%左右，而一般传统的 B2B 电子商务网站普遍是向国内卖家收取会员费。

（2）敦煌网提供诚信担保机制，实现了小制造商、贸易商与零售卖家之间的对接。

（3）敦煌网针对一些已经接触过电子商务、有货源但是技能跟不上的企业，推出了外贸管家服务。针对这些企业，敦煌网会定期与企业见面，将客户对商品的样式、质量的反馈以及要怎么样推广这些商品与企业及时交流，以保证企业的交易成功率。

2. 敦煌网的优势

（1）全国供应商为服务对象：敦煌网的服务对象由最开始的中小商户拓展到规模化的外贸企业、工厂和品牌商家。除了为用户提供交易平台，2013 年 11 月，敦煌网还与义乌市政府共同推出打造"全球网货中心"平台，专门为传统外贸企业提供服务。

（2）平台化运营：敦煌网定位于第三方 B2B 跨境交易平台，致力于帮助中国中小企业通过跨境电商平台将产品销往全世界，实现国际化发展。经过十几年的发展，平台规模不断扩大，平台化运营的用户和流量以及产品品类呈现明显优势。

（3）提供一体化服务：除了为用户提供基于平台的基本服务，敦煌网也在不断优化包括支付、物流、信贷等方面的一体化服务。此外，敦煌网还为用户提供培训、营销推广和代运营等增值服务。

（4）移动端发展水平领先：2011 年，敦煌网上线买家端移动 App，这是跨境电商领域第一款买家端 App。随后它又推出买家端 WAP[①]平台和卖家端 App，并在硅谷成立移动实验室。敦煌网移动端发展迅速，其访问量几乎可以与平台访问量平分秋色，交易量、新注册的真实买家数以及活跃买家数增长迅猛。

---

① WAP：无线应用协议（Wireless Application Protocol），让人们使用手机等移动通信端设备接收各种信息、上网、浏览网页、收发电子邮件，甚至进行网上电子商务的一项网络通信协议。

3. 敦煌网的运营模式

（1）敦煌网信息流运作模式：敦煌网针对买卖双方分别开设中英文站点，并且提供了相应的翻译工具。敦煌通是方便买卖双方即时在线沟通交流的一种聊天工具，可以让卖家更加方便快捷地了解客户的需求及问题，简单快捷地管理买家信息。

（2）敦煌网物流运作模式：敦煌网携手各大第三方物流和货运代理公司，为卖家推出了"仓库发货"物流服务。卖家只需在线填写发货预报，将货物线下发货至合作仓库，并在线支付运费，即可由平台直接提供国际物流的配送。此外，敦煌网在西班牙、俄罗斯、葡萄牙、意大利、德国、法国开启了海外仓服务。

（3）敦煌网资金流运作模式：DHpay 是敦煌网旗下独立的第三方支付工具，至今已支持全球 224 个国家和地区 400 万的买家实现在线跨境支付。除此之外，敦煌网还支持 Visa、Master Card 信用卡、西联支付、Money Bookers、Bank Transfer 等国际化支付方式，这些支付方式可以很好地覆盖并服务全世界买家。

（4）敦煌网盈利模式：敦煌网采取佣金制，免注册费，只有买卖双方交易成功后才收取费用。平台采用统一佣金率，实行"阶梯佣金"政策。

平台的佣金规则为：当订单金额≥300 美元时，平台佣金=订单金额×佣金率（4.5%）；当订单金额<300 美元时，平台佣金=订单金额×佣金率（按类目不同分为 8% 或 12%）。

4. 敦煌网四个基本模块

敦煌网有产品模块、推广模块、交易模块和数据支持模块。
（1）产品模块：上传产品和管理产品。
（2）推广模块：定向展示推广、产品流量快车和视觉精灵。
（3）交易模块：站内信息和交易系统。
（4）数据支持模块：商铺解析、行业动态和搜索词追踪。

（三）全球速卖通

全球速卖通是阿里巴巴旗下的 B2C 跨境电商平台，于 2010 年 4 月正式上线，是阿里巴巴为帮助中小企业接触境外终端，拓展利润空间而打造的融合订单、支付、物流于一体的外贸在线交易平台，被广大卖家称为国际版"淘宝"，简称速卖通。全球速卖通 Logo 如图 2-12 所示。

图 2-12 全球速卖通 Logo

速卖通面向海外个人买家，通过支付宝国际账户进行担保交易，并使用国际快递发货，是全球第三大英文在线购物网站，覆盖了 230 多个国家和地区的卖家，覆盖服装服饰、3C、家居、饰品等共 30 个以上行业类目，优势行业主要有服装服饰、手机通信、鞋包、美容健康、珠宝手表、消费电子、电脑网络、家居、汽车摩托车配件、灯具等。

1. 速卖通平台及其业务的特点

（1）进入门槛低，能满足众多小企业开展出口业务的愿望。阿里巴巴的速卖通平台对卖家没有企业组织形式与资金的限制，方便进入。

（2）交易流程简单，买卖双方的订单生成、发货、收货、支付等，全在线上完成。

（3）双方的操作模式如同国内的淘宝平台操作，非常简便。商品选择品种多，价格低廉。

（4）速卖通平台上的商品具有较强的价格竞争优势，跟传统国际贸易业务相比，具有较强的市场竞争优势。

2. 速卖通平台的运营模式

（1）信息流运作模式：一个市场能否正常和有效地运作，首先取决于交易双方能够获取的信息量和信息的可靠程度，掌握大量真实可靠的信息是任何交易进行的第一步。速卖通为交易提供了便捷的交流工具，开发了 Trade Message 软件，可以确保买卖双方信息的高效传递。

（2）物流运作模式：速卖通支持四大商业快递、速卖通合作物流以及邮政大小包等多种国际快递方式。小卖家作为独立的经营主体，可以自行联系物流并进行发货。除了个体单独发货，卖家还可以借助速卖通的平台在线发货。此外，速卖通正式开启了美国、英国、德国、西班牙、法国、意大利、俄罗斯、澳大利亚、印度尼西亚的海外仓服务。

（3）资金流运作模式：速卖通的资金流动方式与淘宝相似，速卖通只充当中介的作用。类似于淘宝的支付宝，速卖通开发了阿里巴巴国际支付宝 Escrow。目前，Escrow 支持多种支付方式，包括信用卡、T/T 银行汇款、Money Bookers 和借记卡等，并在继续开拓更多的支付方式。除了 Escrow，速卖通也同时支持电汇和其他跨国在线支付方式。

（4）速卖通的盈利模式：速卖通平台的收入来源主要包括技术服务费年费和交易服务费，以及广告营销服务费。技术服务费年费：速卖通平台将各行业划分为八大经营范围，每个经营范围分设不同的经营大类，每个速卖通账号只准选取一个经营范围，并可在该经营范围下跨经营大类经营，2018 年不同经营大类的技术服务费年费在 10 000 元人民币～30 000 元人民币不等（共享类无技术服务费年费）。交易服务费（交易佣金）：速卖通就提供的交易服务收取服务费，服务费只在交易完成后对卖家收取，买家不需要支付任何费用。

3. 速卖通的运营逻辑

与阿里巴巴国际站类似，速卖通分为产品模块、推广模块、交易模块和数据支持模块 4 个基本模块。

（1）产品模块：发布产品和管理产品。
（2）推广模块：橱窗推荐、联盟营销和 P4P 直通车等部分。
（3）交易模块：Trade manager 和站内信；订单留言和电子邮箱信息。
（4）数据支持模块：在平台上被称为"数据纵横"，可在后台查看数据报告——账户报告和商品报告。

（四）亚马逊

亚马逊是美国最大的网络电子商品公司，位于华盛顿州的西雅图，是网络上最早开始经营电子商务的企业。亚马逊成立于 1995 年，一开始只经营网络的书籍销售业务，现在范围相当广，已成为全球商品品种最多的网上零售商，亚马逊 Logo 如图 2-13 所示。

图 2-13 亚马逊 Logo

2012 年亚马逊将"全球开店"项目引入中国，致力于将中国最优秀的企业、最优秀的卖家引入亚马逊海外站点上，让中国卖家直接面对海外消费者。经过亚马逊团队的努力，已经开辟出美国、加拿大、日本市场，这意味着中国卖家只要将相关资料提交给亚马逊招商团队，就能直接在这些海外市场上进行销售和消费。

但是由于亚马逊在中国扩张过快，导致没有严格把关，因此亚马逊上出现了一些假货和侵权产品，从 2016 年 7 月开始，亚马逊美国站针对新卖家的上线审核就变得更为严苛，这也是继 2016 年 6 月末取消新卖家一年"黄金购物车"支持后的又一大重要举措。

亚马逊目前旗下的网站除美国外，还有澳大利亚、新西兰、巴西、加拿大、中国、法国、德国、印度、墨西哥、意大利、日本、英国、西班牙和挪威。

1. 亚马逊账户类型

亚马逊账户类型有个人销售计划（Individual）和专业销售计划（Professional）。无论是个人还是公司都可以申请"个人账户（Individual）"；同样，不论是个人还是公司也都可以申请"专业账户（Professional）"。

这两种计划的主要区别在于费用结构和功能使用权限。以美国市场为例，个人销售计划会按件收取费用，而专业销售计划则需要按月支付订阅费。这两种销售计划之间是可以相互转化的。如果卖家注册的时候选择了"个人销售计划"，之后也可以在后台自助升级为"专业销售计划"；如果卖家注册时选择了"专业销售计划"，后续也可以降级为"个人销售计划"。所以，卖家若想在亚马逊销售商品或服务，就算没有公司资质，一样也可以在亚马逊上申请"专业销售计划"。

2. 亚马逊平台规则

（1）Listing 跟卖：亚马逊独有的 Listing 机制，是为了营造一个健康良性的竞争体系,希望更多的供应商和制造商给出质量更好、价格更优惠的产品,所以,当一个卖家上传了某个产品的信息,这个产品页面的控制权就不再属于最初创建页面的卖家了,所有的数据信息包括图片,都保存在亚马逊的后台,所有卖家只要有这个产品的销售权限,他就可以点击"Have one to sell?-Sell on Amazon",然后也开始卖这个产品。

例如,A卖家创建了一个产品页,其他同款卖家看见后可以在上面增加一个按钮链接到自己的产品,也在这个页面里面卖同样的产品。这样就出现了一个产品页面上有几个、几十个甚至更多的卖家在卖同一种产品。这对新卖家来说是好机会,可以分享到别人的流量,但很容易直接引发价格战。

采取跟卖策略的卖家,必须遵循跟卖的规则:首先必须销售正品,不可以卖假货;其次,需要确认产品100%一致,包括每一个细节,不可以有出入;另外不要侵权,一旦被投诉侵权就会受到平台处罚。

跟卖的优势如下。

——不用自己去创建产品页面,想卖就卖,不想卖就下架,省事省力省心。

——商品的出价会立即出现在排名靠前的Listing中。

——直接效果就是单量的增加带动流量上升,自己上架的产品也可能卖出去。

跟卖的风险如下。

——直接引发价格战,导致低利润。

——容易被Listing所有者投诉侵权,一旦投诉成功就会被封账号。

跟卖策略如下。

首先要确保自己的商品和跟卖的Listing描述完全一致,包括商品本身、包装、卖点、功能、描述等;否则,买家收到货如发现有任何和描述不一致的地方,都可以向亚马逊投诉。所跟卖的卖家也有可能对订单进行"Test Buy",如发现和描述不一致,也可以向亚马逊投诉。

——跟卖时尽量设置较低的价格,价格较低获得购物车的可能性越高。抢夺购物车的权重依次为:FBA(亚马逊物流服务)>价格≥信誉度。

——谨慎选择跟卖Listing,如果一款好卖的产品却没有人跟卖,最大的可能就是这个产品是有品牌授权的,一跟卖就会被投诉。

——了解产品是否注册品牌,可以在网上搜索或去商标网站查看。

——如果被投诉侵权要立刻取消跟卖,并积极和对方沟通,了解是否确实发生了侵权行为。

(2)亚马逊账号被封主要原因及申诉。

① 亚马逊账号被封主要有以下原因。

——亚马逊关联。为了避免账号关联,在操作新账号时,保证IP路由、网卡、系统是全新的。多账号操作时,不要使用相同的税号信息和收款账号,否则会封闭其中一个账号。若办公地址发生变更,请及时联系亚马逊客服说明情况。

——跟卖侵权。跟卖产品之前,一定要了解清楚对方产品是否注册了商标和外观专利,尤其是标志了logo的产品,千万不要想当然,到相关商标网站查清楚了再去跟卖。一收到警告,必须马上下架跟卖的产品,最好给对方卖家写封邮件以示道歉。一旦跟卖有商标的产品,被对方卖家控诉侵权,会被直接封号。

——好评太少，差评过多。评价少，好评就更少。差评过多会被移除销售权，甚至封号。如果是少数差评，确实解决不了，在不影响订单缺陷率（Order Defect Rate，ODR）超标的情况下建议不要太纠结，关键是想办法获取更多的订单来消除影响。

——产品缺乏相关认证。某些产品需要取得相关认证方可在某些国家销售，如产品授权认证、安全认证等。在欧洲站点，电子产品、玩具、医疗设备等需要取得 CE（Conformite Eurapeenne）认证。政策违规是累计的，很难被撤销。

——产品与图片不符。为了提升转化率，商家不断优化产品详情，但要注意，在跟卖的时候，切记不要夸大其词，要根据实际情况撰写产品描述，上传的图片必须与发货的产品一致，否则会遭到退货和差评，导致账号被封。

② 申诉。

搞清楚是什么原因导致卖家账户销售权限被移除。账户销售权限被移除以后，亚马逊一般都会发一封邮件给卖家，卖家可以通过这封邮件得知准确的原因，到底是因为账户表现差，还是因为违反亚马逊的销售政策或销售了平台禁售的产品。

评估过往的销售操作。检查客户指标，找出那些给客户带来差的用户体验的订单和不达标的参数；同时也检查一下账户目前的产品 Listing，看看这些产品有没有违反亚马逊的相关政策（比如侵权或假货之类的）。

创建一个补救的行动计划。写一个行动计划概括一下卖家在第二步中发现的与账户销售权限被移除有关的问题，提供一个能够有效解决相关问题的精确的行动计划，这样可以很大程度上帮助恢复卖家账号的销售权限。

申诉内容的补救行动计划务必要包含以下几点。

——应让亚马逊知道卖家已明确了自己在销售或产品管理中存在某些特定的问题。

——卖家说明会如何去改进和避免出现这些问题。

——补救行动计划写完后，将其发送给亚马逊，希望其恢复卖家销售权限。

3. 亚马逊平台的特点

（1）亚马逊重商品轻店铺：亚马逊一直以来都是重商品轻店铺，亚马逊上的每件商品只有一个详情页面。相对其他平台，亚马逊的搜索结果清晰明了，每个商品只会出现一次。如果多个卖家销售同一款商品，不同卖家的报价会在商品的卖家列表上显示，消费者不需要在大量重复的商品列表里"大海捞针"。

（2）亚马逊物流（Fulfillment by Amazon，FBA）：FBA 是亚马逊全球开店的一项重要服务，卖家只需要将商品发送到当地的亚马逊运营中心，亚马逊就会提供商品的拣货、包装、配送、客服以及退换货等服务。加入 FBA 的卖家能够提高商品的曝光率，直接接触到亚马逊的 Prime 用户。卖家只需要专注于如何提升商品质量和打造品牌，由亚马逊提供快捷方便的物流服务。平台也为使用亚马逊物流的卖家提供用所在国语言回答买家的订单疑问服务，这为卖家提供了强大的支持后盾。

（3）支持货到付款的方式。

（4）亚马逊不卖仿品。

（5）一台计算机只能登录同一个账号：账号基本不会有太大的安全问题。

4. 亚马逊的优势

亚马逊拥有 3 个明显的优势：国际货源丰富、物流全链条的系统性、规模化。

（1）国际货源丰富：亚马逊在国外运作多年，聚集了大量的海外供应商。消费者可享受到来自亚马逊美国、德国、西班牙、法国、英国和意大利在内的共计 8 000 多万种国际选品，开通直邮的品类包括鞋靴、服饰、母婴、营养健康及个人护理产品等。

（2）物流全链条的系统性：亚马逊通过布局大型仓储运营中心，将供应商或消费者分散的信息流和物流集中起来，发挥规模效应，降低了整个供应链的运行成本，最终打败了竞争对手，抢占更多市场份额。

亚马逊中国拥有业界最大最先进的运营网络，目前有 14 个运营中心，分别位于北京（2 个）、广州（2 个）、成都（2 个）、武汉、沈阳、西安、厦门、上海、天津、哈尔滨、南宁，总运营面积超过 70 万平方米。其主要负责厂商收货、仓储、库存管理、订单发货、调拨发货、客户退货、返厂、商品质量安全等。同时，亚马逊中国还拥有自己的配送队伍和客服中心，为消费者提供便捷的配送及售后服务。

（3）规模化：亚马逊已与上海自贸区、上海市信息投资股份有限公司签订合作备忘录，三方将在自贸区合作展开跨境电商业务，亚马逊将通过该跨境通平台开展规模化运营。

5. 亚马逊平台的盈利模式

亚马逊的收入来源于自营商品的销售收入和平台的服务费。针对使用亚马逊平台的卖家，亚马逊一般收取 5%～15%的佣金，如果卖家使用亚马逊物流，亚马逊还会额外收取物流费和仓储费。

6. 亚马逊基本模块

亚马逊有产品模块、推广模块和数据支持模块 3 个基本模块。

（1）产品模块：产品上传和产品管理。

（2）推广模块：赞助广告（Sponsored Products）；标题搜索广告（Headline Search Ads）；产品展示广告（Product Display Ads）。

（3）数据支持模块：集中在 Reports 和 Performance。前者包含库存报告、订单报告、业务报告及广告报告；后者包含账号健康状况、店铺反馈评价、质量担保索赔、退款声明和绩效说明。

（五）Wish

Wish 是一个源于移动端的平台，于 2011 年成立于美国，初衷是帮助用户管理数据，于 2013 年成功转型为跨境电商平台，99%的交易都在移动端进行，用户可以随时随地浏览购物。Wish Logo 如图 2-14 所示。

图 2-14　Wish Logo

作为较新的电商平台，Wish 是跨境电商移动端平台的一匹黑马，在中国跨境电商中迅速蹿红。Wish 与其他平台最大的区别是，Wish 主要适用于手机 App 购物，因此在上传产品时不能按照以往的方式来操作。另外，Wish 与传统的产品展示方法不同，它是根据用户的基本信息和浏览记录等行为给用户打上"标签"，并不断收集、记录、更正这些信息，为用户创建多个维度兴趣"标签"，依据这些多维度兴趣"标签"和一定的算法来给客户进行相关产品的推荐，提高推荐产品的准确性。

1. Wish 平台的特点

（1）独特的推荐算法：Wish 拥有一套自己的推荐算法，根据用户在 Wish 上的购买行为、用户喜好以瀑布流的形式向用户推荐可能感兴趣的商品，以最简单、最快的方式帮助商户将商品销售出去。

（2）追踪用户购买行为：Wish 可以对用户的购买行为进行追踪，通过"精准推荐＋随机探索"的形式，挖掘用户需求。为了让买家有更好的购物体验，Wish 每次推送的商品不会很多，这种"物以稀为贵"的推送方式更容易受到欢迎。

（3）图片质量很重要：Wish 的买家并不看重产品的描述，而更加看重产品的图片，图片的精美度和清晰度决定了转化率。因此，在 Wish 上销售的产品要以图片展示为主，且对图片的质量要求较高，清晰度高、多角度拍摄，同一件商品的图片数量最好不要超过 6 张。

此外，产品要具有差异性和独特性。Wish 在同一页或同一推送下，会将重复或相似度高的产品自动屏蔽。

（4）搜索权不重要：Wish 的用户很少使用搜索功能，只会简单地浏览页面，看到喜欢的商品才会点击。因此，商品标题优化、关键词等在 Wish 上不是非常重要。标题只要简洁明确，包括必要的商品名称、品牌名称、关键属性等词即可，当然不能出现侵权词和敏感词。

（5）支付佣金方面，在 Wish 上上传产品都是免费的，只有在交易成功后卖家才需要向平台支付交易佣金，费用为交易额的 15%。另外，在使用 PayPal 收款的情况下，每笔款项还要支付一定的费用。

但是，Wish 平台也有相当大的弊端，如 Wish 平台对于侵权商品认定十分严格，只要它认为你的商品属于侵权商品，就可以随意处罚，即使你提交证据也不能幸免；另外，Wish 平台完全偏向买家，只要买家稍微反映产品有瑕疵，Wish 客服就会退款并告知买家不用退货。因为 Wish 的注册地址在美国，所以一旦出现纠纷，卖家十分被动。

2. Wish 平台的基本模块

Wish 平台有产品模块、交易模块、推广模块和数据支持模块 4 个基本模块。
（1）产品模块：产品发布和产品管理。
（2）交易模块：订单管理。
（3）推广模块： Product Boost 和诚信店铺。
（4）数据支持模块：集中在 Performance，包括产品概述、销售业绩、诚信店铺表现、评分情况、物流情况、退款情况、用户反馈和销售图表等。

学习活动二　跨境电商服务平台选择

一、跨境电商的发展痛点

传统的对外贸易有几大模块：上游供应商、制造工厂、贸易公司、船务服务公司、船运公司、国外进口商以及终端客户。产品利润在重重分销中逐渐消耗。企业想要提高利润就必须对产业链进行合理的整合，尽可能缩短链条，于是跨境电商应运而生。但在长期的发展中，跨境电商一直存在着以下几方面制约因素。

（一）外贸语言障碍

跨境电商的主要网络平台一般为英文网站，这就对中国企业的语言提出了挑战。虽然可以通过在线翻译软件解决一部分问题，但是无法实时与客人保持良好的沟通，势必会影响销售的结果。这仅仅是对英文母语的市场，其他还有法国、德国、西班牙语等小语种市场，语言障碍更严重。

（二）企业和国外买手之间互相的信任建立

在平台上随意注册的卖家和买家都具有相当的比例，如何在庞大的数据库中找到合适的且能够建立商业信任的关系是一个难题。平台越开放，这种信任建立的难度越大。

（三）网络安全和知识产权保护

平台上的网络账户安全，因为网络的开放性与虚拟性，拥有极大的不确定性。并且对于生产厂家发布的产品信息，国外买家在询盘时公布的新产品细节，如何避免出现有关知识产权的问题，也显得尤为重要。

（四）交易闭环

我国电子商务发展时间虽短，却在以惊人的速度建立自己的生态圈。但值得注意的是，对于外贸产业链来说还有部分模块依然依赖线下传统操作，例如出口检疫、物流支持以及金融服务等。完善这部分的交易环节形成跨境电商交易闭环，将会是未来的发展重点。

> **小资料**
>
> **买手**
>
> 买手（Buyer）是时尚潮流最前沿的一种职业，源于 20 世纪 60 年代的欧洲。按照国际上通行的说法，买手指的是往返于世界各地，时时关注最新的流行信息，掌握一定的流行趋势，追求完美时尚并且手中掌握着大批量订单的人。他们普遍以服装、鞋帽、珠宝等货物与供应商进行交易，组织商品进入市场，满足消费者的不同需求。他们必须站在时尚潮流的最前端，了解行业规范，适时在其中赚取一定利润。而在中国，近似于买手的职位是跟单以及采购。
>
> 买手必须站在时尚潮流的最前端，了解行业规范、具备货品辨别能力，在适当的时机敏锐出手，以低廉的价格购买他们认为适合的商品，加价出售，赚取一定利润。这是买手必须具备的基本素质。买手往往是在商品促销时或去某个品牌最便宜的专卖店采购货，然后到适当的地方提高价格出售，这需要买手对时尚有着非常浓厚的了解。

二、跨境电商服务平台盈利模式

盈利模式是对企业经营要素进行价值识别和管理，在经营要素中找到盈利机会，探求企业利润来源、生产过程以及产出方式的系统方法。跨境电商平台的盈利模式是一种动态的模式，因为这种模式归结于企业战略和核心竞争力。

跨境电商平台盈利模式分为自发的盈利模式和自觉的盈利模式两种。

自发的盈利模式是自发形成的，企业对如何盈利以及对未来能否盈利缺乏清晰的认识，企业虽然盈利但盈利模式不明确、不清晰，这种盈利模式具有隐蔽性、模糊性，灵活性较差。

自觉的盈利模式是企业通过对盈利实践的总结和对盈利模式加以自觉调整和设计而形成的，它具有清晰性、针对性、相对稳定性、环境适应性和灵活性。

在市场竞争的初期和电商企业成长的不成熟阶段，很多电商平台的盈利模式是自发的，当网站发展到有一定影响力时，无形中已经在为自身进行项目招商。此时可以通过授权加盟者在网络平台上运营，形成无形的品牌推广，在获得加盟费的同时提高自身在电商市场的影响力。

随着市场竞争的加剧和电子商务的不断发展，电商开始重视对市场竞争和自身盈利模式的研究，即使如此，也并不是所有企业都可以找到正确的跨境电商平台盈利模式。如今，在跨境电商平台运行的背景下，跨境电商平台盈利模式已经越来越受到广大学者的关注，相信在不久的将来，新的盈利模式会让所有的电商平台得到更快更好的发展。

（一）采购端

跨境电商的采购模式一般是通过消费者订单信息决定采购品种并向供货商进行采购。目前，由于垂直跨境电商对该行业上下游把握更加细致，往往采取厂商直接采购，这样既能减少被中间商盘剥利润，提高盈利质量，同时又可以对产品质量有着较好的掌控，容易提高客户黏性。这也是目前我国垂直跨境电商企业能够保持进销差价优势的重要原因。

（二）支付端

跨境电商企业由于其重心在于发掘行业内产品与服务的价值与质量，因此在支付端往往只是采用与第三方合作的模式，而非自建支付体系，如兰亭集势与环球易购等。虽然跨境支付与内贸支付有所不同，但这不是垂直跨境电商与国内垂直电商的重要差异。

（三）物流端

物流是跨境电商与国内电商的重要差异点。考虑到跨境物流这一棘手问题，目前，海外仓已经取代大小包邮，成为解决这一问题的有效措施。目前，兰亭集势等大型垂直跨境电商企业纷纷开展海外仓的建设，通过提前备货、批量运输的方法有效降低物流环节的成本。同时考虑到跨境垂直电商企业产品多集中于某一领域，管理成本更低，因此未来海外仓有望成为垂直跨境电商的外贸标配。

（四）关税与商检

关税与商检是垂直跨境电商企业面对的一个重要业务环节。目前，我国海关通关商检政策允许试点城市对跨境零售电商使用行邮清关规则，从制度上维持跨境电商渠道与一般进口渠道间价差，因此跨境电商产品价格仍具备竞争优势。

同时，随着未来相关政策进一步完善，跨境电商企业报关程序将进一步简化，在提高通关效率的同时也有助于降低企业交易费用。

> **小资料**
>
> **行邮税清关**
>
> 行邮税是行李和邮递物品进口税的简称，是海关对个人携带、邮递进境的物品关税、进口环节增值税和消费税合并征收的进口税。由于其中包含了进口环节的增值税和消费税，故也是对个人非贸易性入境物品征收的进口关税和进口工商税收的总称。
>
> 课税对象包括入境旅客、运输工具、服务人员携带的应税行李物品、个人邮递物品、馈赠物品以及以其他方式入境的个人物品等。

行邮税清关的手续简单，清关速度快，税率低。

海关监管入境个人邮递物品主要有两个判定的基本原则。一是自用合理原则；二是限定价值原则。个人寄自我国港澳台地区的物品，每次限值为 800 元人民币；寄自其他国家和地区的物品，每次限值为 1 000 元人民币。超过上述限值，即需要交邮政企业退运或按照货物进行报关，不能按照个人物品验放。但邮包内仅有一件物品且不可分割，虽超过限值，经海关审核确属个人自用的，可以按照个人物品规定征税入境。

三、跨境电商服务平台的选择指标

每个平台都有自己的成本、佣金和规则政策，竞争形式也非常不同。因此，如何根据自己的产品和销售对象来选择合适的平台，改变竞争环境等问题，对于新手卖家而言是一个不小的挑战。在选择新平台时，必须关注以下指标。

（一）平台利润率

了解每个平台的盈利能力，根据预期利润率选择你想要销售产品的平台。

（二）交易量

并非所有平台的销售量都相同，新平台的共同特点是高利润低流量，而亚马逊和阿里巴巴等大型电子商务网站则恰恰相反，它们是高流量和低利润。建议可以根据整个平台的总利润来看，而不仅仅是市场份额来估算交易量。

（三）竞争水平

平台竞争强度只是一个相对的概念，时常会发生多个卖方销售同一产品的现象，此外，根据品牌和销售商品的不同，价格可能会因平台而异。根据竞争对手的价格，自动定价软件可以将有竞争力的价格与你的产品匹配。

（四）定价

一些卖方在所有平台上公平使用相同的价格，另一些卖方则根据平台设定不同的价格。除用颜色和质感区分价格以外，最好能保证你选择的网站始终保持最低价格，吸引客户直接购买。

（五）运费

在不同的平台运输成本会不同，使用官方物流和第三方物流的成本也不同。同时，必须考虑该平台的主要客户群是国内消费者多，还是国际消费者多。如果是后者，运输成本也会比较高。

（六）关键字

如果你在平台和独立站销售相同的产品，建议在产品标题、产品说明以及所属类别中使用不同的关键字。这可以使你的页面在自然搜索结果里有更好的展示。

（七）每次转化费用

不管是站外引流的 Google、Facebook，还是平台上的站内广告（Amazon Advertising 等），都无法避免"每次转化费用"这一话题。相比之下，站点内广告的费用低于正常费用，站点内广告在将消费者变为长期客户时可能更加困难。从长远来看，获得客户电子邮件比在亚马逊完成单一交易更有利。另外，你在计算每种产品和平台的盈利能力时，也需要将每次转化费用考虑在内。

复习与思考

一、名词解释

1. 跨境电商通关服务平台。
2. 跨境电商公共服务平台。
3. 跨境电商综合服务平台。

二、简答题

1. 跨境电商服务平台按照面向的对象不同，可以分为哪三类？各自服务内容有哪些？
2. 跨境电商服务平台之间有哪些联系？
3. 进口跨境电商平台有哪些？请进行简单的介绍。
4. 出口跨境电商平台有哪些？请进行简单的介绍。
5. 简要阐述如何选择跨境电商服务平台。

三、案例分析

跨境电商彰显数字化优势

洋码头作为典型的平台型电商，通过买手制的方式选择商品品类，一方面经验丰富的买手在海外积极寻找与国际同步的当季新品、小众新奇的个性化商品、尚未被广泛认知的新品牌等，并通过消费者教育将这些优质的非爆款商品推荐给消费者；另一方面消费者根据自身需求，向买手提出想要的商品，买手与消费者进行商谈，达成协议，为消费者代购或进行囤货。买手制的方式缩短了消费者与买手之间的沟通链条，需求匹配度高，能够切实满足消费者的需求。洋码头在整个交易过程中仅作为买卖双方的沟通、交易的桥梁，并不直接参与交易活动，洋码头平台的交易流程如图 2-15 所示。

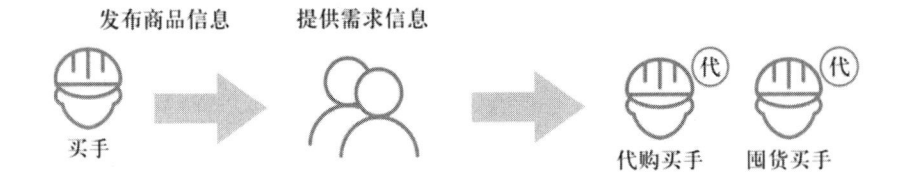

图 2-15　洋码头平台的交易流程

1. 按照跨境电商服务平台面向的对象不同，洋码头属于哪种跨境电商服务平台？
2. 收集有关洋码头的相关信息并进行介绍。

学习任务三 跨境电商选品策略

案例导入

冷门品类迎来春天

近日，我国制造的微型挖掘机在欧美圈火了，销量暴涨了145%，一些挖掘机企业的产品都是一上线就被预订，一下线就被运走。国内有些挖掘机企业订单接到手软，不得不扩建新厂房，加速提高产能。在阿里巴巴国际站上，输入"mini digger garden""digger Excavator"等关键词，不同品牌、种类、型号的微型挖掘机多达20万款，搜索量占整个工程机械的26%。这些微型挖掘机不再是工地上的"铁憨憨"，它们轻巧灵活，小到可直接开进卧室，功能却多达20余种。通过底盘收缩、动臂偏转、无尾等设计，它们可以整理私家花园，也可在更狭小的空间（例如卧室）拆卸地板，还有开啤酒瓶甚至穿针等绝活。和传统的商用挖掘机操控系统相比，微型挖掘机操作简单，非常容易上手，正在成为欧美中产家庭的别墅标配。微型挖掘机设计时考虑到了欧美人的身材，身高170 cm的女生坐在里面也不会觉得拥挤。买家甚至还可以个性定制自己喜爱的颜色，这一点尤其受到欧美人的青睐。根据销售数据显示：在颜色喜好上，美国消费者喜欢白色，俄罗斯人钟爱绿色，印度消费者则偏爱白色和黄色。

挖掘机作为一个冷门产品，一般用于商业用途，为什么还有那么多欧美人购买呢？

调查指出，一般情况下，欧美人居住在自带花园的房子里，他们会使用微型挖掘机完成土地的挖掘和花园的改造，从而使得花园设计更为合理。部分中年男性压力过大，无处排解，也会网购挖掘机这类机械产品作为硬核玩具。"有个欧洲客户在工作压力特别大的时候，就会开着挖掘机，在自家的花园里面挖一个坑填起来，再挖一个坑填起来。如此循环往复，压力也就释放了。"某大型工程机械有限公司国际事业部经理如是说。因此，在社交媒体上，欧美人各种在自家后院玩挖掘机的视频也是层出不穷，微型挖掘机趁势成了最热的"网红产品"。

学习目标

1. 了解国内外不同市场的电商消费产品结构。
2. 了解国内外不同地区、国家跨境电商市场的特点。

3. 掌握不同类型的跨境电商选品策略。
4. 熟悉跨境电商选品过程中需要注意的问题。

本章知识脉络图

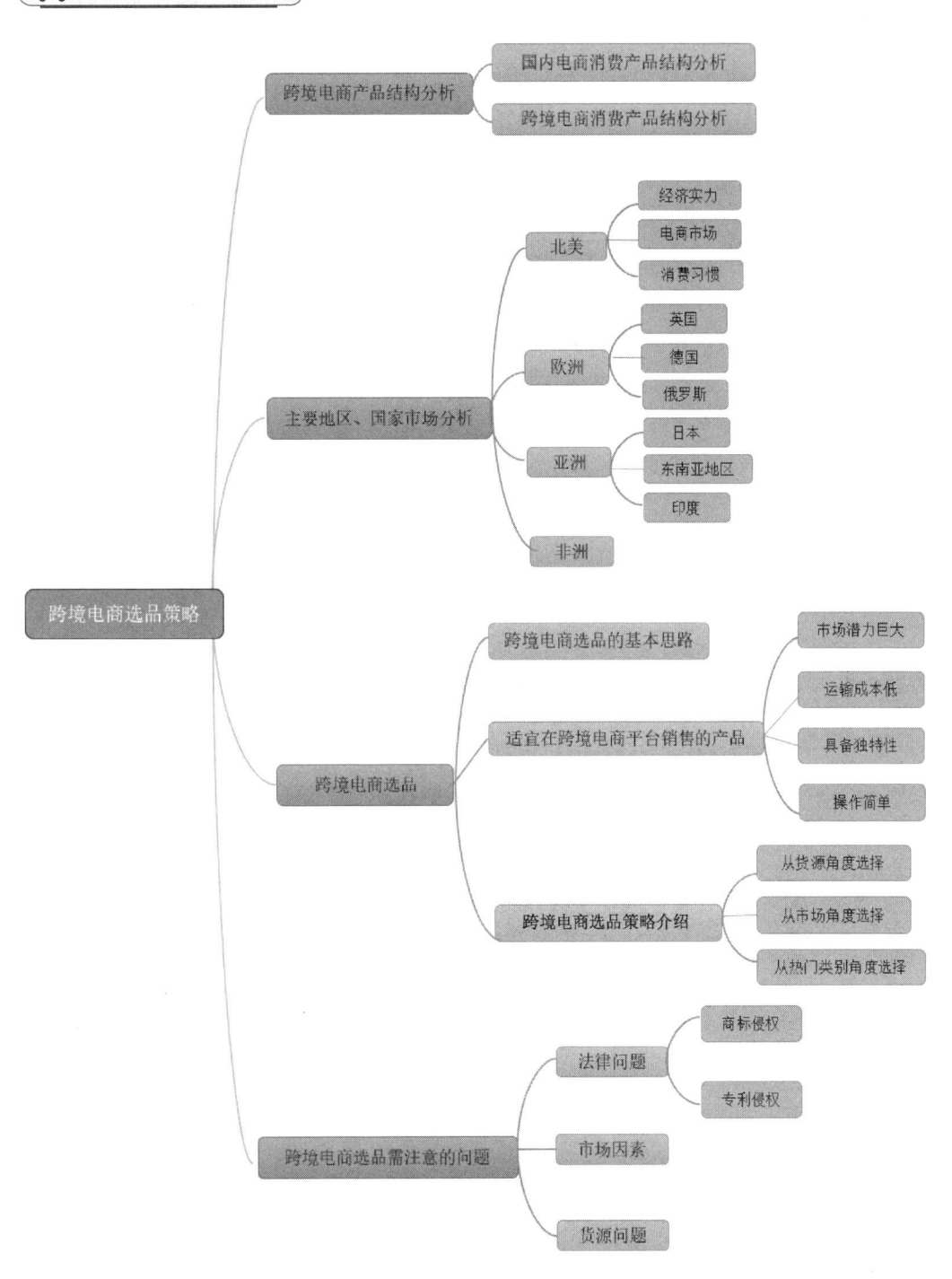

跨境电商选品策略
- 跨境电商产品结构分析
  - 国内电商消费产品结构分析
  - 跨境电商消费产品结构分析
- 主要地区、国家市场分析
  - 北美
    - 经济实力
    - 电商市场
    - 消费习惯
  - 欧洲
    - 英国
    - 德国
    - 俄罗斯
  - 亚洲
    - 日本
    - 东南亚地区
    - 印度
  - 非洲
- 跨境电商选品
  - 跨境电商选品的基本思路
  - 适宜在跨境电商平台销售的产品
    - 市场潜力巨大
    - 运输成本低
    - 具备独特性
    - 操作简单
  - 跨境电商选品策略介绍
    - 从货源角度选择
    - 从市场角度选择
    - 从热门类别角度选择
- 跨境电商选品需注意的问题
  - 法律问题
    - 商标侵权
    - 专利侵权
  - 市场因素
  - 货源问题

学习活动一 跨境电商产品结构分析

产品结构(Product Mix)是指社会产品各个组成部分所占的比重和相互关系的总和。它可以反映社会生产的性质和发展水平、资源的利用状况，以及满足社会需要的程度。

在跨境电商中，从宏观上讲，产品结构是指一个国家或一个地区的各类型产品在国民经济中的构成情况；从微观上讲，产品结构是指一个企业生产的产品中各类产品的比例关系，如民用品与军用品，机械产品与电器产品，优质产品与一般产品，技术密集型产品与劳动密集型产品等之间的比例关系。

决定跨境电商运营成功的因素有很多，如人才、资金、平台选择、运营、仓储物流等，但是首先要有产品和目标市场，才能走出跨境电商的第一步。在选择产品和出口市场之前，应对现有国内市场已经存在的电商消费产品结构、跨境电商市场消费产品结构有相应的了解，这对于自身产品的选择有很大帮助。

一、国内电商消费产品结构分析

商务部《2020年网络零售市场发展报告》显示：2020年我国网络零售市场发展持续向好，市场规模再创新高。从商品品类来看，品类增速实现分化，绿色、健康、"家场景""宅经济"消费热度凸显。

国家统计局数据显示，2020年实物商品网络消费中，吃类、穿类和用类商品分别同比增长30.6%、5.8%和16.2%。从销售额规模看，服装鞋帽针纺织品、日用品、家用电器和音像器材排名前三，分别占实物商品网络销售额的22.27%、14.53%和10.80%，如图3-1所示。

2020年网络零售分品类交易额占比

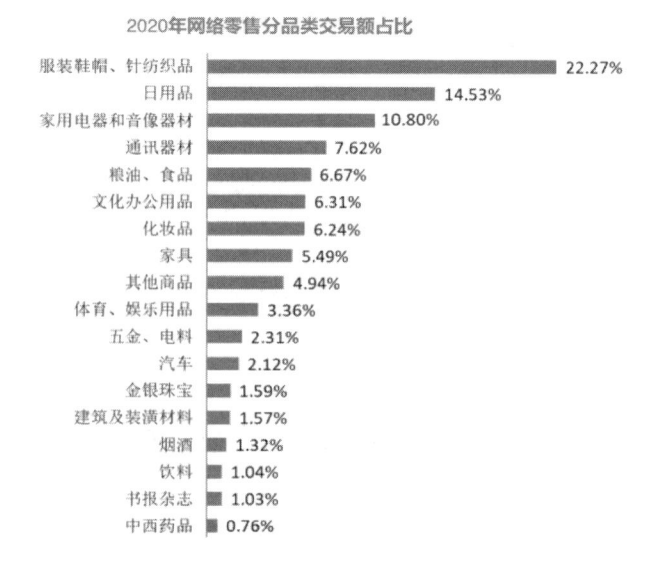

- 服装鞋帽、针纺织品 22.27%
- 日用品 14.53%
- 家用电器和音像器材 10.80%
- 通讯器材 7.62%
- 粮油、食品 6.67%
- 文化办公用品 6.31%
- 化妆品 6.24%
- 家具 5.49%
- 其他商品 4.94%
- 体育、娱乐用品 3.36%
- 五金、电料 2.31%
- 汽车 2.12%
- 金银珠宝 1.59%
- 建筑及装潢材料 1.57%
- 烟酒 1.32%
- 饮料 1.04%
- 书报杂志 1.03%
- 中西药品 0.76%

图3-1 2020年网络零售分品类交易额占比

实物商品网络消费呈现以下新特点。

一是绿色健康消费受到青睐。商务大数据显示,智能厨房家电销售额同比增长31.0%;健身器材同比增长8.8%,其中小型便携健身器材同比增长28.7%;营养品、保健品销售额同比增长34.8%。

二是"宅经济"热度提升。方便速食销售额同比增长60.8%;游戏机销售额同比增长16.3%;宠物用品销售额同比增长16.1%。

三是"家场景"消费增长。消毒日用品销售额同比增长150%以上,除菌家电销售额同比增长160.3%。

我国企业在进行跨境电商选品时可以有所借鉴。

二、跨境电商消费产品结构分析

根据阿里巴巴国际站的近年数据,我国跨境电商出口的主要地区对产品的需求有一些差异。2021年中国跨境电商出口的主要地区产品差异如表3-1所示。

表3-1　2021年中国跨境电商出口的主要地区产品差异

地区	阿里巴巴国际站交易活跃的领域和产品	增长最快的二级品类
欧洲	运动娱乐、家居园艺、服装	展会帐篷、婴童用品、其他服装
北美洲	服装、美容个护、家居园艺	儿童服装、美容设备、餐厨用品
南美洲	消费电子、汽摩、运动娱乐	手机与配件、交通零部件、室内活动用品
亚洲	消费电子、健康医疗、机械	手机与配件、保健产品、能源矿产设备
非洲	消费电子、机械、服装	手机与配件、工程建筑机械、女装
大洋洲	家居园艺、服装、包装印刷	餐厨用品、女装、包装材料

从表3-1可以看出,向南美洲、亚洲及非洲出口量最大的均为电子产品,且不论哪个地区,对于运动娱乐、家居园艺、服装产品的需求量都是非常大的。其中美国、英国、加拿大市场,持续拉动大盘增长;印度市场首次买家同比转正,需求增长;巴西、巴基斯坦、智利市场,同比增长显著;头部国家与腰腿部国家市场需求差距进一步扩大,防疫用品需求逐步从头部行业需求中退去,服装、运动娱乐行业需求上涨,开始成为各国的主要需求行业。

根据阿里巴巴国际站的数据,中国跨境电商出口产品品类主要包括:服装服饰、消费电子、美容个护、家居园艺、珠宝眼镜手表、汽车摩托车配件等。我们根据这些主要跨境电商出口产品品类的要素密集度和产品特点,可进行如下分析。

从产品要素密集度的分布图(如图3-2所示)可以看出,大多数跨境电商产品品类或是属于劳动密集型,或是属于技术密集型,或是属于劳动和技术密集程度均高的类型。这说明,适合跨境电商线上交易的产品还是比较丰富的,任何生产要素占优势的产品都可能在跨境电商中成为畅销产品。从另外一个维度看(如图3-3所示),中国跨境电商出口商品品类的演变也呈现出了一定的趋势特点。

在跨境电商初期阶段,由于中国制造的技术和成本优势,出口产品集中在体积小、适合跨境物流包装、标准化程度及附加值都较高的产品,如电子、服装等传统品类。

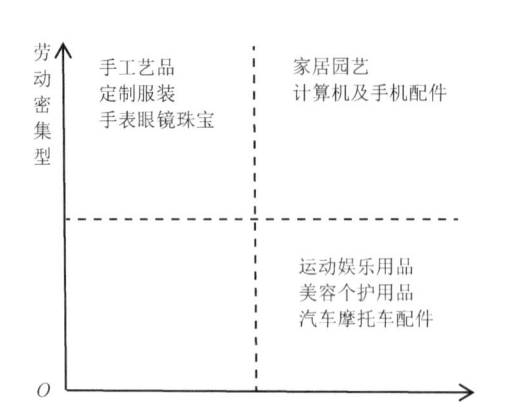

图 3-2　跨境电商在线交易产品要素密集度

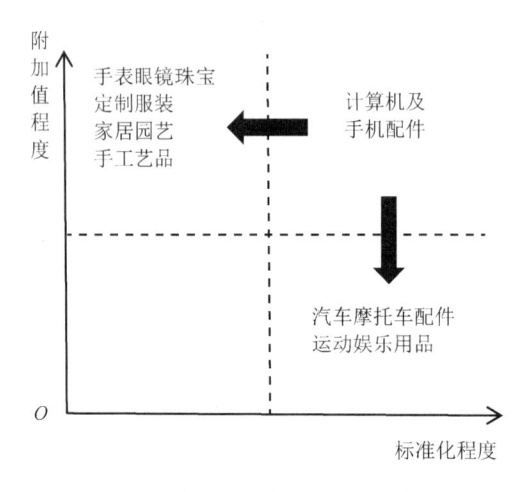

图 3-3　跨境电商在线交易产品结构演变

在跨境电商的开拓期，因为市场竞争不充分，这些品类在市场有刚需，市场推广策略结合产品廉价优势，赢得了市场的认可，很多跨境电商企业在此时期收获颇丰。

但是随着跨境电商的持续发展，参与到跨境电商销售的公司越来越多，越是标准化的产品竞争越激烈。因此近年来，跨境电商网上交易的产品范围不断扩大，一些标准化程度不高但是附加值很高的产品在跨境电商市场大量出现，如定制服装、化妆品和保健品、手表和珠宝、手工艺品等品类在跨境电商市场交易活跃。

同时随着跨境物流成本的降低和服务的提升，一些标准化强而附加值低的产品也开始出现在跨境电商领域，如汽车饰品等；一些家具家饰产品在跨境电商领域也开始出现增长趋势。这说明，跨境电商的产品范围越来越大，国际市场的需求差异化和产品价格优势让更多的产品能够满足全球消费者的需要，而且可以实现全球交付。

以上有关国内电子商务市场和跨境电商市场的现有产品品类的分析，对于想要从事跨境电商出口的企业来说有很高的借鉴价值，企业可以从中发现已有市场的规律，并从中找到商机。

学习活动二　主要地区、国家市场分析

世界贸易组织发布的一份报告显示，2020 年全球货物贸易总额下降了 5.3%。但全球 B2C 跨境电商贸易总额不降反升，预计将从 2019 年 7 800 亿美元上升到 2026 年的 4.8 万亿美元，复合增长率高达 27%。在全球跨境电商迅猛发展的浪潮中，中国跨境电商的表现格外亮眼。目前，中国是全球最大的 B2C 跨境电商交易市场，全球 26% 的交易发生在此，美、英、德、日则分别排列在第二到第五名。此外，印度、中东和俄罗斯的跨境电商交易份额也在迅速增长。

一、北美

北美（North America）通常指的是美国、加拿大和格陵兰岛等地区，北美市场一直被认为是全球经济发展的核心区域，本土零售商和电商企业竞相争夺新一代消费形态的主导权。

北美市场体量领先，对于中国跨境出口卖家来说是第一大目标市场。2020 年美国及加拿大网民渗透率达 94.6%，远高于全球平均水平；基建方面，北美电商物流、支付等环节成熟度也远超全球市场，为跨境电商行业发展提供坚实基础。虽然市场竞争较为激烈，但是北美市场凭借较高的网购渗透率、强盛的消费能力、完善的物流与支付服务体系、丰富的渠道平台等特征仍然成为追求销售最大化的卖家以及初级卖家的首选。

北美市场的特点如下。

（一）经济实力：北美居民消费水平高

美国与加拿大等北美国家虽然市场经济成熟，增速略慢于世界整体水平，但是庞大的基数仍确保了其在经济实力与消费水平上难以被超越的领先地位。

（二）电商市场：北美成熟度高，B2C 市场更为活跃

电子商务销售方面，北美地区处于领先地位。以中国为出口国的角度来看，北美地区仍然是市场成熟度最高的优质目标市场。北美地区网民多，消费能力强，B2C 市场更为活跃。截至 2020 年 5 月，美国与加拿大共有多达 3.29 亿网民，网民规模占地区总人口的渗透率为 94.6%，远高于全球平均水平。

（三）消费习惯：移动化程度高，对国际网站本土化要求高

61% 的美国跨境购物者通过智能手机在国际网站上购物，占跨境网购消费额的 32%；33% 的加拿大跨境购物者通过智能手机在国际网站上购物，占跨境网购消费额的 15%。75%～80% 的消费者会排斥在非母语外国网站购物，70%～80% 的消费者在跨境网购时，偏爱大型国际购物网站。

二、欧洲

　　欧洲是全球电子商务体系发展较为完备的地区之一，目前是世界第三大电商市场，年线上营业收入超过 4 120 亿美元。欧洲市场内部包含各种多样化的经济体，电商发展机遇巨大。

　　2020 年，欧洲线上消费总金额达到了 2 690 亿欧元，共有 2.93 亿欧洲人进行了线上购物，其中有超过 2.2 亿人参与了跨境购物。作为全球开放的市场之一，欧洲市场容量大且接纳性强，不仅有英德法等世界上成熟的电子商务市场，也包括了塞尔维亚、克罗地亚和北马其顿等新兴市场。欧洲发达国家的网购率高于欧洲平均水平，主要集中在西欧和北欧地区。

　　2020 年网购人数位居欧洲前 10 名的国家依次为德国、英国、法国、意大利、西班牙、波兰、荷兰、比利时、瑞典、芬兰。同时，东欧的电商业务增长快速，其中罗马尼亚和保加利亚的电商市场在 2020 年增长了 30%，是整个欧洲增长最快的两个国家。由于电商基础设施、消费者购物习惯，以及文化和语言的差异，欧洲各个国家有不同的电子商务增长率和不同水平的电商活动。

（一）英国

　　英国政府一贯支持电子商务的发展，欧盟委员会及英国政府制定了一系列的电商交易政策来为电子商务的规范化发展保驾护航。英国电子商务市场的规模在世界范围内仅次于中国和美国，英国的网购人数比例高达 95%，且人均网购消费额也为欧洲最高。

　　英国电商这么好的发展态势，得益于英国公众上网率的增加和上网条件的改善，在互联网接入服务的价格和选择范围上，英国比欧洲其他多数国家更有竞争力。

　　美国电商巨头的早期进入，是催生英国电商市场成熟的一个重要驱动力。早在 20 世纪 90 年代，亚马逊就开始在英国使用本地域名进行销售。如今，也有几个强大的国内市场参与者，如 ASOS、Argos 和 Next。得益于英国脱欧，这些平台正变得越来越受欢迎。

　　英国人喜爱网购的另一个重要原因是英国有极为发达的物流运输系统。"当日送达"在英国是一件十分普遍的事，最快甚至可以实现 4 小时同城送达。而英国也在 2020 年春季成了亚马逊首个在海外开通"亚马逊自有运输"的国家。

　　在英国，亚马逊在跨境交易方面占据绝对的主导地位。调查数据显示，在过去的一年中有 91% 的英国网购者使用过亚马逊。紧随其后的是 ebay，有 63% 的英国网购者使用过。排在第三的则是 Wish，仅有 11% 的英国线上消费者表示曾在过去的一年中在该平台进行过线上购物。

　　在英国，人们更喜欢卡支付，银行卡覆盖率约为 96%，信用卡普及率为 65%。其中 83% 的用户更愿意使用 VISA 信用卡支付。除了信用卡，英国人还比较喜欢 PayPal、Klarna 及 Pay by Bank App 等付款方式。

英国人具有以下特点。

（1）冷静持重，自信内敛，注重礼仪，崇尚绅士风度。英国商人一般举止高雅，注重礼仪，遵守社会公德，很有礼让精神。同时，他们也很关注对方的修养和风度，如果你能在与买家的沟通中显示出良好的教养和风度，就会很快赢得他们的尊重，为买家成功下单打下良好的基础。

（2）喜欢按部就班，特别看重试订单，订单量往往循序渐进地增加。所以中国供应商和英国人做生意时，要特别注意试订单或样品单的质量，因为这是英国人考虑供应商的先决条件，如果试订单或样品单可以很好地满足英国买家的要求，接下来供应商就会得到更多、更大的机会；反之，如果第一笔试订单都不能达到他们的要求，英国人一般就不愿意再继续合作了。

（二）德国

德国是世界第四大经济体，也是欧洲头号经济强国。得益于领先的网络基础设施，德国的互联网技术发展和普及率远超欧洲平均水平，也直接催生了电子商务产业的繁荣。2020 年德国的电子商务销售额为 833 亿欧元，同比增长了 14.6%。

和开发充分、竞争激烈的英美市场相比，德国跨境网购风潮方兴未艾，消费者购买力强、对中国商品需求强劲、购物习惯良好，正在成为中国跨境电商零售出口产业的下一个风口。比如，自 2018 年起，中国已经成为 ebay 平台上德国消费者最大的"海淘"货源地。德国消费者在 ebay 平台上每购买 3 件海外商品，就有 2 件来自中国。

德国人具有以下特点。

（1）严谨保守、思维缜密。德国人在购物前往往会做好充分周到的准备工作，对卖家的经营、资信情况也会进行详尽周密的研究和比较。因此，与德国人做生意，一定要做好充分的准备，尽量展现出自身的经营资质，能够回答关于本公司和产品的详细问题，同时应该保证产品的质量没有问题。

（2）追求质量和实用主义，讲究效率，关注细节。德国人对产品的要求非常高，所以我们的供应商一定要注意提供优质的产品，在交货的整个流程中一定要注意细节，对货物的情况随时跟踪并及时反馈给买家。

（3）信守合同，崇尚契约。德国人素有"契约之民"的称号，他们对涉及合同的任何条款都非常细心，对所有细节认真推敲，一旦签订合约就会严格遵守，按合同条款一丝不苟地去执行，一般不会轻易毁约。所以和德国人做生意，也必须学会遵守合同，如果买家下订单后，又出现要求更改交货期、付款期等条款的情况，这很有可能就是你和这位德国买家的最后一笔生意了。

德国包装法规定，所有向德国个人用户销售产品的企业，需要支付其产品外包装在德国相应的回收和处理费用，无论企业规模大小、外包装数量多少以及从哪里寄出。该法规对跨境电商同样适用。违反该法规将会面临严厉的处罚，如禁售、警告以及最高 20 万欧元的罚款。包装品中央登记处负责德国包装法相应的监管工作，快速发现并惩处违法行为。因此，每一个向德国个人用户销售产品的企业都应该积极参与并履行相关义务。

(三)俄罗斯

俄罗斯地处欧亚大陆北部,横跨欧洲和亚洲,国土面积为1 709万平方公里,是世界上国土面积最大的国家。2021年,俄罗斯互联网用户达到了1.16亿,约占其总人口的80%。目前,俄罗斯的网购用户已超过3 000万,消费潜力很大,而电子商务的普及率却只有7%,俄罗斯电商市场发展潜力非常可观。消费者对跨境产品也有着浓厚的兴趣,有90%以上的俄罗斯用户均在网上购物,人均GDP日益增长,预计到2024年将会成为欧洲跨境购物的主力军之一。

俄罗斯消费者对海外商品有着浓厚的兴趣,甚至在这个幅员辽阔国家的最偏远角落,俄罗斯网购规模也在逐渐增长。俄罗斯地处新亚欧大陆桥经济走廊的必经之地,是"一带一路"倡议的重要支点国家,具有巨大的跨境电商市场潜力。

俄罗斯在轻工业方面的基础比较薄弱,而中国具有完整的制造业产业链和丰富的产品品类,在该领域有着较强的竞争力,因此俄罗斯市场和中国市场互补性很强,越来越多"中国制造"的产品在俄罗斯市场中获得了一席之地。

> **小资料**
>
> **中国制造**
>
> 中国制造(Made in China)是世界上认知度较高的标签之一,因为快速发展的中国和庞大的工业制造体系,这个标签可以在广泛的商品上找到,从服装到电子产品。中国制造是一个全方位的概念,不仅包括物质成分,也包括文化成分和人文内涵。中国制造在进行物质产品出口的同时,也将人文文化和国内的商业文明连带出口到国外。
>
> 当前,中国工业行业发生了根本性变化。钢铁、有色金属、电力、煤炭、石油加工、化工、机械、建材、轻纺、食品、医药等工业部门逐步发展壮大,一些新兴的工业部门(如航空航天工业、汽车工业、电子工业等)也从无到有,迅速发展起来。

被称为"国际版淘宝"的速卖通于2012年正式进入俄罗斯,用了不到5年的时间,在俄用户已超过2 200万。2015年速卖通在莫斯科正式成立俄罗斯分公司。2018年,速卖通与俄罗斯本土电子商务企业展开合资,以提升市场份额。速卖通凭借物美价廉的商品和优质的物流服务已成为俄罗斯最大及最受欢迎的跨境电商平台。在消费者需求多样化和同行竞争的不断驱动下,中俄跨境电商的交易平台正在不断发展成熟。

2018年,深受俄罗斯消费者欢迎的中国产品类别主要包括服装和鞋类(38%)、电子产品和家用电器(33%)、香水和化妆品(8%)、汽车零部件(4%)以及其他商品(12%),而中国消费者则对俄罗斯的糖果、蜂蜜、天然护肤化妆品越来越感兴趣。在"一带一路"政策红利的驱动下,中俄两国的企业借助跨境电商的销售渠道迅速拓展国际业务,两国的商品结构也将得到进一步优化。

俄罗斯的互联网经济起步晚,但发展速度非常快。网民的年龄跨度非常大,其中不乏60岁以上的老人。莫斯科和圣彼得堡地区居住了俄罗斯70%的人口,俄罗斯的网民主要分布在这两个核心地区。由于大型服装实体商店很少，加之衣服的型号不全，中型城市（人口数量为 10 万～50 万人）的网上购买力也很高。在俄罗斯的网民中，女性用户所占比重达 60%，年龄为 25～38 岁的用户居多，她们购买的商品种类多样，其中服饰和鞋类更受欢迎。

俄罗斯市场需求有如下特点。

1. 寒冷之邦，保暖很重要

关键词：保暖。

热销产品：帽子、围巾、手套、皮草外套。

俄罗斯气候寒冷，以俄罗斯首都莫斯科为例，其年平均气温为 4.9℃，最冷月 1 月平均气温为-9.3℃，最热的 7 月平均气温为 18.2℃。俄罗斯的季节温差较大，卖家在发布信息时可以在标题关键词中突出"当季热卖"。此外，因为俄罗斯冬天寒冷，室外的保暖对于俄罗斯人来说尤其重要。冬天，帽子、围巾、手套是必备品。

2. 室内外温差大，睡衣薄为宜

关键词：室内外温差。

热销产品：家居服。

跟中国北方一样，俄罗斯的房子里也有暖气设施，所以在俄罗斯的冬天，室外和室内的温差是很大的。于是，俄罗斯人在室外和室内时穿的衣服是两个极端。在冬天，家居服是其中一个热销产品，洗澡后所需的浴袍，以及睡觉时需要穿的薄睡衣，都是冬季俄罗斯家居服的畅销选品。

3. 天生爱运动，跑鞋不能少

关键词：运动。

热销产品：运动服、运动鞋及配件。

运动是俄罗斯人生活的重要组成部分，他们会经常购买运动服、运动鞋及其他配件。俄罗斯人擅长体操和冰上运动，同时也爱好跑步、球类和健身等运动。因此，登山服、跑鞋、泳装、滑雪装是笼络爱好运动的俄罗斯人的热销单品。

4. 度假狂人多，海滩装备畅销

关键词：度假。

热销产品：泳装、沙滩服、沙滩鞋和遮阳帽。

除运动外，俄罗斯人也非常会享受，特别是年青一代，都有度假的习惯，一般喜欢去海滩。所以针对度假的需求，泳装、沙滩服、沙滩鞋和遮阳帽是俄罗斯人心仪的热销度假选品。

5. 美女国度，化妆品需求大

关键词：打扮。

热销产品：彩妆产品及化妆工具。

俄罗斯女性一般都会化妆，所以对于美容类产品的需求很大。但俄罗斯女性喜欢购买有品牌的化妆品，其中，最受欢迎的选品有口红、指甲油、眼影、化妆工具等。

6. 男人常穿正装，最爱领带

关键词：正装。

热销产品：西装套装以及袖扣、领带、领带夹等配件。

俄罗斯政府员工和很多企业员工都会穿正装，节日和正式场合也要穿正装，而且男士们还会佩戴袖扣。所以，西装套装以及袖扣、领带、领带夹之类的配件是男士们经常购买的产品。此外，因为俄罗斯男人比较高大，而且有很多肥胖人群，所以对加大码的衣服有特别需求。

三、亚洲

亚洲是全世界人口最多的一个洲，同时也是人口密度最大的洲。亚洲作为一个高速发展的大洲，中产阶级越来越多、互联网用户不断增长，而且手机覆盖率非常惊人。美国市场调研机构 eMarketer 发布的《2020 年全球电子商务报告》显示，中国、日本、韩国三国在电商领域的潜力巨大。

近年来，在亚洲市场中，除了中日韩，东南亚地区的电子商务市场也发展得如火如荼，该地区的消费者正从传统的零售商平台涌向电子商务网站。得益于智能手机和移动网络的发展，东南亚地区的互联网渗透率超过了业内的预期，而且还在快速增长。

有数据显示，2020 年到 2025 年，亚洲的电子商务增速预计会达到 8.2%，超过美国（5.1%）和欧洲（5.2%）。鉴于巨大的市场差异性，亚洲不同国家的电商发展程度差异极大。

（一）日本

日本跨境电商起步较晚，但发展迅速，数据显示，日本电商市场价值超过 1 130 亿美元。日本拥有成熟电子商务市场的所有特征：互联网和宽带用户普及率高，在线购物者比例高，人均在线支出高。作为世界第三大经济体，日本无疑是一个潜力巨大的消费市场。

日本消费者对产品和品牌的忠诚度较高，退货率低，回评率也低，但关注产品的细节，包括包装、标签甚至是购物凭据等。日本最大的跨境电商平台是乐天，该平台一旦发现某个店铺退款率高于 5%，就会认为是卖家的服务或商品出了问题，随即找卖家"谈话"。中国作为日本第一大进口国，生产的商品在日本具有极大的接受度。

1. 日本电商市场的关键要点

（1）日本拥有良好的物流基础设施、供应路线和高效的送货服务，让跨境产品能够顺利进入千家万户。

（2）日本的数字基础设施也高度发达，为品牌提供了无数渠道来吸引线上消费者的注意力。

（3）跨境卖家如在日本取得成功，意味着在未来的亚太地区竞争中走出了关键的一步，许多国际品牌的扩张步伐也证明了这一点。

（4）日本消费者对线上购物的偏好虽然落后于许多其他发达国家、低于全球平均水平，但也正在稳步增长。

（5）日本中老年这一消费群体为市场主力，远超年轻消费群体。日本人的收入和职级大多与在职年限相关，所以该国的老年群体会拥有更多的可支配收入，而不是像许多其他国家那样，人们需要依靠绝对出色的业绩与超强的能力才能获得高薪。对于希望进入日本市场的品牌而言，这便是一个不容忽视的客观因素，对于国际大牌或服务于高端市场的品牌更甚。

2. 日本热门电商平台

（1）亚马逊日本站：52%消费者的选择。

亚马逊日本站是较为推荐的入驻平台，首次进入日本市场的卖家应重点布局。除了拥有最大的市占率，对于没有丰富的日语本地化能力与经验的卖家来说，该平台也非常友好，通过整体用户体验为买家们提供了安全感。许多关于操作流程和界面功能的术语都是相同的，已有一定平台经验的卖家可以轻松开辟日本市场。

亚马逊日本站有如下特色。

——提供高级付费广告服务，包括亚马逊商品推广（ASP），有助于提高流量和销量。

——大多数商家已经熟悉的亚马逊物流（FBA）服务，提供日语客户服务支持。

——可帮助品牌利用节假日的平台活动刺激销量增长。

——亚马逊忠实度积分系统支持，帮助卖家激励消费者回购。

（2）日本乐天：28.7%消费者的选择。

许多国际品牌将乐天排除在它们愿意在日本销售的平台之外。造成这种情况的主要原因之一是该平台缺乏完善的库存管理、商店创建和客户支持等方面的服务。

卖家需要面临以下两大主要挑战。

——卖家需要自行设计并开发虚拟商店。不专业的商店装修将不得不面临较低的转化率和损害品牌信誉的潜在风险。

——品牌认知度较低的品牌将更难击败日本本土品牌，难以收获消费者芳心。

话虽如此，但这也是乐天的一个优势所在。与亚马逊不同的是，卖家可以依靠高度优化的乐天商店装修来吸引消费者的目光，而亚马逊卖家则只能简单地依靠产品图片、视频和描述来展示产品。因此，乐天反而更有利于品牌塑造。

日本乐天有以下几个特色。

——品牌可以通过虚拟店面向潜在客户展示自身优势，并能通过调整设计和视觉效果，获得更大的影响力和转换潜力。

——基于超级忠实度积分的奖励计划，乐天在日本非常受欢迎，因为会员可以获得现金返还和折扣等福利。

——境外商家可以选择国内仓储模式，例如乐天超级物流解决方案。

——与亚马逊的 FBA 非常相似，乐天为在线订单提供跨境货运管理、多渠道订单派送和退货管理。

（二）东南亚地区

在跨境电商出口的大市场中，东南亚市场不可小觑。即使在全球经济放缓的情况下，东南亚的互联网新用户仍以惊人的速度增长，仅 2020 年就增加了 4 000 万，总数达到 4 亿，占该地区总人口的 70%。2020 年东南亚地区电子商务市场规模已近 620 亿美元。海关总署的数据显示，"一带一路"助力中国同东盟地区的贸易发展，2020 年中国—东盟进出口总额达 4.74 万亿元，东盟已超过欧盟，成为中国第一大贸易伙伴。东南亚五国电子商务市场规模如图 3-4 所示。

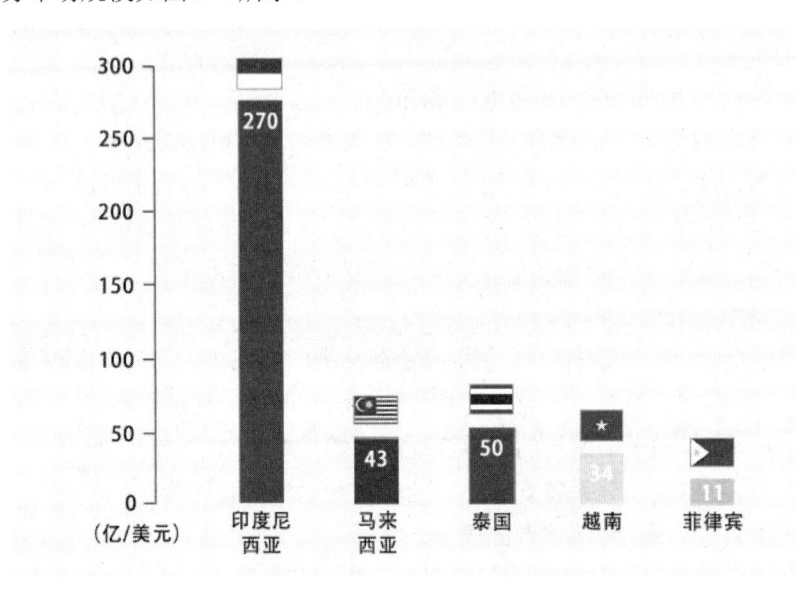

图 3-4　东南亚五国电子商务市场规模

东南亚地区总人口将近 7 亿，其中近 50%为城市人口，年龄中位数约为 29 岁。如此优质的人口结构和规模背后，必定蕴含着巨大的消费潜力；2021 年东南亚六国（印度尼西亚、泰国、菲律宾、马来西亚、越南、新加坡）的平均互联网普及率达 83%，这为推进电商业务提供了基础；然而平均线上零售渗透率仅 12%，这就意味着东南亚的线上消费仍有可观的提升空间。

Lazada、Shopee 等网络购物平台的崛起，推动了东南亚地区电商行业的蓬勃发展。2020 年已入驻 Lazada、Shopee 的中国跨境电商企业占比分别为 20.2%和 16.3%，紧跟亚马逊、阿里巴巴国际站、速卖通、ebay 等主流平台之后。东南亚跨境电商平台成为中国企业发展跨境电商业务的重要选择，38.5%的中国跨境电商企业已经进入东南亚市场。

以下一些关键杠杆使东南亚成为增长速度最快的电子商务市场。

1. 以数字化和经济发展为动力的快速发展的制造业支持生态系统

这些地区国内市场的日益强大以及数字化在其经济中的深入渗透使制造业生态系统受益。国内物流和包装的支付、创新和覆盖面的巨大进步，以及生产车间的数字化可见度的提高，带来了更好的服务、更低的投资成本和精通数字化的制造商基础。这反过来又对这些国家的成本、质量竞争力和透明度产生了积极影响。

2. 随着自由贸易协定的增加降低关税

在低迷的世界经济形势下，中国与东盟的经贸合作却亮出一匹"黑马"。中国和东盟经贸关系实现历史性跨越并非偶然，除了中国与东盟之间贸易互补性强、地理距离近、物流成本低、文化习俗相近等因素，双边贸易自由化程度持续加深、"一带一路"建设加速推进、双方抗疫合作不断深化，以及数字经济的快速发展也是重要因素。

3. 低门槛支持新品牌、更广泛的选择和更少的浪费

当前全球零售业有两大趋势，一是由于电子商务平台引领的数字分销民主化，中小型品牌在零售中的份额不断增长，二是电子商务成为一种销售的主要渠道。这两种趋势都需要一个全球供应链，该供应链能够以快速周转的方式生产最低限度的产品，以支持新品牌并使其在线选择范围广。鉴于这些国家生产固有的劳动密集型性质，与中国相比，制造商通常愿意并且能够以较低的价格生产商品，包括自有品牌。

4. 信息化应用发展进入新阶段

在这个信息化的新时代，社交媒体、数字商务、全球零工经济甚至数字贸易展览会的普及，使得东南亚的卖家们能够轻松获得有关最新趋势、定价、季节性商品等方面的见解。他们能够在更合适的时机推出价格合适的新产品，这是一个比以往任何时候都更好的公平竞争环境。

5. 更加容易以数字方式访问制造商和供应商

东南亚本地的电子商务平台目前占据跨境市场和平台中的份额越来越大，在数字经济不断增长的推动下，东南亚的电子商务正在蓬勃发展。

在过去 5 年，东南亚一直是全球电子商务增长最快的地区。2020 年，东南亚日均电商订单数超过 500 万，电商活跃用户增长至 1.5 亿人，电商规模达 740 亿美元；2021 年电商规模超 1 200 亿美元，同比增长 62%。2022 年东南亚（除新加坡）零售电商渗透率均低于 5%，其中最大电商市场印度尼西亚的渗透率相对较高，达到 4.26%，但对标中国（24.9%）和英国（19.3%）的成熟电商市场来看，东南亚电商市场潜力巨大，仍存在 8~10 倍的提升空间。

(三)印度

印度是世界上第二大的人口大国,其中网民数量高达4.6亿,网络消费人群形成了不小的规模。印度平均年龄不到30岁,全国互联网普及率达34%,拥有长足的增长空间,2019年,电子商务增长率达到42%。智能手机和数字经济正影响这一代接触高科技的年轻人。波士顿咨询公司预计,印度的消费支出年均增长率将达到12%,是全球平均增长速率的两倍多,在2025年,消费支出将达到4万亿美元,成为全球第三大消费市场。

近年来,印度政府不断推出新政支持本土电商的发展,不少外来国际资本也在不断加大对印度市场的投入。有数据显示,到2026年,印度电商市场规模将达到2 000亿美元。目前,印度跨境电商进口额远高于出口额,热门的出口产品是工艺品、民族服装,而最畅销的进口商品是智能手机、笔记本电脑等电子产品以及婚纱产品,这些产品热销的原因和印度人口数量、地域风俗密不可分。

印度电商市场具有以下特点。

(1)印度的电子商务部门受9个政府机构的监管。作为一个相对较新的市场,它的发展速度很快,因此不时推出监管措施,无论是促进还是阻碍了行业的增长,商家必须密切注意这些快速变化的政策,并相应地调整商业模式。

(2)印度有120多种方言和语言,语言是在这个多元化市场中取得成功的另一把钥匙。为了适应每个印度购物者的口味,必须进行特定的本地化。

从整体的大环境上看,印度是一个非常有潜力的市场。但是在跨境电商的基础设置方面还存在诸多不足,例如电商支付方式中现金支付是主流,网购的60%都是货到付款方式,退货率高,关税总体较高,物流不发达等。随着印度电商市场的发展,与之配套的物流、支付环节会逐渐更加规范化和系统化,印度是中国卖家不应该错过的市场。

四、非洲

非洲地域广,国家多,虽然通过教育、文化、基础设施搭建以及网络发展的普及,越来越多的人群逐步接受网购,但是,受制于当地的支付和物流服务能力,非洲市场整体还处于电商发展的早期阶段。非洲拥有13亿人口,其中,年轻人口占比达到70%,是巨大的潜在消费群体。有数据显示,到2025年,网络将覆盖非洲50%的人群,随着互联网渗透的加剧,非洲网上购物将有望达到零售业10%的份额、线上销售额将达到750亿美金。因此非洲潜力巨大,正成为未来的蓝海市场。

2017年非洲地区互联网用户数量最多的为尼日利亚,互联网用户达9 188万,其次为埃及、肯尼亚、南非、摩洛哥,互联网用户分别达3 480万、3 199万、2 858万、2 021万。北非地区的互联网渗透率呈上升趋势,2017年,北非地区互联网渗透率为30.4%,撒哈拉以南非洲地区为17.9%。在接下来的10年,非洲网络零售额会以每年40%的速度增长，到 2025 年网上购物将占零售总额的 10%。其中，南非洲会是未来的关键市场，因为该区域的人口接近 10 亿。

非洲只有少数城市拥有 400 万以上人口，且分散在整个大陆。地域分散导致地缘政治和经济的分散，加上物流系统的缺失，导致整个大陆间的从供需密度到公路、铁路的网络连接都为商业发展带来了障碍。基础设施匮乏，物流成本高。

专注做非洲市场的平台主要是 Jumia、大鸟和 Tospino Market。Jumia 网站隶属于欧洲的互联网孵化器公司 Rocket Internet，是非洲第一大电子零售商，旗下有酒店、旅游、生鲜、电商、租车、物流、安保等诸多产业链，业务遍布 23 个非洲国家，其中在埃及是唯一一家拿到国家电商牌照的平台。

Tospino Market 作为一个新起之秀，目前的它是 0 元免费入驻的，平台还帮商家提供头程、尾程服务，在物流这一块可谓解决了商家的主要难题。还有报关、清关等一系列问题平台都代为处理，大大节省了商家的时间成本，非常适合新手操作。

> ◆ 小资料 ◆
>
> **蓝海**
>
> 所谓的蓝海，指的是未知的市场空间。企业要启动和保持获利性增长，就必须超越产业竞争，开创全新市场，一是突破性增长业务（旧市场新产品或新模式），二是战略性新业务开发（创造新市场、新细分行业甚至全新行业）。
>
> 相对于蓝海是指未知的市场空间，红海则是指已知的市场空间，泛指竞争相当激烈的市场。在红海中，产业边界是明晰和确定的，行业的竞争规则是已知的。身处红海的企业试图表现得超过竞争对手，以攫取已知需求下的更大市场份额。
>
> 企业为了寻求持久的、获利性的增长，往往与其对手针锋相对地竞争。它们为竞争优势而战，为市场份额而战，为实现差异化而战。
>
> 然而在过度拥挤的产业市场中，硬碰硬的竞争只能令企业陷入血腥的"红海"，即竞争激烈的已知市场空间中，并与对手争抢日益缩减的利润额。企业如希望开启和保持获利性增长，就必须超越产业竞争，开创全新市场，如此，企业将在那个没有竞争的蓝海领域独享利润。

学习活动三 跨境电商选品

一、跨境电商选品的基本思路

选品，即选品人员从供应市场中选择适合目标市场需求的产品。从这个角度来说，选品人员必须一方面把握用户需求；另一方面，要从众多供应市场中选出质量、价格和外观最符合目标市场需求的产品。

中国的卖家在占据丰富的产品线和低廉的产品价格等天然优势的情况下,要把产品快速地销售出去并获得高回报,其关键问题就是选择符合国外客户需求的产品。

产品的选择对于一个店铺的销售至关重要,好的产品不仅能带来可观的销量,并且还能提升店铺的整体流量,获得更多的机会入选平台的各个活动,提升商品在搜索结果中的排序等优势,这些优势都将成为店铺的核心竞争力。

由于跨境电商的需求和供应都处于不断变化之中,因此选品也是一个无休止的过程。选品的基本思路:网站定位→行业动态分析→区域需求分析→品相参考→产品开发与信息加工。在把握网站定位的前提下,研究需要开发产品所处行业的出口情况,获得对供需市场的整体认识;借助数据分析工具,进一步把握目标市场的消费规律,并选择正确的参考网站,最终结合供应商市场,才能进行有目的的产品开发。

二、适宜在跨境电商平台销售的产品

(一)市场潜力巨大

选品要从市场需求出发,市场需求量大的产品才能带来可观的销量。如果选择了一个非常小的类目,就很容易遇到增长的天花板,生意也很难做大。

对于新手卖家来说,要正式步入电商行列,必须充分、深入地了解、熟悉市场,这样才能在选品与产品定位上占得先机。新手卖家可以针对平台上已有的商品及热销的商品进行细致的研究,并据此分析自己的优势与劣势。选择自己熟悉的产品可以事半功倍,无论是刊登商品还是为消费者答疑解惑,都能轻松应对。

(二)运输成本低

跨境电商的物流具有运输时间长、不确定因素多的特点,在漫长的运输途中,包裹难免会受到挤压、抛掷等损害,也可能经历从冬天到夏天的温差变化。所以,选品时要考虑产品的保质期、耐挤压程度以及物流费用是否在可承受范围内。最好选择体积小、重量轻、不易在运输过程中损坏的产品,这样产品的运输成本相对较低。

(三)具备独特性

同质化产品因销量大、卖家数量多、价格竞争激烈等因素,热卖周期较短。而在研究客户差评后,对客户差评集中的问题进行产品优化,进行如包装、款式、功能、材料等方面的"微创新",深度挖掘和打造店铺特色,能更快地推动销量,刺激买家不断购买。如最近一直热销的宠物智能定位器、智能插座、智能音响、不锈钢折叠吸管等产品,都是在原有的产品基础上增加实用性、科技含量的属性,如此除了能提升品牌的扩散能力,更是利润的新增长点。

(四)操作简单

类似需要指导安装的产品尽量不要做跨境电商,因为客户服务成本会非常高。最好选择售后服务简单、基本上不需要有什么售后服务的产品。

三、跨境电商选品策略介绍

常言道"七分靠选品，三分在运营"，选品是开展跨境电商业务的一个非常重要的环节，好的产品即意味着成功了一半，如果产品选不好，会浪费大量的人力和资源，不仅运营效果不好，还很容易打击卖家的积极性。正确的选品需要了解自己企业真实的产品优势，自己产品的目标客户群体、目标市场群体，现有竞争对手的市场竞争力，产品的盈利能力和产品的售后服务等一系列问题。

跨境电商的选品是一个非常细致且严谨的市场调研工作，应合理利用大数据分析平台对市场及客户数据进行分析，纳入分析的数据一般分为外部数据和内部数据。

外部数据是指企业范围之外的其他渠道，如行业市场、类似产品公司销售情况、市场反馈等。外部数据可通过 Google Trends、WATCHCOUNT、Terapeak 等网站以及热门的社交平台获得。

以 Google Trends 为例，Google Trends 是 Google 推出的一款基于搜索分析的产品，通过分析 Google 全球数十亿计的搜索结果，告诉用户某一搜索关键词各个时期在 Google 被搜索的频率和相关统计数据。简而言之，可以通过 Google Trends 看到人们在网络上对什么事情感兴趣。以"手机三脚架"为例，输入关键词"mobile phone tripod"，可以看到其趋势曲线，如图 3-5 所示。

图 3-5 "手机三脚架"在 Google Trends 上的需求趋势

自媒体行业的增长带动了手机三脚架的销量，有了手机三脚架可以随时随地开始直播。可以看到，手机三脚架自 2017 年走红以来，在 2020 年迎来了丰年，销量一直呈上升的趋势。

内部数据是指企业内部根据企业经营发展的需要和发展目标，在经营过程中产生的数据信息。不同的平台都有各自的后台内部数据分析系统，例如 ebay 的 ebay plus、亚马逊的四大排行榜、速卖通的数据纵横、Wish 的跨境商户数据分析平台以及敦煌网的数据智囊。

以速卖通为例，在数据纵横的选品功能中可以看到不同类目下访客量占比、浏览量占比、支付金额占比、支付订单数占比以及供需指数，还可以在后台数据中看到不同关键词的点击量、展现量、转化率、竞争指数、目标国家以及蓝海市场等数据。商家可以根据这些数据选择出热度大、销量高、竞争小的商品。

只有在充分掌握外部数据和内部数据的信息之后，才能有针对性地做出科学、正确而有效的决策，选出销路好、回报高的产品进行销售。总的来说，跨境电商选品可以从货源、市场、热门类别三个方面来进行。

小资料

网站转化率

网站转化率（Conversion Rate）是指用户进行了相应目标行动的访问次数与总访问次数的比率。相应的行动可以是用户登录、用户注册、用户订阅、用户下载、用户购买等一系列用户行为，因此网站转化率是一个广义的概念。简而言之，就是当访客访问网站的时候，把访客转化成网站常驻用户，也可以理解为访客到用户的转化。

网站建设关键是"如何寻找潜在客户并有效地转化为合作客户"，这里提到有效地转化，也就是说需找到客户并使客户选中我们的服务或产品。网站转化率的高低直接影响着网站销售的效果，在某种意义上假设网站转化率过低，其结果必将导致网络营销成本增加。

网站转化率越高，网站盈利能力越强，单位来访者产生的客户越多；提高网站转化率能够在无法增加流量的情况下增加网站的盈利，所以网站转化率是必须关注的指标。

（一）从货源角度选择

涉及货源的角度主要有两个方面：价格和对货源质量的把控情况。

1. 从价格角度考虑

产品价格从来都是买卖双方首要考虑的问题，对于跨境电商产品的价格，由于要考虑到各种税费，总体单品价格适宜选在 50~500 美元。

首先，跨国交易需要考虑到运费，如果商品单价很低，运费却比产品价格要高出很多，那么买家在选择是否购买的时候就会犹豫不决，在其他产品的诱惑下，很容易下单给其他商家。另外，产品单价过低，自己的利润就不会太高，好不容易做成一单，赚得比快递还少，心里肯定不舒服，进而影响继续经营的决心。甚至由于产品价格低、利润薄，很容易引起其他竞争者跟风，使整个市场变得混乱。

如果产品单价过高，比如一些奢侈品、贵重物品，客户在选择是否购买时，会形成与实体店的一种潜在比较，就很难形成信任关系，进行快速订购。总之，产品的售价需要有合理的利润，否则会陷入低价没钱赚、高价卖不出去的窘境，只有足够的利润空间才能支撑起企业的整个销售链条。

2. 从货源质量的把控情况考虑

销售的本质就是以产品的质量换利益，如果对销售的产品质量难以把控，无法确保顾客收到产品的质量，就难以做好销售。特别对于跨境电商来说，信誉第一。如果卖出的产品质量不合格，或者产品与描述不符，那必然会失去客户，甚至被平台封店。如此一来，只能是两败俱伤，甚至还会影响国外消费者对中国品牌的印象。所以，在选好产品的同时，必须控制产品的质量，提升消费者对品牌的认可度、忠诚度。

（二）从市场角度选择

从市场的角度选择产品，就需要综合考虑国内市场和国外市场由于地域文化的差异、消费习惯的不同、主流推广平台的不同等因素在产品消费方面引导的发展趋势。在决定选择一种产品进行推销之前，一定要对这个产品有所了解，从它的性能、价格、市场需求情况到国外对这个产品的需求、价格、市场供应情况等，都要有所了解。

在选择推广平台的时候，也需要根据具体产品和消费对象的不同来确定。比如，ebay平台比较适合欧美、澳洲等地区，其优势在于拥有一些比较有特色的产品，产品质量要求相对较高，如果是拼价格就不占优势。而速卖通则比较适合发展中国家、欠发达国家，如巴西等市场，它的优势就是可以利用价格优势和齐全的供应链抓住更多客户。

对卖家要求最高的要属亚马逊，它对产品质量要求极高，致力于集中优势品牌做最好的平台，但也可以做出不菲的利润，所以想在亚马逊销售产品就必须有品牌意识，以高质量的产品建立品牌，以品牌换利润。

（三）从热门类别角度选择

规划核心优势商品，就要根据公司或平台的整体定位、策略、模式、市场调研、目标客户分析、竞争对手分析、平台研究、政策走向等情况来规划适合自己平台的、能带来实际利润的商品。卖家在经营一个店铺或平台时，离不开商品，要获得高流量、高利润，更离不开好的商品。如果我们把商品分为爆款、引流款、利润款三个层次，那么什么样的商品结构分配才能达到理想的效果呢？

1. 爆款

顾名思义，爆款就是非常火爆的商品，高流量、高曝光量、高订单量就是它的具体表现。这类商品已经被市场广泛认可，甚至存在供小于求的情形，选择这类商品销售可以确保企业不压货、不滞销，甚至可能带来巨大流量。同时爆款能配合平台的定位，最大程度地优化产品线，最大程度地为平台内其他商品带来关联交易。但是这样的爆款往往并不是利润的来源。因为一般情况下达到高流量、高订单量的商品，价格相对来说不会高，卖家获得的利润也较低。

针对这样的商品，建议一个品类有1~2件即可。卖家在打造爆款的前期阶段应把利润尽量降低，做好不盈利的准备，这样才方便爆款商品的打造，而对爆款的利润率期望应该设在-1%~0，也就是说，爆款商品的预期是亏1%的。

2. 引流款

引流款是指给平台或店铺及商品带来流量的商品。同样，这样的商品价格不能过高，一般情况下利润预期在0~1%。引流款也不是利润的主要来源，一般情况下它是不获利或获利很少的，所以建议每个品类有 5 件。这样，对卖家的成本投入要求就不会过高。

3. 利润款

一个平台或店铺的运营离不开效益，利润款就是主要的盈利商品。一般而言，除了爆款和引流款，店铺其他商品都是利润款。利润率由卖家对商品预期利润率的估值来定，虽然这类商品流量不多，但是其利润高。

商品结构的设置只是经营店铺的一个环节，物流、选品、售后、营销等都是不可或缺的。因此，要想利润高，爆款、引流款只是引流的手段，个性化、精细化、差异化的选品思维才是核心。总的来说，挑选产品对新手而言确实是比较艰难的事情。市场上那么多的产品，哪个会好卖，哪个不好卖，并不能一眼看清楚。而且有时候，别人卖得比较好的产品自己并不一定能卖得好。

在选择某个类别的产品以后，可以通过筛选确定具体产品。在初始阶段大量地铺货，而且隔一段时间就换一轮产品，销售一两个星期后，再来分析比较数据，撤换掉数据差的产品。通过这种优胜劣汰的方式，最终挑选出来的一定是一些好卖的产品，然后在继续售卖的同时不断丰富产品的类别。

学习活动四　跨境电商选品需注意的问题

跨境电商企业在进行选品之前，先了解相关问题，才能做到有备无患。

一、法律问题

跨境电商在进行选品时，一定不能忽略法律问题。从国际贸易的角度来看，跨境电商不能绕过进出口相关的基本法律法规：一是国际相关法律法规，二是出口国法律法规，三是进口国法律法规。

我们需要知道在国际相关法律法规中，哪些货物可以进行跨境物流与交易，在厘清我国关于出口限制的基础上，明确自己的产品销往哪些国家和地区，相关国家和地区在进口方面是否有限制。例如，有的国家（如俄罗斯）和一些北欧国家可以出售毛皮制品，而有的国家是不能销售活物以及毛皮制品的。所以跨境选品时要了解目标国的法律法规，以防触犯当地法律，导致损失惨重。

对于中国跨境电商卖家而言，在进行跨境电商交易时，要特别注意不要侵犯他人知识产权，其中最常遇到的侵权类型主要分为以下几种。

（一）商标侵权

商标侵权是指没有得到产品品牌官方的正规授权，擅自使用对方的商标或 Logo。例如比较火爆的小猪佩奇侵权事件，有卖家仅售卖了一个价值为 12 美元的佩奇猪拼图就被冻结账户，其店铺还有 10 000 美元的货款。只要销售有小猪佩奇图案的产品，例如小猪佩奇的毛绒玩偶、蛋糕模具，印有小猪佩奇的衣服饰品、玩具车等，都有可能被告。此外，在属性、描述中出现小猪佩奇商标的情况也属于侵权行为。

对于知名品牌的产品，除非拥有品牌的授权，否则是不能卖的，在广告描述中也不要出现品牌名。为了避免卷入商标侵权纠纷，跨境电商卖家要仔细审查自己上架的产品是否侵权，并及时下架侵权产品。

（二）专利侵权

专利侵权主要包括发明专利侵权和外观专利侵权。

发明专利是指发明人对发明的产品申请了专利保护，卖家未经允许不能擅自生产销售，也就是说不能销售仿品。例如曾经非常火爆的平衡车就涉及发明专利纠纷。平衡车专利所有者将专利授权给美国当地品牌 Razor，Razor 就侵权一事发信给亚马逊，亚马逊采取了立即下架产品、冻结账号的行为，数百位国内卖家卷入其中，损失惨重。

外观专利指对产品的形状、图案、色彩或其结合所做出的富有美感并适于工业上应用的新设计，外观专利有 60% 以上相似就视为侵权假货。

因此，在选品销售时，要对这个问题提高警惕，确认其销售的商品质量稳定、可靠，并符合中国及进口国的各项行业标准及法律法规。另外，选品销售时应拥有相关品牌的海外销售（包括网上销售）许可。

小资料

知识产权

知识产权，是"基于创造成果和工商标记依法产生的权利的统称"。最主要的三种知识产权是著作权、专利权和商标权，其中专利权与商标权也被合称为工业产权。知识产权的英文为"Intellectual Property"，也被翻译为智力成果权、智慧财产权或智力财产权。

知识产权表面上可被理解为"对知识的财产权"，其前提是知识具备成为法律上的财产的条件。然而，知识的本质是一种信息，具备无体性与自由流动性。

作为信息的知识一旦被传播，提供这一信息的人就无法对信息进行排他性的控制。那么由这一信息所表达的智力成果就不可能成为法律意义上信息创造者的财产。而知识产权法律制度通过赋予智力成果的创造者以排他性使用权和转让权的方式，创造出了一种前所未有的财产权形式。

法律之所以要将原本自由的信息转变为属于创造者的财产，是出于推动科技发展、社会进步和保护某些特定利益的公共政策的需要。因此，并非所有的知识都产生知识产权。同时，知识产权一词的外延也随着社会的发展而不断变化，知识产权也在不断完善中。

二、市场因素

在进行跨境电商交易之前,对目标市场进行分析是必不可少的环节。世界各地区买家的年龄结构、生活习惯、购买习惯、文化习俗、宗教信仰、经济状况都不一样,一件商品不可能适合所有地区的买家。如北欧国家喜欢服饰的颜色大多是黑白灰三色,而处于热带的巴西等国,更喜欢颜色鲜艳的服饰;欧美国家对大码服饰的需求量会比东南亚地区要大;发达国家对原创品牌的产品比较感兴趣,而一些非发达国家对促销之类的营销活动比较感兴趣。

在选品之前,要先研究目标市场的买家需求,了解他们的消费习惯和流行趋势。在进行市场调研的基础上,一方面把握目标用户需求以及消费水平,另一方面从众多供应市场中选出质量、价格和外观最符合目标市场需求的产品,在原有商品的基础上进行价格优惠或提升和改进质量。

三、货源问题

选品时还需注意的一个问题是,要以货源为基础。对于初级卖家,如果其所处的地区有成规模的产业带,或者有体量较大的批发市场,则可以考虑直接从市场上寻找现成的货源。在没有货源优势的情况下,再考虑从网上寻找货源。

对于有一定销量基础并且积累了销售经验的卖家,能够初步判断哪些商品的市场接受度较高时,可以考虑寻找工厂资源,针对比较有把握的产品,进行少量下单试款。

对于经验丰富并具有经济实力的卖家,可以尝试先预售,确认市场接受度后再下单生产,这样可以减少库存压力和现金压力。

目前跨境电商平台上的产品非常多,卖家如果不能做到备货充足,则发货时间无法保证,成本无法控制,就更谈不上客户服务。因此卖家应从自身比较熟悉的产品和领域入手,充分结合自身产品优势、销售目的地市场的趋势和消费者喜好,依靠已有的货源渠道关系备好充足的货品。另外,在选品品类上建议先从单一方向入手。目前跨境电商的价格竞争越来越激烈,多品类备货会造成很大的资金压力。

复习与思考

一、名词解释

1. 产品结构。
2. 选品。
3. 爆款。

4. 发明专利。
5. 外观专利。

二、简答题

1. 我国跨境电商出口商品品类的演变呈现出了哪些趋势特点？
2. 跨境电商的主要地区、国家市场有哪些特点？
3. 跨境电商选品的基本思路是什么？
4. 跨境电商有哪些选品策略？
5. 跨境电商企业在进行选品时，需要注意哪些问题？

三、案例分析

首届中国跨境电商交易会受热捧，2021年热门出口品类大盘点

2021年3月18—20日，首届中国跨境电商交易会在福州举办。本届展会以"链接跨境全流域·共建电商新生态"为主题，2 000多家国内优质供货商、33个全球跨境电商主流平台、35个全国出口型产业带、200多家跨境电商服务企业参展参会，数万名跨境电商观众到会采购。

ebay亮相盛会，根据大数据分析，为参展的卖家、厂商深度解析热门品类市场趋势，分享高潜力产品。ebay跨境事业部中国区总经理指出："2020年在ebay各大站点上，家居园艺、体育用品、汽摩配、乐器四大品类的销量直线上升。"第一，家居园艺品类是"宅经济"下出口增长的最大亮点，欧美消费者利用宅家时间修缮草坪花园，改善居家环境，并积极采购户外休闲类产品，打造休闲娱乐环境。坐拥全球近80%产能的中国卖家群体迎来海外线上需求大爆发。第二，体育用品品类在海外需求同样暴增，其中自行车、家用健身组合、充气用品、蹦床等产品的销量增长迅速。第三，汽摩配品类一向是ebay平台上具有竞争优势的品类之一。2020年，ebay平台各大站点的汽摩配品类终端买家需求均有巨大提升，中国卖家多种产品销量增长迅猛。第四，音乐行业在2020年也迎来了重大拐点，大量行业人士转战线上音乐分享平台。乐器品类在行业结构变化的利好下持续发力，兼顾性价比的中国乐器品牌迅速发展。

在跨境电商快速发展的同时，卖家面临的挑战和痛点也日益增多。例如，在产品采购方面，欧美正加快建立客户体验保障体系，对产品的合规及认证提出了更为严格的要求。如果缺乏专业指导，卖家的产品很容易侵权，违反海外市场合规要求。

1. 卖家常遇到的侵权类型主要有哪几种？
2. 跨境电商企业需要合理利用大数据分析平台选择合适的产品。你知道跨境电商企业应对哪两部分数据进行分析，常用的数据分析平台又有哪些吗？

学习任务四 跨境网络零售

案例导入

浙江省网络零售业发展报告

2020年是全面建成小康社会和"十三五"规划的收官之年,是我国历史上极不平凡的一年。国家统计局公布数据显示,2020年,全国网上零售额达11.8万亿元,同比增长10.9%。其中,实物商品网上零售额9.8万亿元,增长14.8%,占社会消费品零售总额的比重为24.9%,较2019年提高4.2个百分点。作为电商强省,浙江网络零售业在高基数上继续快速增长,根据省商务厅大数据监测,2020年全省实现网络零售22 608.1亿元,增长14.3%。

2020年以来,全省网络零售低开后快速回暖,累计增速逐月攀升,继续快速增长。2020年,全省实现网络零售22 608.1亿元,增长14.3%;实现居民网络消费11 071.7亿元,增长10.9%。截至2020年12月底,全省在重点监测第三方电子商务平台上活跃网络零售网店超过66.0万家,解决带动就业岗位678.1万个。从规模来看,商务部大数据监测显示,浙江省网络零售约占全国六分之一,交易规模居全国第二,仅次于广东省;从增速来看,浙江省网零增速在网络零售规模前5省份中排名第3,低于上海、北京,高于广东、江苏。

其中,浙江省网络零售业发展的特点之一是跨境电商高速增长。2020年,浙江省跨境电商综合试验区(简称综试区)总数达10个,成功实现综试区省域全覆盖。消费者网上购物意愿不断增强,海外主流社交平台纷纷强化电商属性,跨境电商迎来新机遇。全省实现跨境网络零售额1 387.1亿元,增长32.0%,其中,出口1 023.0亿元,增长31.6%,进口364.1亿元,增长32.9%。现有跨境网络零售出口活跃网店11.8万家,较上年同期增加2.1万家。新批的七家跨境电商综试区陆续出台扶持政策,加大企业培育,湖州、嘉兴、绍兴、台州等地的跨境电商网络零售出口增长均大幅高于全省平均。

此外,跨境电商的持续发力,也助推着外贸发展。近年来,我国持续释放政策利好,跨境电商市场环境逐步优化。2020年2月,商务部发文指出,支持外贸新业态新模式发展,指导跨境电商综试区提供海外仓信息服务,帮助企业利用海外仓扩大出口。2020年6月,海关总署发布《关于开展跨境电商企业对企业出口监管试点的公告》,增设"9710""9810"跨境电商B2B出口贸易方式,推动通关便利化。随着跨境电商综试区数量的扩大，政策扶持力度加大，配套支撑稳步加强，浙江省跨境电商发展迎来新的契机。

学习目标

1. 掌握跨境网络零售的概念。
2. 理解跨境网络零售的发展条件。
3. 掌握跨境网络零售的经营模式。
4. 熟知跨境网络零售的业务流程及注意问题。

本章知识脉络图

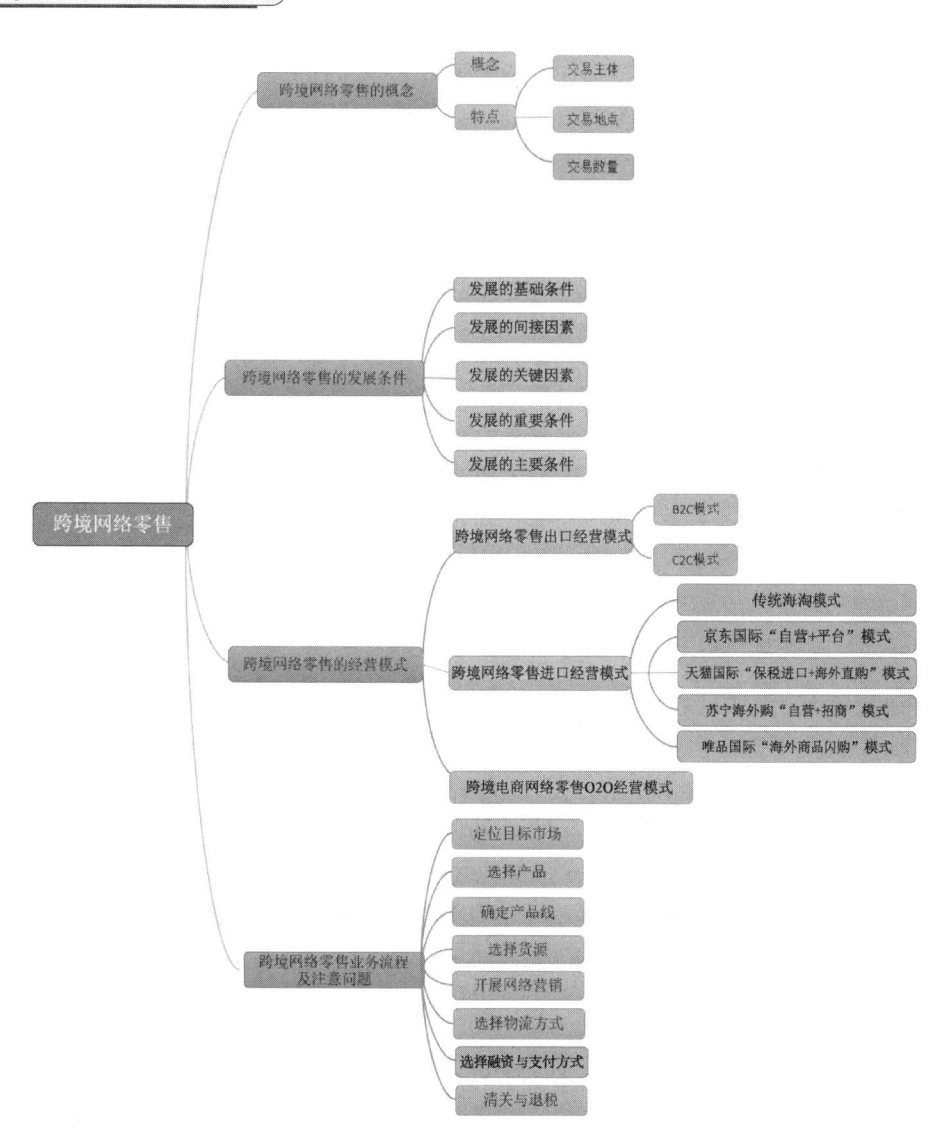

```
跨境网络零售
├── 跨境网络零售的概念
│   ├── 概念
│   └── 特点
│       ├── 交易主体
│       ├── 交易地点
│       └── 交易数量
├── 跨境网络零售的发展条件
│   ├── 发展的基础条件
│   ├── 发展的间接因素
│   ├── 发展的关键因素
│   ├── 发展的重要条件
│   └── 发展的主要条件
├── 跨境网络零售的经营模式
│   ├── 跨境网络零售出口经营模式
│   │   ├── B2C模式
│   │   └── C2C模式
│   ├── 跨境网络零售进口经营模式
│   │   ├── 传统海淘模式
│   │   ├── 京东国际"自营+平台"模式
│   │   ├── 天猫国际"保税进口+海外直购"模式
│   │   ├── 苏宁海外购"自营+招商"模式
│   │   └── 唯品国际"海外商品闪购"模式
│   └── 跨境电商网络零售O2O经营模式
└── 跨境网络零售业务流程及注意问题
    ├── 定位目标市场
    ├── 选择产品
    ├── 确定产品线
    ├── 选择货源
    ├── 开展网络营销
    ├── 选择物流方式
    ├── 选择融资与支付方式
    └── 清关与退税
```

学习活动一　跨境网络零售的概念

在经济危机的影响下，国际市场需求紧缩对各地外贸企业出口造成严重冲击的同时，国内外贸企业面临的跨境贸易形式也发生了不可逆转的显著变化：传统外贸"集装箱"式的大额交易正逐渐被小批量、多批次、快速发货的外贸需求所取代。

受到资金链紧张及市场需求乏力等因素的制约，传统贸易进口商，尤其是一些中小进口商改变以往过度负债消费模式，将大额采购分割为中小额采购，将长期采购变为短期采购，以期分散风险。经济危机虽然严重打击了传统的国际贸易，但消费者却更希望能以较低的价格购买到同样的商品，这种需求极大地推动了跨境网络零售业务的发展。

跨境网络零售作为跨境电商的一个重要组成部分，其产生和发展具有其特定的条件。

第一，20世纪80年代电子数据交换技术提升了国际贸易的效率和便利化水平，改变了品类单一、数量庞大、周期较长的传统国际贸易运营方式。

第二，以互联网、物联网、移动通信、电子商务技术为支撑的跨境电商，使得国际贸易的商品不再局限于大额贸易，小额多频次贸易也可以实现，这就给普通个人和个体经营商户提供了参与国际贸易的可能性，消费者可以通过网上下单、小包行邮的方式，购买国外销售商的商品，售卖者也可以通过同样方式将商品卖到国外去。

第三，金融支付和物流等支撑体系日益完善，大大推动了跨境电商的发展。

第四，近些年来，伴随着电子商务的发展，催生了新一代的买家，他们数量众多、交易数额不大、交易周期短、频率高，分散在世界各地的各个国家，随着这一群体规模的扩大，跨境零售市场形成，从而推动商业化、规模化企业行为并不断创新，逐渐形成新业态和新产业。

虽然从交易总额上来看，跨境零售占比少，但因参与门槛低、主体多、范围广、普通个人和个体经营者都可以参与其中，影响深远，因此本书将跨境零售作为一个章节内容详细讲述。

一、概念

跨境网络零售（Cross-border online retail）也被称作"小额在线国际贸易"，是指分属于不同的关境的交易主体，通过互联网达成商品信息查询并进行交易，并通过采用快件、小包等物流方式将商品送达到消费者手中的跨境贸易网络零售活动。从范围上来看，跨境电商包括跨境网络零售，跨境网络零售是跨境电商的一种模式。

二、特点

跨境网络零售是在跨境电商的基础上发展而来的。因此，跨境网络零售有以下三个方面的特点。

（一）交易主体

跨境网络零售的交易双方通常分别属于不同的关境、分别处于不同的国家或地区。传统的跨境电商交易主体虽然一般也分别属于不同的关境，但双方可以是国内企业对国外企业，也可以是国内企业对国外个人消费者。而随着跨境网络零售这一细分领域的发展，跨境网络零售的交易对象通常包含了传统跨境电商市场中的境外 C 类个人消费者（Customer）和一部分碎片化小额买卖的 B 类商家用户（Business）。

（二）交易地点

网络是一个没有边界的媒介体，具有全球性和非中心化的特点。因此依附于网络发生的跨境网络零售也具有全球性和非中心化的特点。跨境网络零售企业的建立和运营都是以互联网为基础，它的营业空间随网络的延伸而延伸，不受地理位置的限制。许多国际网络零售商（如 ebay、Wish、亚马逊等），都是面向全球顾客进行销售的。

（三）交易数量

由于跨境网络零售的交易对象通常是零散的 C 类个人消费者和部分小额买卖的 B 类商家用户，所以跨境网络零售的交易商品数量、交易金额相对传统外贸活动来说较小，有碎片化、零散化的特点。

在以上的各个特点中，跨境网络零售的交易对象是境外 C 类个人消费者和小额 B 类商家用户、跨境网络零售的交易金额较小这两大特点是跨境网络零售和跨境电商之间最显著的区别。

学习活动二　跨境网络零售的发展条件

一、发展的基础条件

中国电子商务的发展与中国互联网的发展息息相关。1994 年，中国正式接入互联网，彼时的电子商务主要以企业间的商务模式探索为主，并未触及更多居民消费领域。直到 1999 年，C2C 模式在中国诞生，8848、易趣网、阿里巴巴等电子商务平台相继成立，这一年也被称为中国电子商务元年。进入 21 世纪初，电商开始快速发展。2003 年，阿里巴巴成立淘宝网；同一年，京东也开始主营线上商城。电商两大巨头开始引领中国电商快速发展，电商平台如雨后春笋般出现。与此同时，中国网民数量不断上升，从 2010 年的 4.5 亿人，攀升至如今的 10.67 亿（截至 2022 年 12 月），互联网普及率达 71.6%。

电子商务也在这二十余年间改变了居民的消费习惯，线上交易成为个人购物新渠道。如图 4-1 所示，2010 年我国网络零售交易规模为 5 000 亿元，而同年社会消费品零售总额则为154 554亿元，电子商务仅仅是个"零头"。到了2020年，随着信息技术的进步和网络覆盖范围的扩大，网络购物用户规模持续壮大，全国网上零售额已达117 610亿元，增速远远超过社会消费品零售总额的增速。电子商务从过去的"零头"正逐渐成为中国主流消费方式。

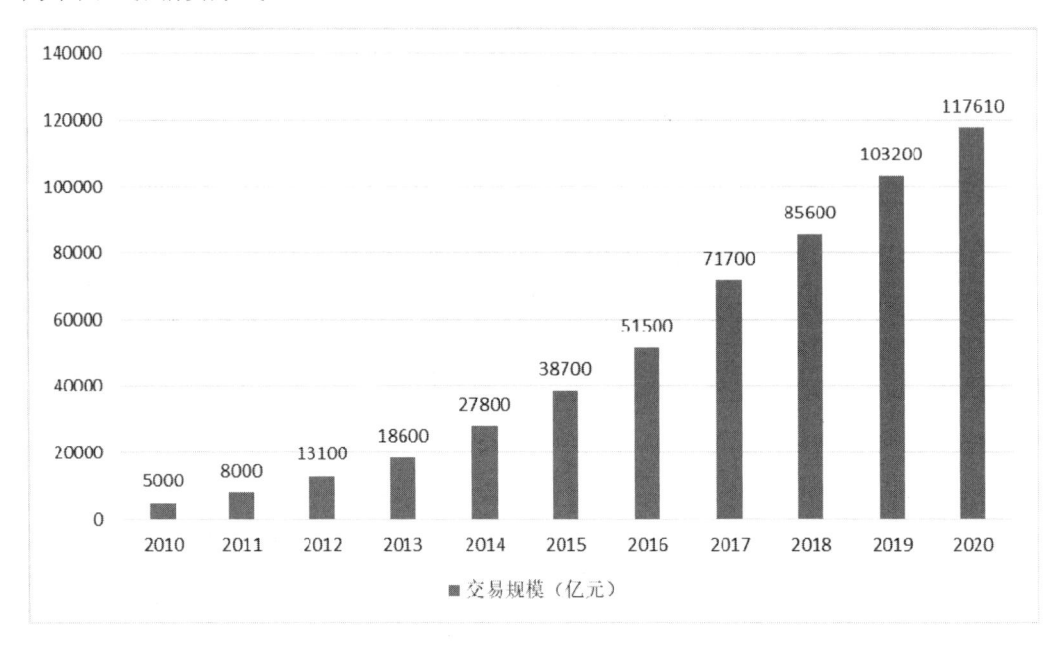

图4-1　2010—2020年中国网络零售交易规模及增长趋势

跨境电商为我们的经济创造了新的增长点，它是互联网时代的产物，是互联网对外贸易的体现，必将成为经济增长的新焦点。现阶段由于信息技术的迅猛发展，规模已不再是对外贸易的决定性因素，小批量订单的需求正逐步取代传统的大规模外贸交易。也正因此，现阶段跨境网络零售为外贸的稳定和便利注入了新的动力，促进了全球跨境网络贸易的发展。

二、发展的间接因素

互联网平台在商业领域的探索始于1995年9月，第三方拍卖平台ebay从成立之初就将企业定位于全球市场，早在1998年便开始了其开拓美国海外市场的步伐。但它的全球战略定位是提供一个既本土又全球，既地方又世界的网上交易平台，基本上是将其在美国的成功模式复制到世界其他国家或地区，并主要服务于地区市场，没有对国际贸易产生重大影响。

真正使得互联网平台对国际贸易领域产生实质性影响的，是如速卖通、兰亭集势等第三方跨境服务平台的出现。如图4-2所示，跨境平台使得传统国际贸易中多层贸易环节得到精简，极大地提高了国际贸易的效率。

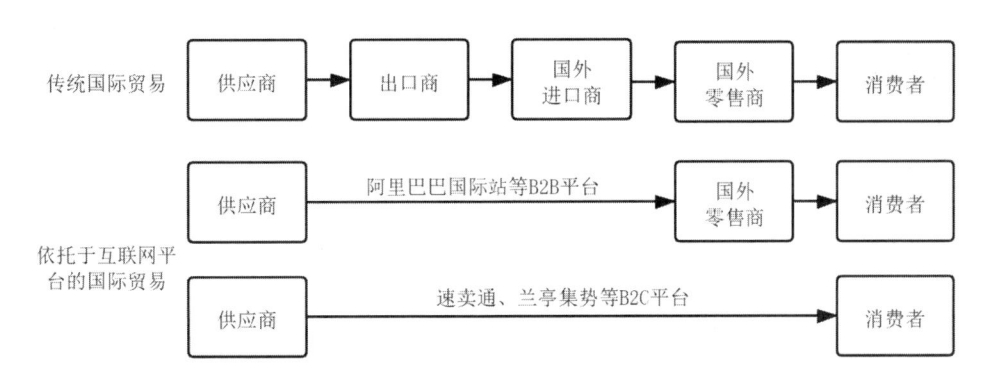

```
传统国际贸易    供应商 → 出口商 → 国外进口商 → 国外零售商 → 消费者

依托于互联网平    供应商 ── 阿里巴巴国际站等B2B平台 → 国外零售商 → 消费者
台的国际贸易
                 供应商 ── 速卖通、兰亭集势等B2C平台 ──────────→ 消费者
```

图 4-2 跨境平台对国际贸易效率的影响

总的来说，跨境平台的发展给国际贸易带来了至关重要的影响，使得中小微企业甚至个人都可以参与到国际贸易中来，小订单、多频次订单日渐增多，从而带动了跨境网络零售的发展。

数据显示，在航空运力下降、物流人手不足以及地区边境管制等因素的影响下，2020 年全球跨境包裹收录查询单号量达到了 6 350 万份，比上一年同期的 3 030 万件上涨了 109.57%。

除此之外，传统企业在从事外贸的过程中，不仅要面临寻找贸易商的难题，即便拿到订单之后，还面临融资难、出口手续繁杂等问题。在此趋势下，2001 年一达通平台成立。该平台通过网络技术手段，把贸易流程标准化，开创了规模化服务中小企业的先河。2010 年，阿里巴巴收购一达通，使得外贸综合服务平台发挥了更大的作用。

> ■ 小资料 ■
>
> **一达通平台**
>
> 一达通是阿里巴巴旗下外贸综合服务平台，也是专业服务于中小微企业的外贸综合服务行业的开拓者和领军者，提供如融资、清关、运输、保险等一站式服务。中小微企业可以在一达通平台获得更优惠的运输、保险费率，更方便的融资渠道和办理手续。现一达通已成为中国国内进出口额排名第一的外贸综合服务平台。一达通通过线上化操作及建立有效的信用数据系统，致力于持续地推动传统外贸模式的革新。

三、发展的关键因素

跨境物流发展状况一直是制约整个跨境电商行业发展的关键因素，其发展水平直接影响着跨境电商的效率和效益。近年来，跨境电商物流供应链体系逐步完善，从最初单一的国际快递、国际物流服务向跨境物流产品化发展，一批依托外贸电商的跨境供应链服务平台应运而生。

目前，跨境网络零售的物流有三种方式——国际小包和快递方式、海外仓方式、聚集后规模化运输方式。海外仓因为能够在第一时间对买家需求做出快速响应而在近两年成为业内较为推崇的物流方式，国家、地方政府、跨境电商平台、物流企业等纷纷开始建设海外仓，海外仓的迅速发展进一步促进了跨境网络零售的发展。

> **■ 小资料 ■**
>
> **"货兜"物流聚合平台**
>
> "货兜"成立于2015年1月，是一家专门帮人提高发件效率的物流聚合平台，根据跨境电商卖家的收货地、时效性要求等给客户推荐最具性价比的物流解决方案。货兜平台聚集了国内近千家的国际物流线路，并且选择出价格最高和时效性最强的国际物流服务商进驻，再根据不同货主的物流信息、收件目的地、价格和时效性等匹配出10条具备价格竞争力的物流解决方案。平台通过聚集优势，让货主得到最廉价的跨境物流解决方案。货兜利用大数据算法，通过对数千家国内物流资源数据的技术分析，真正做到物流方案的精准匹配，并且实现了订单的在线全程查询功能。

四、发展的重要条件

传统国际贸易方式下，支付主要是通过银行间的国际结算完成，跨境网络零售支付方式则主要选择国际信用卡和第三方支付平台。随着跨境电商进入高速发展期，跨境网络支付问题日益凸显。2013年3月，中信银行作为国内首批试点银行加入"跨境电商外汇支付业务"工作，并于2014年3月成功上线了国内首套"全程不落地"的跨境电商外汇支付系统。

在国家外汇管理局的推动下，跨境电商外汇支付业务开始试点，包括支付宝、易宝支付、银联电子支付、钱宝在内的17家第三方支付公司获得首批跨境电商外汇支付业务试点资格。2014年4月，京东网银在线等5家第三方支付机构获得第二批跨境支付牌照。全球主流的跨境支付公司均看好中国市场，早已开始布局，在国内市场开疆拓土，规模较大的跨境电商平台都与这些支付公司建立了合作关系。其中PayPal和WorldPay具有较强的全球收单能力，能提供综合的跨境支付服务；Payoneer和Worldfirst主要布局在汇款业务。

2015年2月，中国人民银行上海总部在上海自贸区启动了支付机构跨境人民币业务试点，银联支付、快钱、通联等5家支付机构与合作银行对接签约。跨境网络支付的发展为跨境网络零售插上了迅速腾飞的翅膀。国内跨境支付牌照情况如图4-3所示。

图 4-3　国内跨境支付牌照情况

五、发展的主要条件

跨境网络零售业务的发展离不开国家政策的大力支持,关于我国跨境电商相关政策最早可追溯到 2014 年。

2014 年 7 月,海关总署出台《关于跨境贸易电子商务进出境货物、物品有关监管事宜的公告》和《关于增列海关监管方式代码的公告》,从政策层面上承认了跨境电商,也同时认可了业内通行的保税模式,明确了对跨境电商的监管框架。

2016 年起,我国开始探索对跨境电商零售进口商品实行"暂按个人物品监管"的过渡期政策安排,此后过渡期两次延长至 2017 年底和 2018 年底。2018 年 11 月,商务部等六部门印发《关于完善跨境电商零售进口监管有关工作的通知》,明确在北京等 37 个城市试点,对跨境电商零售进口商品按个人自用进境物品监管,不执行首次进口许可批件、注册或备案要求,保证了过渡期后监管安排的连续稳定。2020 年试点进一步扩大至 86 个城市及海南全岛。

自 2020 年以来,从国务院到相关各部委均出台或表态支持跨境电商的发展,从跨境零售进口试点及跨境电商综合试验区的新增,以及跨境 B2B 出口监管试点等,政策不仅覆盖进出口市场,还覆盖零售和批发模式,对跨境电商及跨境网络零售业务的发展起到重要的推动作用。

2020 年 1 月 17 日,《关于扩大跨境电商零售进口试点的通知》指出,将进一步扩大跨境电商零售进口试点范围,本次扩大试点后,跨境电商零售进口试点范围将从 37 个城市扩大至海南全岛和其他 86 个城市(地区),覆盖 31 个省、自治区、直辖市。该政策扩大跨境电商试点有利于扩大进口,有利于降低进口综合交易成本,同时,也使得普通老百姓能更加方便地购买自己所需要的商品,提升生活水平。

2020 年 3 月 28 日,《海关总署关于跨境电商零售进口商品退货有关监管事宜公告》指出,跨境电商出口企业、特殊区域内跨境电商相关企业或其委托的报关企业可向海关申请开展跨境电商零售出口、跨境电商特殊区域出口、跨境电商出口海外仓商品的退货业务。该政策对跨境电商零售进口商品退货监管进行了进一步优化,包括延长 15 天退货操作时间、明确退货场地等，更加符合退货业务实际的同时，也使消费者退货更加便利。

学习活动三　跨境网络零售的经营模式

现阶段对于跨境网络零售主流的经营模式划分，根据跨境网络零售商品的流向不同，分为跨境网络零售出口模式和跨境网络零售进口模式。但随着时代的发展，客户对于跨境网络零售的商品有了更高的品质要求，也因此一种新兴的经营模式——跨境网络零售 O2O 模式，正逐步成为新的市场热点。

一、跨境网络零售出口经营模式

（一）B2C 模式

B2C 模式按经营方式的不同可主要分为第三方平台模式和自营模式。

（1）B2C 第三方平台模式，是主要由全球较有影响力的大型电子商务平台建立的一种运作模式，平台作为一个媒介，联系买卖双方。目前最具代表性的国际平台有亚马逊，国内平台有速卖通等。卖家尤其是刚开始进行跨境电商业务的卖家最稀缺的资源就是客户流量，第三方平台利用其广泛的影响力吸引了海量的客户资源，可以迅速让客户的产品、品牌具有一定的知名度。同时第三方平台有整套的信用管理体系，可以对买卖双方进行有效约束。

（2）B2C 自营模式，一般都是由第三方平台模式发展而来的，一些较有规模的卖家在品牌知名度、店铺流量和销售量均稳定在一定数量之后，开始自建网络平台，进行流量引导或全新的网络推介。

跨境网络零售的 B2C 模式对企业资金和资源有较高要求，在此模式下大多数商品都需要平台自己备货。B2C 模式也可分为综合型自营和垂直型自营两类，前者优势是跨境供应链管理能力强，有较为完善的跨境物流解决方案；后者供应商管理能力相对较强，但是前期需要较大的资金支持。

（二）C2C 模式

现阶段跨境网络零售出口 C2C 模式的主要代表平台有 ebay 和 Shopee。

目前，中国个人卖家可以通过 ebay 等 C2C 平台从事跨境电商小额出口贸易，国外的买家会通过这些平台浏览产品，直接和卖家沟通，达成交易意向，然后在线下订单，国内的卖家收到订单后会通过邮政小包或国际快递的方式将产品寄送给卖家。还有一种网上竞价拍卖的形式，即消费者将自己的产品在 C2C 商务平台展示，在网上提供拍卖信息，而买方对商品进行竞价购买。

东南亚主流 C2C 电商平台 Shopee 于 2016 年在我国的深圳和香港设立办公室，开展跨境业务，为中国跨境卖家打造一站式跨境解决方案，提供流量、物流、孵化、语言、支付和 ERP 支持。2017 年设上海办公室,服务华东市场。2019 年与厦门市达成战略合作,于厦门落成全国首个 Shopee 跨境孵化中心,增设福建转运仓。同年,与杭州跨境电商综合试验区签署合作备忘录,达成战略合作,发布区域基建、人才发展及产业集群构建等战略合作举措。Shopee 母公司 Sea 是首间于纽交所上市的东南亚互联网企业。

> ■ 小资料 ■
>
> **Shopee 平台**
>
> Shopee 是主要面向东南亚的 C2C 跨境电商平台,2015 年于新加坡成立并设立总部,随后拓展至马来西亚、泰国、印度尼西亚、越南及菲律宾等市场。App Annie《2019 移动市场》显示,2018 年 Shopee 在全球 C2C 购物类 App 中下载量排名第一。2020 年,Shopee 总订单量达 28 亿,同比增长 132.8%。
>
> 2021 年第二季度,Shopee 跻身全球购物类 App 下载量第二及用户使用总时长第三,Google 应用商店下载量第一。同时,Shopee 品牌影响力广泛,在 YouGov 颁布的 2020 亚太品牌声量榜中夺冠,并入榜全球最佳品牌榜第八,成为前十强中仅有的两大电商品牌之一。

二、跨境网络零售进口经营模式

(一)传统海淘模式

传统海淘模式是一种典型的进口 B2C 模式。"海淘"一词的原意是指:中国国内消费者直接到外国 B2C 电商网站上购物,然后通过转运或直邮等方式把商品邮寄回国的购物方式。除直邮品类外,中国消费者只能借助转运物流的方式完成收货。简单来说,就是在海外设有转运仓库的转运公司代消费者在位于国外的转运仓地址收货,之后再通过第三方转运公司自营的跨国物流将商品发送至中国口岸。

(二)京东国际"自营+平台"模式

京东在 2015 年开启跨境电商服务行业,同年 4 月 15 日,"京东国际"正式上线。京东国际与京东主站类似,采取的模式是"自营+平台"的模式。京东选择这种模式的很大一部分原因是京东在国内是依托自营独立 B2C 起家,多年的自营经历给京东在产品、供应链管理等方面积累了核心竞争力。海外业务的拓展是京东在跨境电商领域复制自己的成功经历,该模式的成熟一定程度上会成为京东国际的核心竞争力。京东自营仓实景如图 4-4 所示。

现阶段京东国际的产品来自美国、韩国、日本等 70 多个国家和地区。京东对于产品选择执行商家资质、进货渠道、不定时抽检、自主研发质控系统、严格的惩罚机制,确保最佳品控。另外,京东国际支持全部跨境电商通关模式,不断拓展的海外仓以及保税仓,不断丰富和优化的线路,加强了京东与国际供应链、保税仓的无缝对接,真正打通从海外到中国消费者"最后一公里"的通道。

现阶段"自营+平台"的模式是京东国际能成功的核心条件。在自营领域，京东的优势一是经济规模效应，二是一贯的保证正品真货，三是在国内自营方面，已经和很多大品牌建立稳固的关系，可以借力已经建立的采销体系发展跨境新业务。

在平台方面，京东国内是以自营起家，之后逐渐加入平台业务，两者结合，相辅相成。从跨境电商的角度来说，世界上商品的多样性给了京东平台巨大的业务空间，可以为消费者大幅度增加商品丰富度和选择性。对商家而言，"平台+自营"的模式也为他们提供了更多的便利。例如很多国外品牌进入中国市场，但是对中国本土电商环境和法则并不了解，这时如果与京东国际合作，可以极大地减少其开店成本，降低其开店风险。

图 4-4　京东自营仓实景

（三）天猫国际"保税进口+海外直购"模式

天猫国际是阿里巴巴旗下的进口零售平台，致力于为中国消费者提供全球的进口好物、直达海外生活方式，同时也是帮助海外品牌直接接触中国消费者、建立品牌认知、洞察消费者的首选平台。

天猫国际在 2016 年跨境进口新政实施之前，通过跟保税区合作，在各地建立保税仓库，并且在宁波、上海、重庆等跨境电商试点城市全面铺设跨境网点。这种模式不仅压缩了消费者从订单到接货的时间，也提高了海外直发服务的便捷性。保税进口流程如图 4-5 所示。

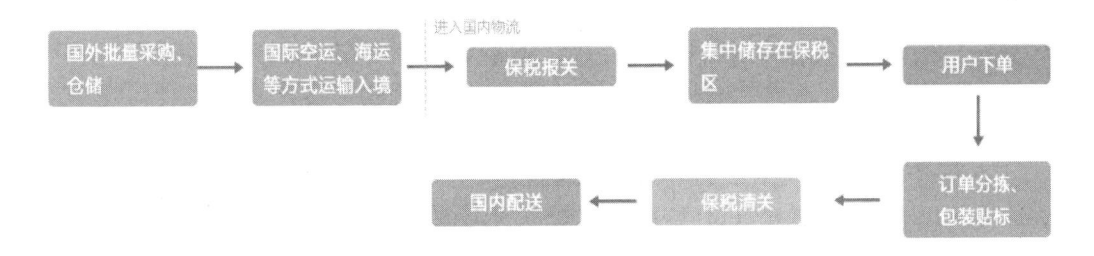

```
国外批量采购、  →  国际空运、海运   →  保税报关  →  集中储存在保税  →  用户下单
仓储              等方式运输入境                   区                    ↓
                                  进入国内物流                        订单分拣、
国内配送  ←  保税清关  ←  ←  ←  ←  ←  ←  ←  ←  ←  ←  ←  ←  包装贴标
```

图 4-5　保税进口流程

天猫国际从上线以来，就以百分之百海外商家、百分之百海外正品、百分之百海外直邮的特点吸引大量的中国海淘消费者。它汇集了来自美国、英国、澳大利亚等多个国家的数千个品牌，里面不乏世界著名品牌，这使得跨境业务在"灰色地带"打开了"光明之门"。

2020 年 9 月 1 日，天猫国际宣布升级海外仓业务，正式发布官方跨境直邮业务"海外直购"，推出无配货买爱马仕、满 299 全球包邮、专机闪送全球 7 日达、海外专柜同步上新、官方直采海外原版五大消费者权益。"海外直购"的底气在于遍布全球的采购团队、海外仓库以及合作品牌。

天猫国际基于菜鸟全球仓储布局和构建全球供应链网，通过官方直采的形式，将海外最新发布的潮流新品、限量版尖货，直接面向中国消费者上架销售。目前，天猫国际"海外直购"已在北美、欧洲、日韩及东南亚几大区域布局 100 多个海外仓，在全球 20 多个国家和地区组建 100 多人的官方采购团队。

2020 年天猫国际新增 10 条国际空运航线，物流持续提速；新增广州、北京、上海、威海、宁波 5 个口岸，形成多口岸协同，提升货品抵达国内后的清关和配送时效。

（四）苏宁海外购"自营+招商"模式

苏宁海外购是苏宁集团旗下国内领先的跨境电商平台，以"满足和提高国内消费者品质生活需求"为愿景，致力于为消费者提供更多样、更潮流、更高品质的海外生活方式和优质商品。现阶段苏宁海外购出售商品均为海外原装正品，先后在美国、日本、韩国等地建立分公司和采购中心，采取了与海外国际品牌方合作、官方直采的"自营+招商"模式。

苏宁海外购通过官方直采，将商品从原产地运抵国内，并与国家海关部门、国外国内检疫检验机构合作，全链路监控，建立正品溯源机制，保证商品品质。与此同时，苏宁海外购还承诺提供"海外正品保障，海外直供，国内退货"，为消费者提供国内退货服务。通过一系列举措，苏宁海外购努力为消费者提供最优质的服务，将其自营模式的优势最大化。

在招商方面，苏宁海外购也举措不断。2017 年 5 月，苏宁与捷克贸易促进局签署战略合作协议，并率先正式上线阶段性成果苏宁易购"捷克馆"。捷克的服饰、酒水和产品在中国有着众多的消费者，目前苏宁易购"捷克馆"已经实现了酒水、美妆、母婴、食品等产品的初步覆盖，商品种类达 200 多种。

2017年8月，苏宁与澳大利亚零售批发巨头Metcash集团正式签约达成战略合作，双方携手为中国消费者提供更多优质产品。借助战略合作的签订，苏宁搭建起了与澳大利亚、新西兰当地众多优秀品牌的引入和直供关系，其优质产品源源不断地被引进到苏宁的零售渠道。

2019年，苏宁更是在中国和意大利两国领导人的见证下与意大利对外贸易委员会签订战略合作协议，宣布每年引进200个意大利品牌，采购总金额超过1.2亿元。苏宁易购与23个国家和地区的企业达成了合作，采购总金额超过了2亿元。

如今苏宁1 000多个"买手团"已经深入全球147个国家和地区，在100多个海外基地精选全球优质好货带给国内的消费者。

（五）唯品国际"海外商品闪购"模式

"海外商品闪购"模式是一种相对独特的做法。它是以互联网为媒介的B2C电子零售交易活动，以限时特卖的形式，定期定时推出国际知名品牌的商品，一般以原价1至5折的价格供专属会员限时抢购，每次特卖时间持续五至十天不等，先到先买，限时限量，售完即止。该模式要求顾客在指定时间内（一般为20分钟）必须付款，否则商品会重新放到待销售商品的行列里。闪购平台一旦确立行业地位，将会形成流量集中、货源集中的平台网络优势。

由于"海外商品闪购"模式所面临的供应链环境比境内更为复杂，因此在很长一段时间里，涉足跨境闪购的平台都处于小规模试水阶段。现阶段唯品国际为该模式的代表平台，它的特点有对海外供应商把控力强、绝对正品、全球包邮、一价全包等。

但此类"海外商品闪购"模式劣势也较为明显，比如其内购模式对货源、物流的把控能力要求较高，对前端用户引流、转化的能力要求也比较高。任何一个环节的能力有所欠缺都可能导致整个模式以失败告终。因此，为了在一定程度上降低风险，现阶段唯品国际与京东已在供应链和采买方面达成合作，唯品国际12个海外仓、8个自营仓将全面向京东开放。唯品会方面表示，未来双方合作将拓展至营销、物流、服务等全供应链体系，全面提升采买优势。

▪ 小资料 ▪

闪购

闪购是指商家折扣清仓。闪购用低价打响品牌，获得消费反馈。一些品牌在新品上市前，采用闪购的模式测试销售渠道和消费者对于新品的反应，以此对于新产品的销售趋势进行研判。

三、跨境电商网络零售O2O经营模式

跨境电商网络零售O2O经营模式是指跨境O2O平台形成业态丰富、全面的智慧购物体系，实现多样化引流营销手段，打造"线上+线下"的体验式消费模式，增加平台

流量，促进销售能力，提升品牌价值，实现新型商业升级，形成新零售模式。

该模式以进口跨境为贸易模式，以线下实体为基础，打造融合 App 和微信的智慧移动营销系统，整合各渠道、第三方平台等资源，搭建官方 PC 商城，实现"线下体验店+移动 App+官方电商平台"的销售前端全渠道布局，构建多种购物场景与分销渠道，并利用后端 ERP 系统一体管理多个销售前端、线上线下渠道、对接保税口岸集中推送。通过打通线上线下，形成平台自有的大数据及渠道信息资源。

跨境 O2O 战略可以分为以下三步。

第一步，通过ERP对接多渠道平台，可以实现跨境货物在仓储库存、海关对接、物流运输到终端销售等环节的综合管理，有效提高供应链管理效率，直邮、保税、纳税方式对接。

第二步，发展线下直营体验店、合作店、加盟店，推进 App 运营，打造多种购物场景模式，有效提升客户体验和信任度，实现跨境电商O2O 模式的成功实施。

第三步，依托 App、POS 和全渠道通信系统，收集数据信息，开通线上线下商品、订单、库存、仓储、促销、服务等，形成自己的大数据信息数据库。客户数据、销售数据、商品数据：资源整合、精准营销、服务提升、布局调整。

关于这种跨境电商 O2O "线上下单线下自提"的方式，业内人士评论称是对网站商品丰厚度的一次有效补充，能够提升消费者在免税店的购物体验，譬如有更宽裕的商品选择时间、免除买单排队、削弱消费者与导购言语不通的影响。

学习活动四　跨境网络零售业务流程及注意问题

无论是国际贸易还是国内贸易，无论应用传统贸易手段还是电子商务手段，企业都要首先明确自己的战略定位。跨境网络零售不同于传统的国际贸易，具有金额小、批次多、成交量小的特点。开展跨境网络零售的企业主体不同，在开展贸易时的目的也有所差异。

一般来说，大企业通常都有自己的战略部署，具有知识产权或固定品牌的企业开展跨境网络零售的主要目的是宣传自己的产品，树立品牌，建立网上分销渠道。但参与跨境网络零售的企业以中小微企业居多，往往没有自己的品牌，开展跨境网络零售的目的更多的是获得盈利。下面就中小微企业开展跨境网络零售的步骤进行分析，具体的业务流程如图 4-6 所示。

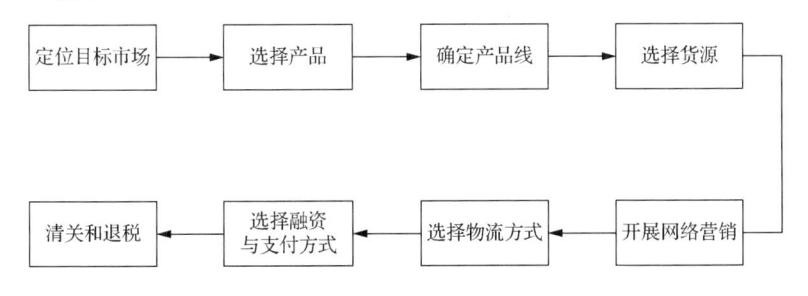

图 4-6　跨境网络零售的业务流程

一、定位目标市场

定位目标市场是指企业根据选定的目标市场上的竞争者现有产品所处的位置、市场需求以及企业自身的条件，为本企业的产品塑造有别于竞争者产品的鲜明个性，从而使该产品在目标市场上确定自己恰当的位置。

目标客户群体直接关系到企业在选择产品和进行营销时的策略，跨境网络零售的客户群体范围一般是国外中小企业客户和个人客户。因此，企业在确定目标客户群体时，要注意从客户的国别、年龄、性别、收入、家庭等方面进行市场细分，确定适合自己的市场范围。

二、选择产品

确定了企业的目标客户群体之后，应该针对客户群体选择适合自己的销售产品。

在进行产品选择时，首先要保证产品有合适的盈利空间。实际操作中，有许多其他的费用，如引流成本、运营成本等。在综合确定有合适的盈利空间的条件下，企业通常对产品的选择还需要考虑许多因素。例如，企业需考虑客户的消费偏好，对市场现有产品和竞争对手进行分析，尽量选择具有竞争优势、有特点的产品；在选品过程中，还需要注意避免那些有侵权嫌疑的产品，销售此类产品是否会产生纠纷等问题。

三、确定产品线

产品线是指一类相关的产品，这类产品可能功能相似，经过相同的销售途径，或者在同一价格范围内，可以销售给同一顾客群体。如果能够确定产品线的最佳长度，就能为企业带来最大的利润。

一般来说，产品种类越丰富，对于客户来说就越便利。但是广铺产品线不仅会增加客服和编辑人员的压力，提高企业运营成本，而且很难跟踪市场变化，容易出现畅销品缺货、冷门产品滞销的情况。所以，企业要注意选择合适的产品线，既能跟上市场的变化，满足消费者的需求，又不会带来巨大的运营成本。当然，产品线的选择并不是一次就能到位的，而是根据销售情况不断调整、优化形成。

四、选择货源

确定了目标客户群体和产品线后，就需要选择合适的货源。

货源渠道可以通过电子商务网站、实体批发市场和生产商寻找。目前，有小部分小微企业采取现采模式，即本身不保留库存，当客户下单后，迅速到货源供应地进行采购。一般这些小微企业都会选择设立在靠近货源供应地的区域。这种模式不能支持规模较大的企业，当产品种类和订单增加时，会大大增加采购成本。

五、开展网络营销

网络营销是基于网络及社会关系网络连接企业、用户及公众,向用户及公众传递有价值的信息与服务,为实现顾客价值及企业营销目标所进行的规划、实施及运营管理活动,是企业获得海外订单的重要环节。

企业在这一阶段要注意两方面的问题:第一是营销渠道的选择,第二是营销方式的选择。企业在对营销渠道进行选择时,要充分考虑成本及收益,比较自建网站的成本和利用第三方平台的支出,比较两种方式的收益,选择适合自己的营销渠道。企业在选择平台时,应综合考虑平台收费、平台规则的公平性、平台流量,以及平台所提供的附加服务。选择平台作为营销渠道的企业要注意优化搜索关键词的设定以及产品展示的方式,为自己带来更多的浏览量和交易额。

企业进行网络营销,可以通过自建网页、广告、平台服务和外包服务等方式进行。在进行营销时,要注意对各种营销方式进行比较,争取将宣传费用花在最有价值的营销方式上。

六、选择物流方式

跨境网络零售物流的方式有很多,然而目前国内卖家的出单量特点是单量少、批次多、订单不稳定等,因此多数卖家采用的方式有邮政包裹、专线物流、国际快递、海外仓、一件代发等。不同模式的主要特点如下。

(1)邮政包裹:邮政包裹又称为邮政小包,这是目前跨境卖家使用最多的物流方式。在万国邮政联盟的作用下,邮政包裹价格便宜、覆盖范围广,目前已经覆盖了全球230个国家和地区,即使发到加拿大某个偏远地区,也是可以送达的。但是缺点是时效慢、丢包率高,选择邮政包裹的一般是中小型卖家。

(2)专线物流:专线物流包括FBA头程和FBM头程/尾程,一般是通过航空/海运专线将众多卖家的包裹集中发往目的口岸,清关后再利用当地资源进行配送。专线物流的特点是时效快、价格低。

(3)国际快递:DHL、UPS、FedEx、TNT为四大知名国际快递,覆盖了全球主要国家和地区,时效快、运输安全有保障,客户体验极佳,但是费用昂贵。由于运输成本过高,绝大部分中小型卖家不会选择这一种方式。

(4)海外仓:海外仓方式是跨境卖家备货到某一海外仓,再通过海外仓的物流关系进行尾程派送。这种方式有利于平台的流量倾斜,提高买家购物体验,但海外仓的费用高,一般大卖家选择这一种方式。

(5)一件代发:一件代发是新手卖家比较常用的方式,低投入、低风险,但是这一种方式卖家无法了解货源的质量,只能通过不断地尝试合作筛选符合自己的供应商。

企业在进行选择时,要从买家角度出发,为买家所购货物做全方位考虑,包括运费、安全度、运送速度、关税等,在保证物品安全度和速度的情况下尽量选择运费低廉的产品。另外，也可以将支持的运输方式在网页上标明，由买方根据自己的需要来进行选择。

七、选择融资与支付方式

关于中小企业融资问题，许多服务平台都与银行进行合作，为中小微出口企业提供贷款支持。一般来讲，平台会根据企业在平台上进行的历史交易数据对企业进行信用评价，相当于利用交易数据建立了一个信用体系，银行根据平台为企业建立的信用体系对优质企业发放贷数。在支付方面，目前跨境网络零售支持的支付方式有信用卡、第三方支付平台等。

卖方在选择支付方式时要注意考虑提供支付服务的公司对买卖双方的保护政策，避免使自己处于不利地位，另外还要综合考虑支付的手续费，保证自己的盈利空间。

> **小资料**
>
> **融资**
>
> 融资（Financing），从狭义上讲，是一个企业筹集资金的行为与过程；从广义上讲，融资也叫金融，就是货币资金的融通，当事人通过各种方式到金融市场上筹措或贷放资金的行为。《新帕尔格雷夫经济学大辞典》对融资的解释是：融资是指为支付超过现金的购货款而采取的货币交易手段，或为取得资产而集资所采取的货币手段。
>
> 融资的常见形式有银行贷款、股票筹资、债券融资、融资租赁、海外融资、典当融资、P2C 互联网小微金融融资平台、基金组织、银行承兑、直存款、银行信用证、委托贷款、直通款、贷款担保、国家性基金等。

八、清关和退税

跨境网络零售有金额小、批次多的特点，而办理退税的过程较为烦琐，所以很多中小微企业不进行申报，也不办理退税，这对于企业来讲是一种损失。目前提供退税服务的典型服务平台有一达通等，企业可以通过相关服务平台进行退税的办理。

复习与思考

一、名词解释

1. 跨境网络零售。
2. 跨境网络零售出口 B2C 模式。

3. 传统海淘模式。
4. "海外商品闪购"模式。
5. 跨境网络零售O2O经营模式。

二、简答题

1. 什么是跨境网络零售？
2. 分析跨境网络零售的发展条件。
3. 列举跨境网络零售的出口经营模式。
4. 列举跨境网络零售的进口经营模式。
5. 分析跨境网络零售的业务流程。

三、案例分析

青岛首个跨境电商零售进口退货中心仓启用，加快打造寄递物流枢纽

2021年9月24日，威海综合保税区（简称综保区）完成青岛关区首批129票退货商品业务，标志着青岛关区首个跨境电商零售进口退货中心仓在综合保税区正式运营。

在威海综合保税区跨境电商零售进口退货中心仓里，工作人员将退货的商品进行扫码查验和开箱检查，确认符合再次销售条件后，通过海关审批。短短几分钟，退货商品就完成了退货，商品整理之后即可进行再次出售。

2021年9月10日，海关总署发布70号公告，在全国范围内全面推广实施"跨境电商零售进口退货中心仓模式"。该模式指在跨境电商零售进口模式下，跨境电商企业境内代理人或其委托的海关特殊监管区域内仓储企业，在海关特殊监管区域内设置的跨境电商零售进口退货中心仓，将区外的分拣、退货流程转移至区内，海关对电商企业相关设施实地验核后准予备案，实行退货包裹出入区监管、卡口管理、物流监控管理等。

据悉，威海综合保税区跨境电商退货中心仓由综保区国有平台公司泓信供应链管理有限公司运营，享有以下政策优势。

（1）降低企业经营成本及时间成本：之前当消费者需要退货时，要将商品寄送至区外退货仓，在区外退货仓统一分拣后，再次向海关申报运送至区内仓，这种旧模式流程复杂，耗时耗力耗钱。现在退货中心仓落地后，退货中心仓实现与区内现有保税仓软硬件资源的共享使用，集约化生产，降低区内跨境电商企业运营成本；当消费者向跨境电商平台提出退货后，退货包裹直接由消费者快递至海关特殊监管区域内，在综保区内完成全部退货流程，压缩整体退货时间，切实提升消费者购物体验。

（2）提升退货全流程监管效能：退货中心仓模式能实现海关对跨境电商退货包裹入区、在途、分拣、出区监管全覆盖，集约化高效监管，显著提升监管效能。

（3）促进跨境电商零售进口业务健康发展：退货中心仓模式进一步理顺跨境电商零售进口业务监管流程，打通消费者最后"一公里"，实现监管闭环，规范退货流程及作业标准，以规范促发展。

跨境电商退货中心仓的正式运营进一步完善了威海综合保税区全模式跨境电商产业园的业务功能和服务载体，将持续优化营商环境，提升服务效能，加快创新政策复制推广，加快打造东北亚寄递物流枢纽。

1. 跨境电商退货中心仓的建立对跨境网络零售业务的发展有什么积极影响？
2. 小组合作，调查现阶段我国针对跨境网络零售业务的政策或措施，并举例说明。

学习任务五 B2B 跨境电商

案例导入

海东首单"9710"B2B跨境电商出口业务通关

近日,入驻青海曹家堡保税物流中心(B型)的青海梦纳俊贸易有限责任公司发往美国货值约20万美元的收放音组合机顺利通关,这标志着海东跨境电商综合试验区"9710"B2B跨境电商出口业务正式开通,这是继2020年"1210"业务开通以来,取得的又一项重要成果,标志着海东跨境电商综合试验区正式进入多种业务模式共同发展的新阶段。

2022年6月,海关总署出台《关于开展跨境电商企业对企业出口监管试点的公告》,增列"9710"和"9810"海关监管代码,分别适用于"B2B跨境电商直接出口的货物"和"跨境电商出口海外仓的货物"。其中,B2B跨境电商直接出口模式("9710")是国内企业通过跨境电商平台开展线上商品、企业信息展示并与国外企业建立联系,在线上或线下完成沟通、下单、支付、履约流程,实现货物出口的模式。

"9710"是四位海关监管代码,简称"B2B跨境电商直接出口"。该业务服务于企业之间的跨境电商业务开展,对鼓励企业开展跨境电商业务、提升通关效率、降低物流成本等方面具有积极作用。该业务的推行将进一步推进对外贸易高质量发展、扩大对外开放,更好地服务构建以国内大循环为主体、国内国际双循环相互促进的新发展格局。

自海关总署公告发布以来,青海曹家堡保税物流中心(B型)管委会全面提升服务水平,积极探索"9710"B2B跨境电商出口业务发展新路径,引进青海梦纳俊贸易有限责任公司等3家企业在综试区开展"9710"业务。

在海东市委市政府、海东工业园区的部署下,青海曹家堡保税物流中心(B型)管委会大力弘扬"海东精神",积极参与"五个新海东"建设。下一步,将围绕"9710"B2B跨境电商出口业务,进一步加强保税物流辐射能力,推动海东市外向型经济高质量发展。

跨境电子商务基础及法律法规

学习目标

1. 熟知几大 B2B 跨境电商平台。
2. 掌握 B2B 跨境电商的概念。
3. 理解 B2B 跨境电商发展状况及未来发展趋势。
4. 了解 B2B 跨境电商发展中面临的问题。
5. 熟知我国 B2B 跨境电商的发展前景。

本章知识脉络图

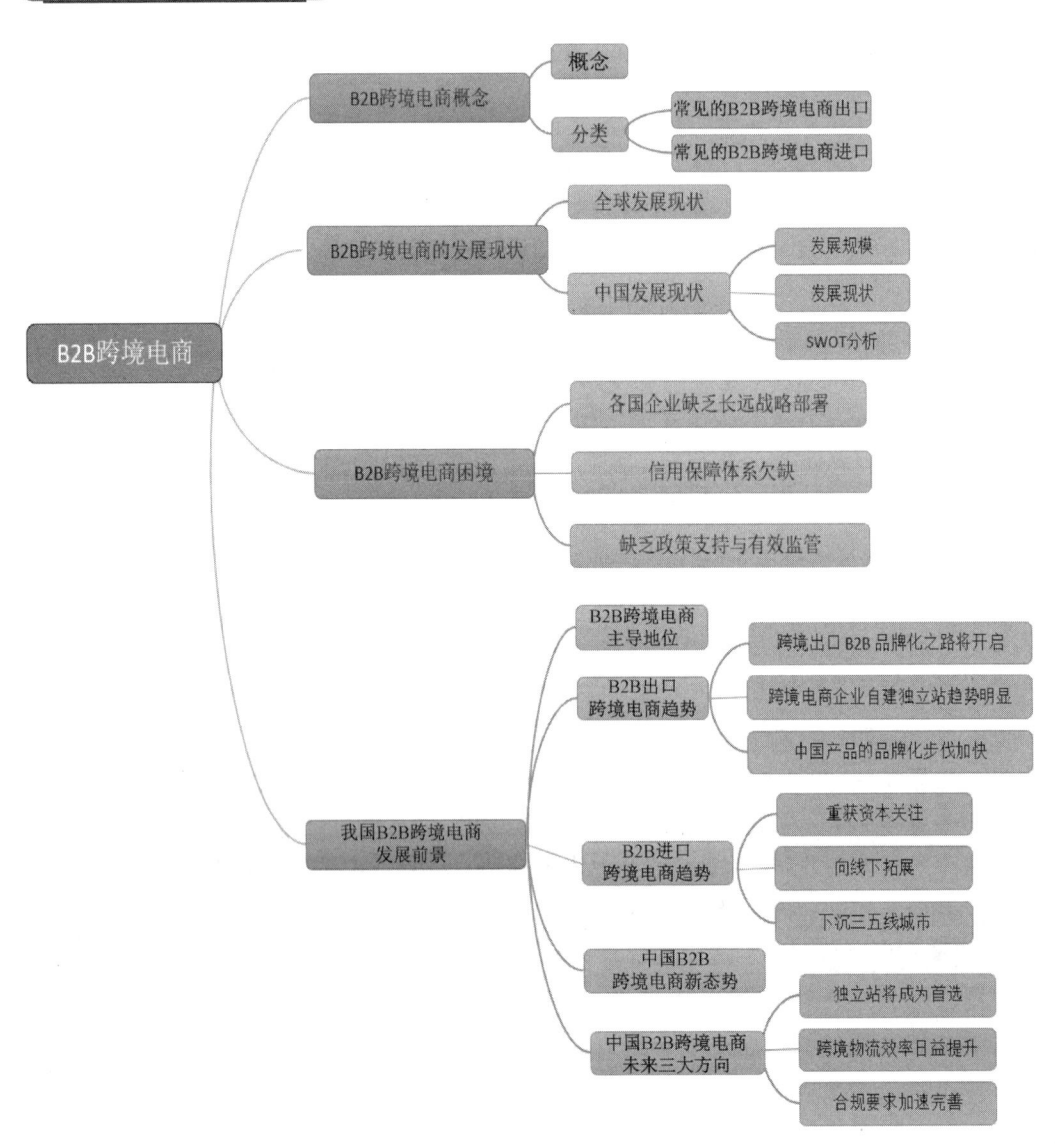

- **B2B跨境电商**
  - B2B跨境电商概念
    - 概念
    - 分类
      - 常见的B2B跨境电商出口
      - 常见的B2B跨境电商进口
  - B2B跨境电商的发展现状
    - 全球发展现状
    - 中国发展现状
      - 发展规模
      - 发展现状
      - SWOT分析
  - B2B跨境电商困境
    - 各国企业缺乏长远战略部署
    - 信用保障体系欠缺
    - 缺乏政策支持与有效监管
  - 我国B2B跨境电商发展前景
    - B2B跨境电商主导地位
    - B2B出口跨境电商趋势
      - 跨境出口B2B品牌化之路将开启
      - 跨境电商企业自建独立站趋势明显
      - 中国产品的品牌化步伐加快
    - B2B进口跨境电商趋势
      - 重获资本关注
      - 向线下拓展
      - 下沉三五线城市
    - 中国B2B跨境电商新态势
    - 中国B2B跨境电商未来三大方向
      - 独立站将成为首选
      - 跨境物流效率日益提升
      - 合规要求加速完善

学习活动一　B2B 跨境电商概念

按照交易类型进行分类，电子商务可以分为 B2B、B2C、C2C 三类。B2B 即是 Business-to-Business 的缩写，是企业对企业的商业模式，是指企业与企业之间通过专用网络或 Internet（因特网），进行数据信息的交换、传递，开展交易活动的商业模式，它将企业内部网和企业的产品及服务，通过 B2B 网站或移动客户端与客户紧密结合起来，通过网络的快速反应，为客户提供更好的服务，从而促进企业的业务发展。

随着国内电商的快速发展，市场已趋近饱和状态，不少电商卖家对跨境电商行业跃跃欲试。在线下获客场景短期内受阻的情况下，大量进出口企业势必会向线上寻求探索和突破，这将进一步加速传统贸易向跨境电商方向转型。

一、概念

（一）定义

广义上，B2B 跨境电商是指利用各类电子手段实现企业对企业的跨境贸易活动，随着时代的发展，广义上的 B2B 跨境电商也指基于互联网的手段来开展的跨境贸易业务。这个定义涉及的面很广，只要在企业对企业的国际贸易活动中涉及互联网行为的都叫 B2B 跨境电商。由于这个定义很宽泛，我们在平时交流中使用不多。

狭义上的 B2B 跨境电商是指基于电子商务信息平台或各类第三方交易平台的企业对企业跨境贸易活动。在出口方面，这类平台包括阿里巴巴国际站、环球资源网、中国制造网、敦煌网等；在进口方面，这类平台有阿里巴巴国际站（海外供应商）、1688 进口货源中心、通淘国际、海豚供应链、跨境翼、海外帮等。我们平时所谈论的 B2B 跨境电商，一般都是使用这个狭义的定义。

（二）B2B 和 B2C 跨境电商的区别

B2B 就是 Business-to-Business，即商对商，是指企业与企业之间通过专用网络或 Internet，进行数据信息的交换、传递，开展交易活动的商业模式。阿里巴巴国际站就是典型的跨境电商 B2B 平台。

B2C 就是 Business-to-Customer，即商对客，企业通过互联网为消费者提供一个新型的购物网上商店。阿里巴巴速卖通、亚马逊等就是典型的跨境电商 B2C 平台。

通俗来讲，B2B 就是企业把东西卖给企业，比如国内企业把东西卖给国外批发商、国外经销商，是企业和企业之间的交易往来。而 B2C 就是企业把东西卖给个人，企业通过面向全球用户的亚马逊、ebay、速卖通等平台将商品卖给国外的个人用户（客户），这就跟我们从天猫或京东买东西是一个道理。

那么这两种模式有什么区别呢？通过图 5-1，我们可以非常直观地了解这种模式的区别。

	B2C	B2B
面向对象	个人客户	企业客户
发展空间	全球市场，空间更大	企业客户，空间较小
竞争压力	处于蓝海时期，竞争更小	发展时间较长，红海行业
利润空间	中间环节少，利润更高	上下游层级多，利润相对较低
成本	投入小，囤货压力小	投入大，囤货压力大
市场敏感度	直面消费者，更熟悉市场	不直接接触消费者，容易判断失误
风险系数	订单货值低，风险低	订单货值高，风险高
成交周期	交易环节少，成交周期短	交易环节多，成交周期长
关税	清关简单，且一般无关税支出	有关税支出，成本更高

图 5-1 跨境电商行业 B2B 和 B2C 之间的区别

目前跨境电商还是 B2B 占主流，以互联网作为交流的渠道，不仅可以获得真实详细的产品信息和公司信息，也能够提升沟通的效率。同时，互联网也将带动产品的营销，这便是 B2B 跨境电商的模式有效改善对外贸易的交易问题的直观体现，如图 5-2 所示。

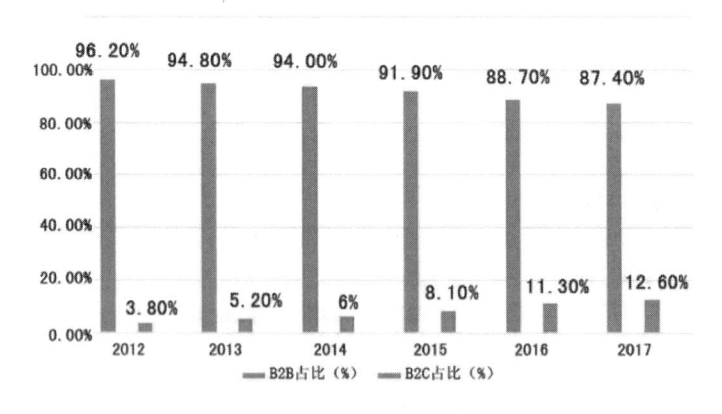

图 5-2 中国 2012—2017 年跨境电商交易规模对比

在跨境电商中还是以出口为主，但进口跨境电商的逐年增长率远远超过了出口增长率，我们由之前的"出国门，全球买"转变为现在的"居国内，买全球"，更多境外商品合规进入国内，在为消费者提供价低质优商品的同时，也减少了国家关税流失。当然只有了解跨境出口现状，把握跨境出口的方向，才能在跨境电商 B2B 行业站稳脚跟。

二、分类

（一）常见的 B2B 跨境电商出口

2021 年，中国出口跨境电商呈现"如日出东方"之态，我们经常会在抖音或视频网站中发现国外的人很喜欢使用"Made in China"的产品，因为中国的产品不仅价格低，还非常实用和耐用。更有日本媒体发文说"离开中国商品，一天都没法过"。那么，什么是 B2B 跨境电商出口呢？B2B 跨境电商出口是指境内企业通过跨境物流将货物运送至境外企业或海外仓，并通过第三方跨境电商平台完成交易的贸易形式。

B2B 跨境电商出口可分为两类业务模式，企业可结合自身业务类型，选择相应模式向海关申报：第一类是比较常见的企业对企业直接出口，其海关监管方式代码为"9710"；而第二类则是出口海外仓，即境内企业先将货物通过跨境物流出口至海外仓，通过跨境电商平台实现交易后从海外仓送达境外购买者，简称"跨境电商出口海外仓"，海关监管方式代码为"9810"。

我们学习国际贸易后都知道，一般的贸易出口海关监管方式代码为"0110"；我们经常使用的亚马逊、速卖通等平台为跨境电商零售出口，其海关监管方式代码为"9610"。这些不同的代码之间，有什么区别呢？我们可以通过图 5-3 详细对比一下它们之间的区别。

	跨境电商B2B出口（9710/9810）	一般贸易出口（0110）	跨境电商B2C出口（9610）
随附单据	9710：订单、物流单（低值） 9810：订舱单、物流单（低值） （报关时委托书第一次提供即可）	委托书、合同、发票、提单、装箱单等	订单、物流单、收款信息
通关系统	H2018系统 单票在5 000元人民币以内，且不涉证、不涉税、不涉检的，可通过H2018系统或跨境电商出口统一版系统通关	H2018系统	跨境电商出口统一版系统
简化申报	在综试区所在地海关通过跨境电商出口统一版系统申报，符合条件的清单，可申请按6位HS编码简化申报	——	在综试区所在地海关通过跨境电商出口统一版系统申报，符合条件的清单，可申请按4位HS编码简化申报
物流	可适用转关或直接口岸出口，通过H2018申报的可适用全国通关一体化	直接口岸出口或全国通关一体化	可适用转关或直接口岸出口
查验	可优先安排查验	——	——

图 5-3　跨境电商 B2B 与一般贸易出口、跨境电商 B2C 出口的区别

B2B 跨境电商出口模式主要分为两种类型：信息服务平台和交易服务平台。

信息服务平台：是通过第三方平台进行信息发布或信息搜索完成交易撮合的服务，代表企业有阿里巴巴国际站、生意宝国际站、环球资源网。

交易服务平台：是构建能够实现供需双方之间网上交易和支付的平台商业模式，代

表平台有敦煌网、大龙网等。

总之，随着 B2B 跨境用户需求越来越垂直化，满足碎片化的订单成为跨境电商所面临的常态，提供更多高附加值的增值服务，将是 B2B 跨境电商出口新模式的又一大特点。

（二）常见的 B2B 跨境电商进口

1. M2C 模式

M2C 模式即平台招商，代表企业有天猫国际。这种模式下商家需要获得海外零售的资格和授权，商品从海外直邮，并且可以提供本地退换货服务，但是通常价位比较高。

2. B2C 模式

B2C 模式即保税自营+直采，代表企业有京东、聚美、蜜芽。这种模式下平台一般会直接参与到货源组织和物流仓储买卖流程中，提高销售流，但是目前此模式下通常为爆品，品类有限。

3. C2C 模式

C2C 模式即海外买手制，代表企业有淘宝全球购、洋码头、海蜜、街蜜。这种模式下企业构建了供应链和选品的宽度，但同时也存在传统的依靠广告和返点盈利的模式，导致服务体验掌控差。

4. B2B2C 模式

B2B2C 模式即保税邮出模式。这种模式最大的特点是没有库存的压力，但是实际上这种模式是借助跨境电商的名义实行一般贸易，长远来看不会是跨境电商的发展方向。

5. 海外电商直邮

直邮进口是直接从海外发货，消费者可以在国内的跨境电商平台购买，也可以直接在国外网站购买，也可以代购，因此相对于其他进口方式而言，它的特点是产品种类丰富多样，消费者可以直接购买稀缺、优质、新奇的全球商品，但是运费可能比较高，运输时间比较长。

直邮进口分为魔速达直购进口和快件进口两种进口模式，都是使用行邮清关的模式。代表企业为亚马逊，其拥有全球优质的供应链物流体系和丰富的 SKU（Stock Keeping Unit）。

6. 返利导购/代运营模式

返利导购模式是新时代互联网电子商务的创新模式，返利平台采用购物返现金的形式聚集大量网购会员,会员从这里去各大网上商城购物,订单完成后(无退货的情况下),返利平台作为该商城的合作伙伴,可从该商城得到一定比例的销售返利金额,返利平台再把返利金额的绝大部分返还给会员,这就是现金返利模式,会员不单单可以得到返利福利,而且也不影响本来该享受到的任何优惠。

返利平台不是直接的购物网站,而是购物的一个中转站而已,通过该中转站买家可以获取对等的商品的成交价格一定比例的返利,而商家也可以借助返利平台来提高商品的曝光率和成交率,而平台则在其中赚取少部分的奖励推广佣金,比如某一件商品质量好、人气好、销量高,那么返利平台会优先展示,把该商品放在返利平台首页或显眼的地方,这样一来曝光率和成交率增加,商家若给足返利平台利益,返利平台是很愿意把首页显眼位置让给商家做展示的,这样一来返利平台与商家便成了合作伙伴。

代表企业有么么嗖、Hai360、海猫季。事实上这个模式下有两种类型:一种为技术型,另外一种为代运营。返利导购模式一般在跨境电商早期有优势,容易入手,成本低,SKU 丰富,但是缺乏竞争力,且类似价格实时更新等都需要强大的技术支撑,所以国内早期做这种模式的企业都在转型。

学习活动二　B2B 跨境电商的发展现状

一、全球发展现状

根据 Grand View Research 数据,全球 B2B 电子商务交易额 2020—2027 年复合增速可达 17.5%,如图 5-4 所示。Episerver 在 2020 年 3 月对全球 B2B 决策者进行的一项调查显示,40%的制造商与 41%的分销商表示,他们超过 60%的收入是通过 B2B 线上渠道获得的。全球 B2B 电商快速发展,同时 B2B 平台基础设施的完善与数字化趋势都促使更多企业转向线上进行销售与采购,以建立更多的贸易关系并节约成本。

近几年大量 B 端商家将销售行为转到线上,以无接触采购来满足下游买家的采购需求,同时也促使 B 端线上销售与采购习惯的养成,促进 B2B 电商平台上游供应商与下游用户规模的基数增长。

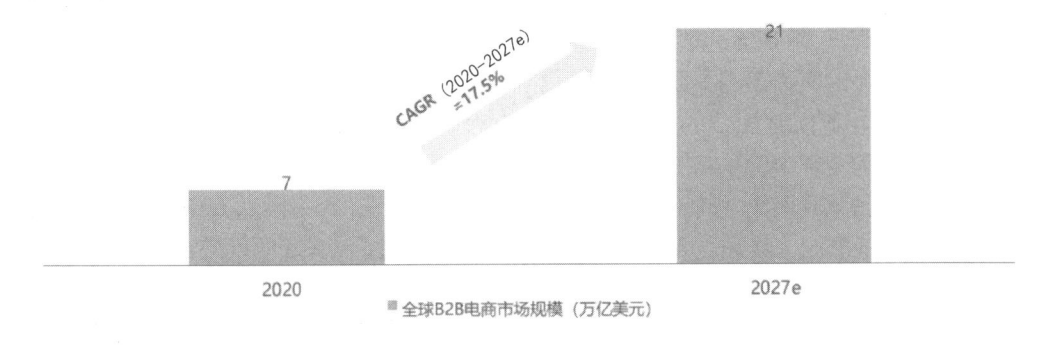

图 5-4　2020—2027 年全球 B2B 电商市场规模

二、中国发展现状

(一)发展规模

2019 年中国跨境出口 B2B 电商市场规模达 2.6 万亿元,艾瑞预计,2020—2025 年复合增速将达 28.3%,2025 年中国跨境出口 B2B 规模可达 11.2 万亿元,如图 5-5 所示。2019 年中国跨境出口 B2B 电商市场规模在中国跨境出口电商市场规模中占比达 71.0%,未来 B2B 仍然是中国跨境出口电商市场的主要部分。国家政策对跨境 B2B 的扶持、各环节不断线上化与信息化,以及 B 端交易碎片化,B2B 交易的线上渗透率预计在五年内出现明显提升。

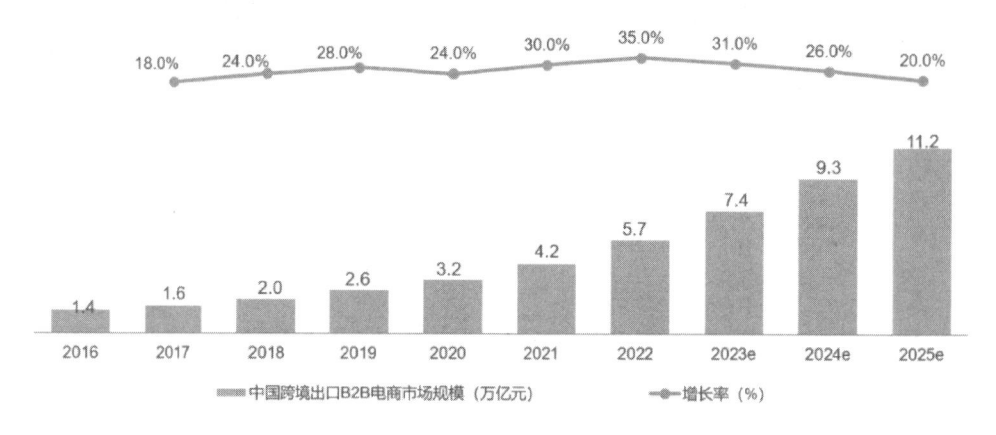

图 5-5 2016—2025 年中国跨境出口 B2B 电商市场规模及增速

(二)发展现状

2018 年上半年,中国跨境电商市场交易规模达 4.5 万亿元,随后每年以 20%~30% 的增速递增。在进出口流向上,出口占比下降,进口高速增长。交易模式上,目前中国跨境电商交易 B2B 模式占有绝对优势,2013—2017 年,B2B 交易规模占比始终在 85% 以上。

作为全球第二大进口国,2017 年中国消费品的进口是 1.1 万亿元,占到总的货物进口的 8.8%。跨境电商 B2B 涉及服装、纺织、文体休闲用品、机械、电子、珠宝等诸多行业,较为明显的交易趋势是进口商品日益高端化、智能化、绿色化。

中国跨境电商 B2B 出口的发展过程分为三个阶段,如图 5-6 所示。

诞生阶段为 1997 年至 2004 年,跨境电商 B2B 出口最早起源于黄页信息展示,将线下信息转移到互联网上,其他环节都是传统的线下操作。代表网站有中国化工网、中国制造网、阿里巴巴、欧洲黄页 EUROPAGES 等,它们拥有大量的供应商和产品信息,以会费、竞价排名、黄金展位、站内广告等模式盈利。

发展阶段为 2004 年至 2015 年,随着信息技术的提高、全球网络的进一步渗透,以及跨境物流、支付等的发展,企业可以通过互联网实现在线交易,如洽谈、下单、付款、发货、收货、评价等。平台不再收取信息发布费用，而是在交易完成后提取一定的佣金。标志性平台有敦煌网、大龙网、速卖通等。

整合阶段为 2015 年至今。上一阶段主要是涉及交易中的阶段，这一阶段则是涵盖交易前、交易中、交易后的资源整合。企业不仅能够在互联网上获取信息、进行供需匹配和在线交易，还可以获得支付、通关、物流、金融信贷等一系列服务。典型平台有一达通、世贸通、兰亭集势、易单网等。这些平台的出现，为境内外商户提供供需信息、网络营销平台，帮助双方直接完成交易及支撑服务，创造信用保障，降低了中小卖家进入国际市场的门槛，未来发展值得期待。

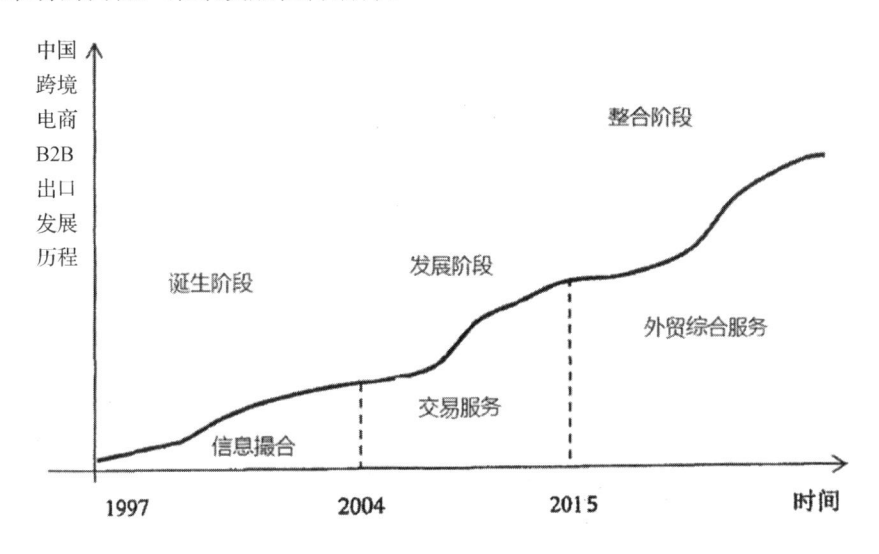

图 5-6　中国跨境电商 B2B 出口发展历程

（三）SWOT 分析

1. S（优势分析）

我国外留企业和产品在国际上的市场非常广阔，一方面国内有海量的传统企业或个体，可以借由 B2B 跨境电商打开新的销售渠道，满足不同国家、不同人群需求。另一方面，借助 B2B 跨境电商，可以以更为便捷的方式将中国企业的产品行销世界，而海外购买力的持续上涨，也为我国 B2B 跨境电商提供了更为广阔的发展空间。

我国制定了一系列优惠政策，从 2012 年至今，基本保持每两年即出台一部针对跨境电商的政策，以四八新政为重要节点，为在解决跨境电商"户口"问题和促进跨境电商发展之间谋求平衡，政府更是不断延长跨境电商零售进口监管过渡期，并不断完善相关制度。

与此同时，政府在跨境电商试点城市上不断扩围，由最早的 10 个试点城市扩展到如今的 37 个试点城市。杭州、郑州等地也以政策为先导，各自依托自身区位优势，大力建设跨境电商创新发展综合体、综合试验区、保税区等，通过基建拉动、政策加持，积极探索跨境电商发展的新模式。

物联网、5G通信、AI、大数据、云计算等诸多互联网技术为B2B跨境电商的发展提供强大的技术支撑。

2. W（劣势）

我国对外结算流程烦琐，使得从事跨境电商的企业和个人在途资金过多，影响了资金流动性。外资支付平台更是凭借自身的安全和便捷，一度控制了我国整个跨境电商支付市场。加之跨境支付在安全管控、资格审查等方面的不足，汇损、时差、海外休假和高额手续费、融资费的存在，严重阻碍了我国跨境电商的发展壮大。

另外，个性化消费的盛行决定了跨境电商更多接收的是碎片化、小批量、多批次的海外订单，这让B2B跨境电商企业的物流成本一直居高不下。

此外，跨国运输需经历报关、检验、仓储和计税等环节，加之不同关境主体之间，物流发展程度、税收额度、清关标准、电商政策都不尽相同，凡此种种都极大增加了全球物流商的经济成本和人力资源成本，同时，在跨境物流时效的限制下，商品的进出口品类也都受到了一定的限制。

3. O（机会）

海关数据显示，2021年上半年我国跨境电商进出口继续保持良好发展势头，跨境电商进出口8 867亿元，同比增长28.6%。其中出口6 036亿元，增长44.1%。随着下半年出口电商传统旺季的到来，如何以正确的方式进行选品、运营以及品牌出海，成为跨境电商卖家在众多玩家中脱颖而出的关键。当前，跨境电商已经避开了早期的兵荒马乱，整个B2B跨境电商行业无论是出口还是进口，每年基本保持着30%以上的增长，大有可为。

很多新兴国家和地区的电商市场（如东南亚、中东、印度），还处于发达国家早期阶段，市场资本雄厚，平台流量大。尤其在中东和东南亚，民众对中国产品接受度高，且富裕或正在富裕，可谓一片"蓝海"。在中东，市场具有很大的挖掘潜力，当地轻工业不发达，生活用品、服装等基本全靠进口，人民殷富但却无法满足自身消费需要。

而自中国—东盟自由贸易区正式建立以来，双方间的经贸往来频繁，货物贸易、服务贸易和相互投资数额逐渐扩大，到2017年东盟已连续六年成为中国第三大贸易伙伴。随着中国与东盟间经贸关系日渐广泛深入，国际贸易新业态、新模式也不断涌现，跨境电商表现尤为突出。各大跨境电商巨头从平台到支付再到物流全面布局，随着基建的逐渐完工，未来几年一定是东南亚电商发展的黄金期。

4. T（威胁）

国内B2B跨境电商一旦接轨全球，需要适应国际市场的规则，对于中国中小型企业的对外出口，必然有所影响。尽管我国B2B跨境电商已经发展一段时间，但是仍然存在一定局限性及风险性。

到目前为止，我国B2B业务还未建立一个健全的平台。传统贸易企业通常直接对接平台进行交易，但是随着市场经济的发展，企业商品的竞争日益激烈，消费者通常都要货比三家，再决定在哪个平台购买，跨境电商的卖家更加注重商品质量及交易流程。

跨境电商在发展的过程中会遇到形形色色的企业，想要进一步加强外贸流通，必须与境外企业建立长期、稳定的外贸交易体系，为企业提供良好的产品服务。

此外，贸易壁垒始终影响着我国 B2B 跨境电商的发展，那么何为贸易壁垒？贸易壁垒主要是指政府对非本国商品进行进口限制，这种限制主要体现在两个方面：一是关税限制，二是非关税限制。关税壁垒一般是增加跨境商品关税，在贸易壁垒的影响下，有可能引发我国跨境电商 B2B 的交易风险。

学习活动三　B2B 跨境电商困境

目前，国内 B2B 跨境电商企业面临着巨大的挑战，个别企业出现资金链断流导致公司破产。纵观全球的跨境市场，主要制约 B2B 跨境电商发展的因素有以下几点。

一、各国企业缺乏长远战略部署

从企业整体来看，企业本身没有完整的供应链体系来统一企业上游的资源以及企业下游的资源，这些资源的整合需要完整的价值链体系作为支撑，另外由于产品本身可能存在被假冒伪劣商品侵害等问题，如果没有明确的管理制度和企业保护制度，可能导致商品虚假宣传而无法管理等现象。

从市场上来看，大多数商家企业都是通过单一的价格战的方式相互竞争，这种方式缺乏对于企业长远发展的考虑，往往只能取得一些短期的收益，最后导致行业内的恶性竞争；这样也进一步激化了最后一个问题，就是商品的售后问题，由于前期价格战造成的利润压缩和商品恶性竞争可能导致的产品质量下降，用户购买体验下降等问题，售后服务问题也无法保证，这些给跨境电商的发展带来了巨大的影响。

近两年 B2B 跨境电商处于野蛮生长的探索期，大量的供应商入驻，行业竞争激烈。消费品主要集中在 3C 电子产品、服装服饰、户外用品等热销且利润空间大的品类。众多供应商都在 B2B 跨境电商平台上销售，存在大量的替代品，产品同质化现象严重，最后被迫进行价格竞争，导致整个品类甚至整个行业利润空间被压缩，刺激了假冒伪劣产品的出现。

二、信用保障体系欠缺

传统贸易出口通过审核境外采购商的纸质采购合同等材料确认真实性。跨境电商 B2B 出口则由跨境电商企业或平台传输交易订单、物流等信息，由于目前跨境电商 B2B 出口平台主要以阿里巴巴国际站、环球资源网、中国制造网等第三方平台为主，企业明显体会到平台规则对于出口企业销售的影响，不排除规模较大的企业通过独立站直接进行跨境零售和 B2B 销售，这就导致信用得不到第三方的保障。

此前，作为第一审核方的第三方平台要对所提供信息承担相应的法律责任，因此对数据真实性要求较高，然而对于自建站的出口企业，平台订单信息传输的真实性审核困难较大。

三、缺乏政策支持与有效监管

以我国为例，自 2013 年起，国务院多次以指导性文件的形式助力跨境电商发展。2014 年出台的税收政策主要针对 B2C 和 C2C 进口，最近政府大力支持发展的"海外仓"则面向跨境零售出口。但是到目前为止，还没有针对跨境 B2B 的指导性文件，更不必说专门针对跨境 B2B 的有效监管和政策红利了。

与传统贸易相比，B2B 跨境电商在业务环节、交易主体、交易风险、适用规则等方面都有所不同。传统外贸政策有许多不适宜跨境电商发展的地方。B2B 跨境电商市场存在着大量低附加值的假冒伪劣产品。要解决这些问题涉及海关、国检（检验检疫）、国税（纳税退税）、外汇管理局（支付结汇）等多个政府职能部门，政府职能部门之间很难协调。我国在跨境电商的税收、支付、物流等方面的监管都还在探索，B2B 跨境电商需要有针对性的系统指导意见和政府政策支持。我国现在的 B2B 跨境电商的外贸综合服务水平有待提升，相关政策有待完善。

学习活动四　我国 B2B 跨境电商发展前景

一、B2B 跨境电商主导地位

目前，我国经济增长速度趋缓，全球经济的不确定性及不稳定性不断提高，中国出口贸易增长速度不断降低。但是在"互联网+"经济发展过程中，我国迅速崛起的跨境电商开始成为对外贸易的全新方式。

通过历史数据可以了解到，2012 年至 2016 年，我国对外贸易总额的增速是 0.3%，跨境电商的年均增速是 33.99%，2017 年跨境电商交易总额占据对外贸易总额的 29%，其中占主导地位的为出口跨境电商。跨境出口电子商务中，B2B 具有优势地位。跨境电商 B2B 有望成为我国跨境贸易的新增长点，也是贸易转型的机会点之一。

二、B2B 出口跨境电商趋势

《2020 年度中国跨境电商市场数据监测报告》对 2021 年进出口跨境电商趋势进行了分析，可以发现中国在出口跨境电商中存在三大趋势。

1. 跨境出口 B2B 品牌化之路将开启

当前绝大部分的跨境 B2B 企业都存在企业品牌建设不足的问题，仍然扮演的是国际品牌代工厂的角色。但跨境 B2B 品牌建设之路即将开启，越来越多的 B2B 平台及平台上的企业都开始注重品牌化建设，通过品牌溢价来提升公司产品及整体的价值。

2. 跨境电商企业自建独立站趋势明显

从 2018 年开始，出口跨境电商领域就出现了跨境电商企业纷纷开始自建独立站，通过独立站的方式把产品及服务卖给消费者。主要原因在于平台涌入大量卖家导致竞争激烈，卖家需要寻找新的增长渠道，带来营销自动化升级的趋势。

3. 中国产品的品牌化步伐加快

近年来，品牌商出海成为出口电商的一道风景线，各大传统外贸企业加快品牌化建设的步伐。各大跨境电商平台也倾力打造及孵化更多的出海品牌企业，企业通过互联网打造品牌化的道路迎来发展黄金期。

> **小资料**
>
> **品牌**
>
> 简单地讲，品牌是指消费者对产品及产品系列的认知程度，是人们对一个企业及其产品、售后服务、文化价值的一种评价和认知，是一种信任。品牌已是一种商品综合品质的体现和代表，当人们想到某一品牌时总会和时尚、文化、价值联系到一起，企业在创立品牌时不断地创造时尚、培育文化，随着企业的做强做大，不断从低附加值转向高附加值，向产品开发优势、产品质量优势、文化创新优势的高层次转变。当品牌文化被市场认可并接受后，品牌才产生其市场价值。
>
> 结合当今商业环境，消费心理学给品牌新的定义为：人们在接触商品、服务以及相关宣传时，通过和心目中已经熟悉的同类商品和服务对比形成的，对商品和服务的识别印象和对比感受。因此，没有对比就没有品牌。真正的品牌营销从品牌调研就开始了。
>
> 品牌是制造商或经销商加在商品上的标志。它由名称、名词、符号、象征、设计等构成，一般包括两个部分：品牌名称和品牌标志。

三、B2B 进口跨境电商趋势

在经济全球化以及电子商务快速发展的大趋势下，我国的跨境网购需求在不断释放。从中我们发现 B2B 进口跨境电商存在以下三大趋势。

1. 重获资本关注

在经历了几个季度资本市场的冷遇以后,跨境电商在 2019 年第二季度得到了较多融资,有多个跨境电商平台成功获投。例如,KK 馆获得经纬中国等机构 7 000 万投资,宝妈环球购获得九宜城的千万级投资,别样海外购获得高瓴资本等机构 2 000 万美元的投资等。

2. 向线下拓展

2019 年以来,进口跨境电商纷纷在线下开实体店,网易考拉首家线下实体店"海淘爆品店"在杭州开业,然后接连在宁波、郑州等地纷纷"落地开花",抢占新零售、新消费风口。

天猫国际线下店也在杭州营业,小红书则把线上社区搬到了线下,而丰趣海淘"Wow 哇噢"全球精选店在重庆开张,布局覆盖无人便利店、全球精选店和智能无人柜,旨在探索如何突破时间和空间的束缚,为消费者实现即买即用的购物体验。

3. 下沉三五线城市

进口跨境电商的用户目前大部分在一二线城市,在农村消费升级和新零售的大背景下,电商平台未来将逐步下沉到三五线城市。未来随着消费者购买力的增强和物流仓储等配套设施的完善,行业将在以提升客户消费体验等软实力为核心的基础上,进一步提高产品实时性和价格优势,助力跨境电商平台行业整体效益进一步提升。

四、中国 B2B 跨境电商新态势

2020 年,全球电子商务用户数量同比增长 9.5%,达到 34 亿人。根据 Euromonitor 和德勤数据,2020 年美国、欧盟电商用户渗透率已分别达 77%、72%,美国服装和鞋类商品网络销售比例由 25%增长至 2021 年的 30%。

得益于稳定的经济政治环境、完备的工业体系、快速响应的供应链,我国为全球提供品类丰富且具有高性价比的商品,深得海外消费者的青睐。根据全球跨境电商主要支付机构 PayPal 统计,我国已成为全球最大的 B2C 跨境电商交易市场,美国位居第二,其后是英国、德国和日本。

一份全球化智库调查(来自美国、英国、德国、西班牙、法国的 5 005 份问卷)显示,服饰鞋袜是跨境采购频率最高的品类,同时也是初次体验网络购物消费者的首选品类,且 75%的受访者表示会继续在线上购买服饰鞋袜。

线上消费习惯的形成与我国强大的消费品供给能力相碰撞,使得跨境电商成为我国企业出海新模式,企业纷纷加速全球化数字渠道铺建,加之"无票免税""清单核放、汇总申报"等报关、投资便利化措施，以及鼓励建设海外仓等一系列支持完善跨境电商的政策陆续出台，跨境电商在资本市场的热度快速提升。2021年1—6月，共有7个跨境电商平台获得12.5亿元融资，其中有4个是快时尚消费品出口电商，品类包括原创服饰、泳装、真丝服饰、家居产品等。

五、中国 B2B 跨境电商未来三大方向

1. 独立站将成为首选

在第三方平台运营成本上涨的外因和进一步挖掘消费者数据的内因作用下，自建独立站成为品牌企业深层次沉淀流量、挖掘消费大数据、运用社交媒体的首选。

自建独立站，将客户资源、数据牢牢抓在自己手中，从前期的宣传到引流到客户数据到最终的追踪转化、客户留存，都是在自己的流量池内进行，无论是质量还是投资回报率都是相对较高的；根据《2020年雨果网第二季度跨境电商行业调研报告》，26%的外贸企业选择自建独立站。

另外，随着以 Shopify 为代表的 SaaS 服务平台增多，建设独立站的门槛大大降低，中小卖家能够选择同步开启独立站，尤其是面向东南亚、中东、印度、俄罗斯等新兴电商市场的独立站或将成为阶段热点。

虽然独立站更便于卖家精准营销，增加消费黏性，实施数字化变革，但是想要在集中度不断提升的竞争环境中生存，需要企业不断提升经营差异化水平、产品创新活跃度和物流服务的效率和体验感。

2. 跨境物流效率日益提升

跨境物流是跨境电商发展的重要支撑，也是提升消费体验的关键环节。Ipsos 和 PayPal 联合发布的相关报告显示，接近 1/4 的全球网购消费者认为配送速度是影响他们选择平台时的关键考量。

此外，电商企业会对物流费用、出仓速度、配送效率、异常情况处理能力等综合考量，选择满足自身需求的物流商。

建设高水平海外仓是提升物流服务质量的有效途径，在政策支持的红利下，传统物流企业、跨境电商平台、独立站卖家建设海外仓健全跨境物流管理体系的积极性均将提升，行业竞争将趋于激烈。

3. 合规要求加速完善

《中华人民共和国电子商务法》已于 2019 年开始实施，全国电子商务质量管理标准化委员会审查通过了跨境电商产品质量评价结果交换指南、产品追溯信息共享指南、在

线争议解决单证规范、出口商品信息描述规范、出口经营主体信息描述规范五项国家标准。

一系列跨境电商法规的出台在商品安全、税收、物流、售后等方面进行了明确规定，加强了卖家、物流企业和海关在通关、退税、结汇等方面的标准化信息沟通，区块链技术的运用也将助力产品来源可溯，责任可究，使企业有章可循，同时加强对消费者的权益保护，促进跨境电商行业规范化发展。

小资料

区块链

区块链，就是一个又一个区块组成的链条。每一个区块中保存了一定的信息，它们按照各自产生的时间顺序连接成链条。这个链条被保存在所有的服务器中，只要整个系统中有一台服务器可以工作，整条区块链就是安全的。

这些服务器在区块链系统中被称为节点，它们为整个区块链系统提供存储空间和算力支持。如果要修改区块链中的信息，必须征得半数以上节点的同意并修改所有节点中的信息，而这些节点通常掌握在不同的主体手中，因此篡改区块链中的信息是一件极其困难的事。

相比于传统的网络，区块链具有两大核心特点：一是数据难以篡改、二是去中心化。基于这两个特点，区块链所记录的信息更加真实可靠，可以帮助解决人们互不信任的问题。

区块链在国际汇兑、信用证、股权登记和证券交易所等金融领域有着潜在的巨大应用价值。将区块链技术应用在金融行业中，能够省去第三方中介环节，实现点对点的直接对接，从而在大大降低成本的同时，快速完成交易支付。

区块链与物联网也可以结合。通过区块链可以降低物流成本，追溯物品的生产和运送过程，并且提高供应链管理的效率。物流领域被认为是区块链一个很有前景的应用方向。

此外，在我国2020年与美国签署的经贸协议中，对电子商务涉及的知识产权侵权问题进行了相应规定。协议要求双方应对存在知识产权侵权问题的主要电子商务平台采取有效行动（包括有效的通知和下架制度），对盗版（假冒）产品的生产、出口、销毁以及边境执法行动也进行了详细规定。

未来，在国内国际双重力量的推动下，中国跨境电商市场合规化进程明显加速，必将共探跨境电商生态圈打造，厚植跨境电商发展新能级。

复习与思考

一、名词解释

1. B2B 跨境电商。
2. 出口代码 9710。
3. M2C 模式。
4. 第三方跨境交易平台。
5. 贸易壁垒。

二、简答题

1. 简述常见的 B2B 跨境电商分类。
2. 简述常见的 B2B 跨境电商出口模式。
3. 简述常见的 B2B 跨境电商进口模式。
4. 简述 B2B 跨境电商发展现状。
5. 简述 B2B 跨境电商发展过程中存在的问题。

三、案例分析

出海品牌社交影响力 TOP100 发布，敦煌网斩获 B2B 跨境电商平台最佳

Morketing 研究院与 OneSight 联合发布《2021Q2 BrandOS TOP100 出海品牌社交影响力榜单》，覆盖消费电子、电子商务、互联网、工业制造、消费品、旅游服务等多个行业。

该榜单显示，2021 年 Q2 期间，许多电商企业排名出现不同程度下滑趋势，仅 SHELN、Patpat、敦煌网等企业表现优于去年同期。其中，跨境出口小额 B2B 电商平台敦煌网位列总榜第 17 位，电子商务榜单第 5 位，在 B2B 跨境电商平台中位列第 1 位。

从 BrandOS Q2 评分来看，敦煌网获得 212.9 分，同比增长超 40%，环比增长 20.89%，整体表现出强劲上升趋势，印证公司社交媒体品牌影响力的不断提升。

《2021Q2 BrandOS TOP100 出海品牌社交影响力榜单》是首份对中国品牌在海外社交媒体平台影响力进行数据排名的榜单。榜单评分通过对海外社交媒体 3 000 家以上品牌的海量数据计算得出，为中国品牌的全球化过程提供具有参考意义的客观指标。

近年来，随着社交媒体的不断崛起，人们的消费习惯、消费场景均有变化，带动社交电商实现爆发式增长。据市场研究机构 eMarketer 对美国社交电商发展前景的预测：到 2025 年，每个消费者在社交平台年平均消费将达 737.32 美元，社交电商销售额相比 2021 年将翻一倍以上达到 796.4 亿美元。因此，对跨境出口电商而言，社交影响力已经成为一个非常重要的指标，关联的是背后广阔的"黄金流量池"。

而敦煌网在海外社交媒体品牌影响力方面表现强劲，目前仅官方海外社媒矩阵就已积累了 742 万活跃受众，周触达社交媒体用户平均 5 000 万左右，互动率 9%，2021 H1 增加粉丝 159 万，上升势头明显。这一方面源于敦煌网在行业大势之下提前布局的灵敏嗅觉，另一方面也是因为敦煌网在社媒端形成了一套非常高效的内容种草循环体系，依托平台在供应链端庞大的商品池，通过平台沉淀的交易数据分析，加上网红精准带货能力，以优质内容引发潜在消费者兴趣，带动产品销售，进而实现品牌力沉淀。

值得一提的是，敦煌网抓住社交电商大爆发的机会，于 2020 年 8 月推出跨境 SaaS 产品 MyyShop，提供去中心化的电商解决方案，将中国供应链与海外各种私域流量变现者连接起来。可以说，MyyShop 是一个集成了优选货源、智能选品、快速履约、本地化服务以及社交分享等特性的超级平台，为海外有变现需求的人提供一站式供应链及履约服务，帮助他们搭建自身的商业体系，快速抓住社媒发展下的流量风口。

1. 除了敦煌网，你还知道哪些有名的 B2B 跨境电商平台？
2. 浅谈一下 B2B 跨境电商平台未来的发展趋势。

学习任务六 跨境电商仓储物流

案例导入

我国海外仓数量已超 2 000 个 外贸新业态实现新增长

人民日报北京 2021 年 11 月 28 日电，近日，经国务院批复同意，商务部印发了《"十四五"对外贸易高质量发展规划》（以下简称《规划》）。商务部日前召开专题新闻发布会，介绍有关情况。

《规划》指出，"十三五"时期，我国外贸展现极强的韧性和蓬勃的活力，取得显著发展成就，为国内经济社会发展和全球共同发展作出积极贡献。2020 年，我国货物与服务贸易总额跃升至全球首位，贸易伙伴扩展至 230 多个国家和地区。外贸有力促进了国内产业转型、消费升级和国际收支平衡，直接和间接带动就业人数达 1.8 亿。"十三五"时期，我国进口对全球进口增长贡献率达 34.9%。

"十四五"时期是推进对外贸易高质量发展的关键时期。中国商务部副部长任鸿斌介绍，《规划》坚持"创新驱动、绿色引领、数字赋能、互利共赢、安全发展"五大原则，聚焦"增强贸易综合实力、提高协调创新水平、提升畅通循环能力、深化贸易开放合作、完善贸易安全体系"五大目标，提出了"优化货物贸易结构"等 10 方面 45 条重点任务和 6 项保障措施。

2021 年是"十四五"开局之年，面对复杂严峻的国内外形势，我国外贸实现较快增长，成绩来之不易。1—10 月，我国进出口总额达 4.89 万亿美元，同比增长 31.9%，规模已超去年全年，再创历史新高。

同时，我国外贸对国民经济和世界经济的贡献日益凸显。

一是有力带动经济增长。前 3 季度货物和服务净出口对 GDP 增长的贡献率达 19.5%，拉动 GDP 增长 1.9 个百分点。

二是稳岗就业作用突出。前 10 个月，新增备案登记的对外贸易经营者数量达 15.4 万家，其中绝大部分为中小微外贸企业，有效带动就业增长。跨境电商等新业态新模式拓宽了社会灵活就业渠道。

三是改善民生。2021 年，脱贫地区共有超 2 000 家企业通过广交会成功开拓国际市场。边境贸易带动 400 万边民增收，为兴边富民、稳边固边作出贡献。

四是推动全球经贸复苏。中国深入开展抗疫国际合作,到目前为止,已累计向全球出口口罩超过 3 600 亿只,促进了全球产业链供应链畅通稳定。今年上半年中国超大规模市场对全球进口增长的贡献率达到 14.8%。

近年来,我国坚定不移推进高水平对外开放,提升贸易便利化水平,连续四届成功举办进博会,主动扩大进口取得积极成效。今年 1—10 月,中国进口达到 2.19 万亿美元,增长 31.4%,规模创历史新高。中国已连续 12 年成为全球第二大进口市场。2020 年中国进口占世界进口比重高达 11.5%,今年上半年进口额占国际市场份额进一步提升至 12%。

创新是引领外贸发展的第一动力。深化外贸领域科技创新、制度创新、业态和模式创新,是增强外贸综合竞争力的必由之路。商务部外贸司司长李兴乾介绍,近年来,外贸新业态蓬勃发展,为国内外消费者提供了便利服务和多元化选择,成为国际贸易合作的新赛道。"十三五"时期,我国跨境电商综试区增至 105 个,区内企业建设海外仓超 1800 个,跨境电商零售进口试点范围扩大至 86 个城市以及海南全岛,跨境电商进出口规模增长 9 倍,市场采购贸易出口规模增长 3 倍。今年以来,新业态正在实现新的增长,海外仓数量已超 2000 个,2021 年 1—10 月,跨境电商进出口增长 19.5%。

当前,国内和国际挑战并存。"外贸发展还存在很多隐忧,不能盲目乐观。"任鸿斌说,在中国外贸高速增长的背后,必须清醒看到,许多外贸企业特别是中小微外贸企业经营压力增大,困难增多,"有单不敢接""增收不增利"现象较为普遍。下一步,商务部将认真落实"十四五"外贸高质量发展规划,持续提升外贸服务构建新发展格局的能力,坚决稳住外贸外资基本盘。

此外,经各成员方共同努力,区域全面经济伙伴关系协定(Regional Comprehensive Economic Partnership,RCEP)于 2022 年 1 月 1 日正式生效实施。RCEP 总人口、经济体量、贸易总额占全球总量的 1/3,协定涵盖关税减免、贸易便利化、服务投资开放、商务人员往来、电子商务、知识产权保护等广泛领域,是迄今为止全球规模最大的自由贸易协定,RCEP 如期生效是东亚经济一体化新的重大进展,有力拉动地区贸易投资增长,对促进地区经济复苏产生积极影响。

学习目标

1. 掌握出口仓储和进口仓储的几种模式。
2. 掌握跨境电商物流的概念。
3. 理解跨境电商物流的特点,理解跨境电商物流的现状与发展趋势。
4. 了解跨境电商物流与跨境电商的关系,了解跨境电商物流发展中面临的问题。
5. 熟知跨境电商物流模式。

学习任务六 跨境电商仓储物流

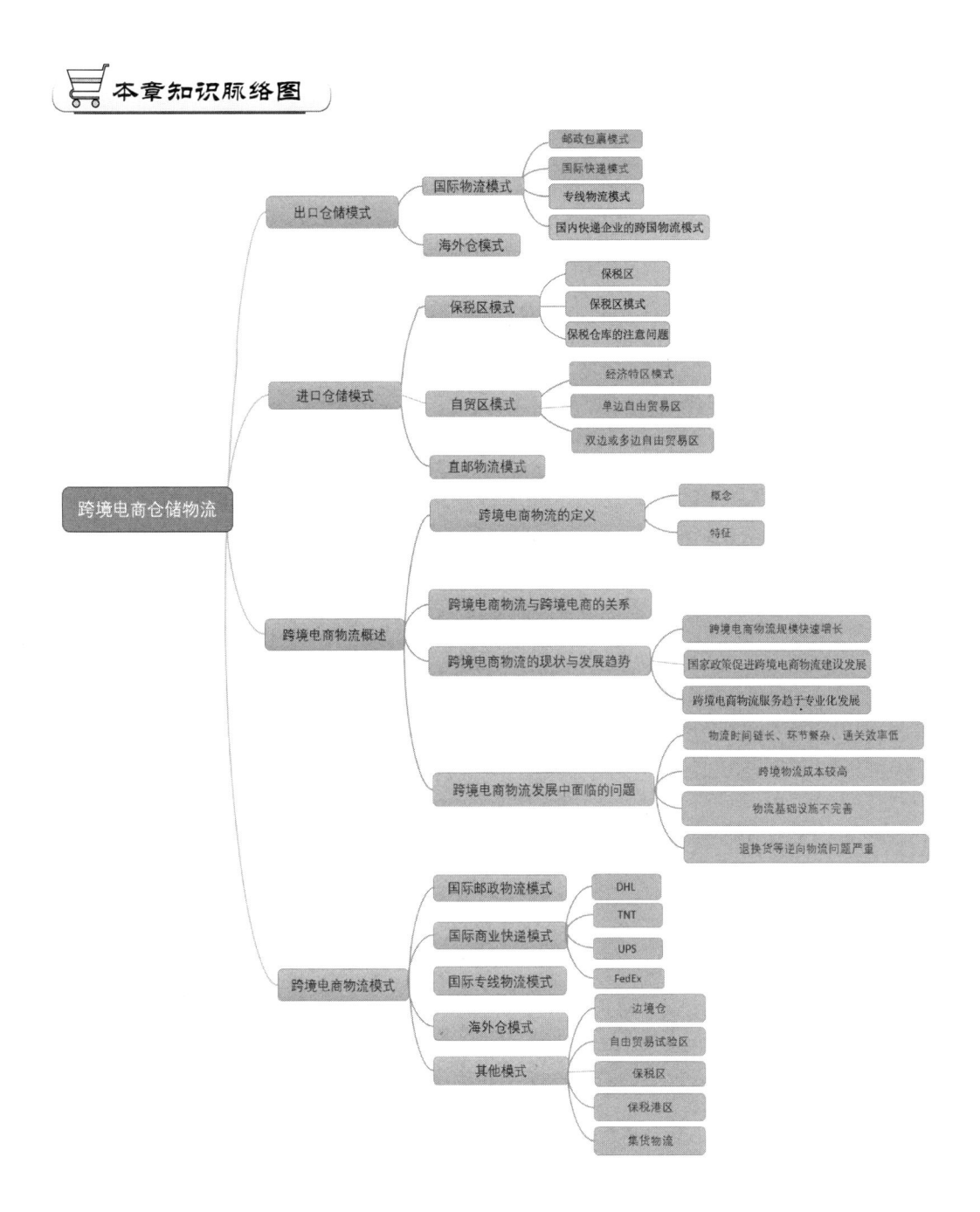

本章知识脉络图

- 跨境电商仓储物流
  - 出口仓储模式
    - 国际物流模式
      - 邮政包裹模式
      - 国际快递模式
      - 专线物流模式
      - 国内快递企业的跨国物流模式
    - 海外仓模式
  - 进口仓储模式
    - 保税区模式
      - 保税区
      - 保税区模式
      - 保税仓库的注意问题
    - 自贸区模式
      - 经济特区模式
      - 单边自由贸易区
      - 双边或多边自由贸易区
    - 直邮物流模式
  - 跨境电商物流概述
    - 跨境电商物流的定义
      - 概念
      - 特征
    - 跨境电商物流与跨境电商的关系
    - 跨境电商物流的现状与发展趋势
      - 跨境电商物流规模快速增长
      - 国家政策促进跨境电商物流建设发展
      - 跨境电商物流服务趋于专业化发展
    - 跨境电商物流发展中面临的问题
      - 物流时间链长、环节繁杂、通关效率低
      - 跨境物流成本较高
      - 物流基础设施不完善
      - 退换货等逆向物流问题严重
  - 跨境电商物流模式
    - 国际邮政物流模式
    - 国际商业快递模式
      - DHL
      - TNT
      - UPS
      - FedEx
    - 国际专线物流模式
    - 海外仓模式
    - 其他模式
      - 边境仓
      - 自由贸易试验区
      - 保税区
      - 保税港区
      - 集货物流

学习活动一 出口仓储模式

跨境电商物流的发展与跨境电商的发展是互相影响、相互促进的，跨境电商物流是跨境电商至关重要的一个环节，跨境电商的发展促进跨境电商物流行业发展速度的增长。伴随着国际形势的变化、国家政策的引导，行业迅猛发展，特别是跨境电商的快速兴起，为跨境物流行业打开了又一片蓝海；而跨境电商的仓储管理是跨境物流环节中不可分割的一个环节，按照仓储货物的移动方向，跨境仓储可分为出口仓储模式和进口仓储模式，出口仓储模式又分为两种：国际物流模式和海外仓模式。下面分别对其进行详细介绍。

一、国际物流模式

国际物流模式指货物的生产和消费分别在两个或两个以上的国家（或地区）独立进行时，为了克服生产和消费之间的空间、时间距离，物流企业将货物从一个国家直接运送到另一个国家，然后配送到客户手中的一项国际商品交易或交流活动，从而完成国际商品交易的最终目的。

依据货物的承运商分，目前国际物流模式可分为四种：邮政包裹、国际快递、专线物流和国内快递企业的跨国物流业务。其中，邮政包裹和国际快递是最简单、最直接的物流模式，也是目前使用率最高的物流模式，适用于大部分的中小型外贸企业。

1. 邮政包裹模式

邮政包裹是邮政部门所传递的经过妥善包装、适于邮寄的物品，是邮件的一种。邮局分布范围广，有自办的邮路，可以综合利用航空、铁路、水运、公路等部门的运输工具运送货物，所以能够满足大部分客户邮寄递物品，尤其是小件货物的需要。

中国作为万国邮政联盟和卡哈拉邮政组织的重要理事国，在邮政包裹运输这块有较大的优势。万国邮政联盟是联合国下设的一个关于国际邮政事务的专门机构，通过公约法规来促进、组织和改善国际邮政业务，并向成员国提供可能的邮政技术援助；卡哈拉邮政组织是一项集团性的国际邮政业务合作项目，其目标是通过集体合作行动，形成精品物流运输区域，推出承诺服务，提高竞争力。邮政网络基本覆盖全球，比其他任何物流渠道都要广。

> ■ 小资料 ■
>
> **万国邮政联盟**
>
> 万国邮政联盟（Universal Postal Union，UPU），简称"万国邮联"或"邮联"，是商定国际邮政事务的政府间国际组织，其前身是1874年10月9日成立的"邮政总联盟"，1878年改为现名。
>
> 万国邮联自1978年7月1日起成为联合国一个关于国际邮政事务的专门机构，总部设在瑞士首都伯尔尼，宗旨是促进、组织和改善国际邮政业务，并向成员提供可能的邮政技术援助。其宗旨是组织和改善国际邮政业务，发展邮政方面的国际合作，以及在力所能及的范围内给予会员国所要求的邮政技术援助。

2. 国际快递模式

国际快递模式是除邮政包裹模式外最为传统、简单、直接的物流模式，主要是指四大商业快递巨头，即 DHL、TNT、FedEx 和 UPS。这些国际快递企业通过强大的 IT 系统，利用自建的全球网络系统来实现遍布全球各地的本地化服务，为网购中国产品的海外用户带来极好的物流体验。比如使用 UPS 从中国邮寄到美国的快递，最快可在 48 小时内到达。但是优质的服务往往价格昂贵，导致物流成本相对偏高。出于降低成本的因素的考虑，一般国内企业或个人在进行出口跨境交易时，只有在客户对货物的时效性要求很强的情况下，才会用国际快递来派送货物。

> **◆ 小资料 ◆**
>
> **TNT**
>
> TNT 集团是全球领先的快递和邮政服务提供商，总部设在荷兰。
>
> TNT 快递成立于 1946 年，其国际网络覆盖世界 200 多个国家，提供一系列独一无二的全球整合性物流解决方案。此外，TNT 还为澳大利亚以及欧洲、亚洲的许多国家提供业界领先的快递服务。
>
> TNT 拥有 43 架飞机、2 万辆货车，全球子公司近 1 000 家，员工超过 4 万人。TNT 同时还拥有数量众多的技术先进的分拣中心和完善齐全的设备资源，为客户提供业界最快捷、最可信赖的门到门送递服务。
>
> 早在 1988 年，TNT 就已进入中国市场。目前，TNT 为客户提供从定时的门到门快递服务、供应链管理，到直邮服务的整合业务解决方案。TNT 在中国拥有 25 个直属运营分支机构，3 个全功能国际口岸和近 3 000 名员工，服务范围覆盖中国 500 多个城市。

3. 专线物流模式

跨境专线物流指从一个国家（或地区）到另一个国家（或地区）的专线定向运输，所有的货物都通过航空包舱方式从生产地运输到消费地，没有其他中转，再通过合作公司进行目的国的派送，包括清关送货上门服务。

专线物流相比其他物流模式的优势在于，将大批量到某一特定国家或地区的货物进行集中，通过大规模运输降低成本，所以它的价格一般比国际快递低。但是它的缺点也很明显，由于专线物流基本上倾向拼箱、拼车、拼船业务，只有等一个箱（车、船）装满以后才能发货，在此会出现可能几天发货或十几天发货的情况，发货时间不可控。

在时效上，虽然专线物流稍慢于国际快递，但比邮政包裹快很多。跨境专线物流与国际快递和国际包裹服务不同，跨境专线物流提供的物流服务通常是一对一的专线定向服务，如从中国到英国，或者从韩国到中国，如今物流行业中最普遍的专线物流产品是欧洲专线、澳洲专线、美国专线、俄罗斯专线等，也有不少物流公司推出了南非专线、中东专线、南美专线等。一般走专线物流到欧洲英法德需要 5~6 个工作日，到俄罗斯要 15～20 个工作日，丢包率也比较低，清关便利。因此，如有到目的地国家的专线，可以考虑采用专线物流。

4. 国内快递企业的跨国物流模式

国内快递公司主要指"四通一达"（申通、圆通、中通、汇通和韵达）、EMS 和顺丰。在跨境电商物流方面，圆通、申通虽然较早进入，但这几年才慢慢开始拓展版图。申通国际成立于 2013 年，截至 2020 年 12 月，已在全球 70 多个国家和地区建立超过 200 个网点，圆通 2014 年 4 月与 CJ 大韩通运展开合作，而中通、汇通、韵达才开始启动跨境物流业务。

顺丰的国际化业务则要成熟些，截至 2020 年末，顺丰国际快递业务覆盖海外 78 个国家，国际电商业务覆盖全球 225 个国家及地区，发往亚洲国家的快件一般 2～3 天可以送达，2020 年，顺丰国际业务实现不含税营业收入 59.73 亿元，同比增长 110.40%，成为公司增速最快的业务板块。

在国内快递中，EMS 的国际化业务是最完善的。依托邮政渠道，EMS 可以直达全球 60 多个国家，主要快递企业已在东南亚国家实现了整体运营，是所有国内快递中费用最低的，到达亚洲国家需要 2～3 天，到欧美需要 5～7 天。

二、海外仓模式

所谓海外仓，是指跨境电商企业按照一般贸易方式，将货物批量出口到境外仓库，电商平台完成销售后，再将商品送达境外的消费者。

海外仓储服务指为卖家在消费国的目的地进行货物的仓储、分拣、包装和派送的一站式控制与管理服务。虽然在海外建仓库建设成本和运营成本很高，但运输成本会低很多，可以提高寄递速度，所以对企业长远计划而言，海外仓建设与使用有利于降低成本。

传统出口模式至少需要经过国外进口商、国外批发商、国外零售商三个环节才能将产品送到消费者手中。海外仓可以让出口企业将货物批量发送至国外仓库，不仅扩大交易产品品种、节约运输和交易成本，还减少了中间商环节，实现本地销售，本地配送。

海外仓储费用包括头程费用、仓储及处理费用、本地配送费用。头程费用就是货物从中国到海外仓库产生的运费；仓储及处理费用，即客户货物储存在海外仓和处理当地配送时产生的费用；本地配送费用是指对客户商品进行配送产生的本地快递费用。

据统计，海外仓物流环节较零售直邮方式成本可降低 20%～50%，货运时间从 20 天左右缩短到 3～5 天。对于监管而言，海外仓等跨境电商 B2B 模式实现清关的规模化和规范化，有利于降低监管成本，提高通关效率，避免偷税漏税。对于消费者而言，海外仓还能服务于国人"海淘"。例如，顺丰以其海外仓作为统一收货地址收货后，再集中运回中国，不仅提高商品流转效率，也降低了物流成本。

学习活动二　进口仓储模式

一、保税区模式

（一）保税区

保税区是指设立在内陆地区的具有保税港区功能的海关特殊监管区域。

（二）保税区模式

保税区模式是指境外商品入境后暂存于保税区内,消费者购买后以个人物品行邮清关出区，包裹通过国内物流的方式送达境内消费者。

保税仓储是指使用海关核准的保税仓库存放保税货物的仓储行为。保税仓储受到海关的直接监控，虽然说货物也是由存货人委托保管，但保管人要对海关负责，入库或出库单据均需要由海关签署。保税仓储一般在进出境口岸附近进行。由于跨境电商进口要求平台订单、物流单、支付环节单凭证的三单合一，因此相对于零散的快件邮件清关，这种保税模式下的监管便捷度相对较高。保税区进口仓储流程如图6-1所示。

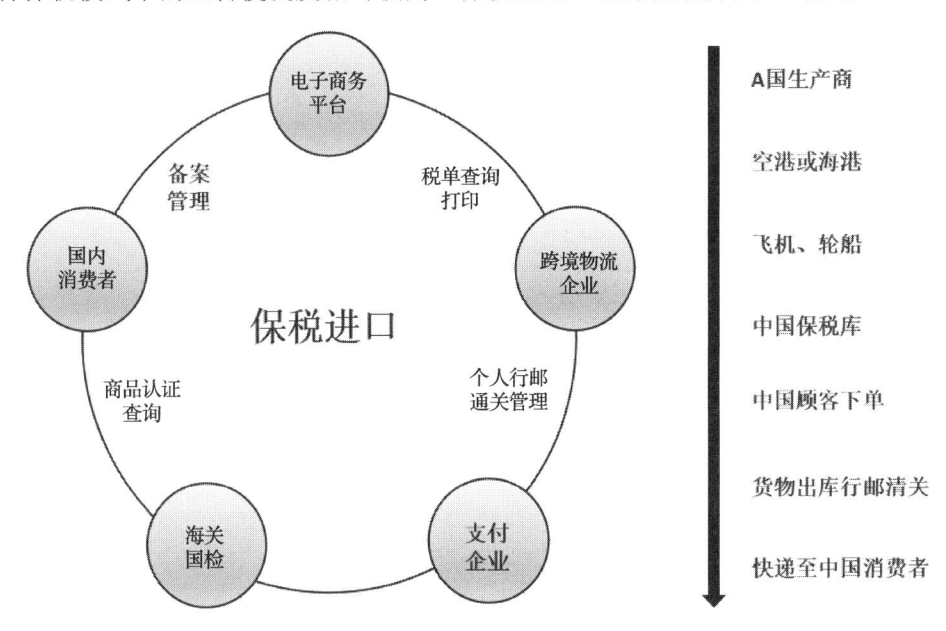

图6-1　保税区进口仓储流程

保税区模式依托保税区的特殊优惠政策，以其交易速度更快、配送时间更短的强大优势，逐渐成为跨境电商主流模式，具体优势如下。

1. 速度快

商品提前暂存于保税区仓库,一旦消费者通过网络下单,货物便可直接从保税仓出货配送,省去货物在国际运输的时间。

2. 成本低

一方面,海外集中采购降低了进口商品的采购成本;另一方面,在进口环节可以享受相关税收优惠。

3. 透明化

商品在进口通关、检验检疫等诸多流程完全公开透明,便于消费者进行质量监督,维护自身利益。

(三)保税仓库的注意问题

1. 各平台应对市场有精确把握

由于现阶段各平台对市场把控不是很精确,所以一定要对自身的销量有清楚的认识,在进口货物时把握好度的问题,防止缺货和爆仓,产生不必要的费用。

2. 适应政策变化并分散风险

近几年,国务院及地方政府虽大力支持跨境电商贸易发展,但相关政策措施主要集中于国务院的政策指导性意见、海关总署及国家市场监督管理总局的规范性文件等,缺乏法律和行政法规等上位法支撑。政策走向可能随时会发生变化,因此,企业在布局的时候可以考虑多种方式,例如我们之前提到的海外仓,以此来分散风险。

3. 明确产品质量安全主体责任

保税备货的产品所有权在进入保税区后往往不发生转移,仍属于国外企业。一旦产品发生质量安全问题,在对电商平台的连带责任尚未十分明确,行政执法管理部门很可能找不到国外责任人的情况下追责国内的跨境电商企业,因此,国内跨境电商企业应当与国外企业就货物的质量安全问题追责方面签订明确协议,以保护自身权益。

二、自贸区模式

自贸区即自由贸易区,是指签订自由贸易协定的成员国相互彻底取消商品贸易中的关税和数量限制,使商品在各成员国之间可以自由流动,一般是两个或两个以上的国家(包括独立关税地区)根据世界贸易组织的相关规则,为实现相互之间的贸易自由化所进行的地区性贸易安排的缔约方所形成的区域。

> **小资料**
>
> **世界贸易组织**
>
> 世界贸易组织（World Trade Organization，WTO），简称世贸组织，是一个独立于联合国的永久性国际组织。世贸总部位于瑞士日内瓦。
>
> 世界贸易组织的职能是调解纷争，它是贸易体制的组织基础和法律基础，还是众多贸易协定的管理者、各成员贸易立法的监督者以及为贸易提供解决争端和进行谈判的场所。该组织是当代重要的国际经济组织之一，其成员之间的贸易额占世界的绝大多数，因此被称为"经济联合国"。
>
> WTO前身是1947年10月30日签订的关税与贸易总协定；1995年1月1日，世界贸易组织正式开始运作；1996年1月1日，世界贸易组织正式取代关贸总协定临时机构；2001年12月11日，中国正式加入世界贸易组织。
>
> WTO的宗旨是提高人类生活水平，保证充分就业和大幅度、稳步提高实际收入和有效需求；扩大货物和服务的生产与贸易；坚持走可持续发展之路，各成员方应促进对世界资源的最优利用、保护和维护环境，并以符合不同经济发展水平下各成员需要的方式，加强采取各种相应的措施；积极努力确保发展中国家，尤其是最不发达国家在国际贸易增长中获得与其经济发展水平相适应的份额和利益；建立一体化的多边贸易体制；通过实质性削减关税等措施，建立一个完整的、更具活力的、持久的多边贸易体制；以开放、平等、互惠的原则，逐步调降各成员关税与非关税贸易障碍，并消除各成员在国际贸易上的歧视待遇。在处理该组织成员之间的贸易和经济事业的关系方面，以提高生活水平、保证充分就业、保障实际收入和有效需求的巨大持续增长，扩大世界资源的充分利用以及发展商品生产与交换为目的，努力达成互惠互利协议，大幅度削减关税及其他贸易障碍和政治国际贸易中的歧视待遇。
>
> 世贸组织的基本原则是互惠原则、透明度原则、市场准入原则、促进公平竞争原则、经济发展原则和非歧视原则。

1. 经济特区模式

经济特区也是世界自由港区的主要形式之一，以减免关税等优惠措施为手段，通过创造良好的投资环境，鼓励外商投资，引进先进技术和科学管理方法，以达到促进特区所在国经济技术发展的目的。经济特区实行特殊的经济政策、灵活的经济措施和特殊的经济管理体制，并坚持以外向型经济为发展目标。

我国经济特区诞生于20世纪70年代末，成长于20世纪90年代。经济特区的设置标志着中国改革开放的进一步发展。

我国共有7个经济特区。1979年7月，中共中央、国务院同意在广东省的深圳、珠海、汕头三市和福建省的厦门市试办出口特区。1980年5月，中共中央和国务院决定将深圳、珠海、汕头和厦门这四个出口特区改称为经济特区。1988年4月，设立海南经济特区。1992年中国加快改革开放后经济特区模式移到国家级新区，上海浦东等国家级新区发展起来，成为中国新一轮改革重要标志。2010年5月，中央新疆工作会议上中央正式批准霍尔果斯、喀什设立经济特区。

2. 单边自由贸易区

中国自由贸易试验区，是中国政府设立的区域性自由贸易园区，是指在一国国境之内设立的不受海关管辖的一种以贸易为主的特殊经济区域，属中国自由贸易区范畴，它处于境内关外的地位，税收政策优惠，高度开放和自由，不受中国海关政策的监管，对进入区内的货物给予减免税费的优惠等。

上海自贸区是中国第一个正式设立的自由贸易区，在试验区内，实行"境内关外"政策、进出口货物查验"即查即放"以及试行开放的金融与外汇管理制度，有利于让外资"走进来"，也利于中国资本"走出去"，推进以金融、港口、文化、商贸为核心的现代服务业集聚，实现制造业与服务业的协同发展。政府在自贸区的权力运作采用"负面清单"制度，它体现了在投资领域"非禁即入"的原则，并先后制定了《自贸区管理办法》《外商投资企业备案管理办法》《自贸区境外投资开办企业备案管理办法》等条例，积极创新法制管理模式，建立全新经济制度和市场环境。

小资料

国境与关境

国境是指一个国家行使全部国界主权的国家空间，包括领陆、领海、领空。第二次世界大战后，关税同盟和自由区、自由港大量出现，国境等于关境的原则被突破，国家政治国境和关境有时不完全一致。几个国家结成关税同盟，组成一个共同关境，实施统一的海关法规和关税制度，其成员国的货物在彼此之间的国境进出不征收关税，此时关境大于其成员国的各自国境。自由港、自由区虽在国境之内，但从征收关税看，它可以被视为在该国境之外，进出自由港（区）可以免征关税，此时关境小于国境。针对原为殖民地的国家或地区，《关税及贸易总协定》第24条规定，经其宗主国的统一并用发表声明和证实等方法，可以单独成为《关税及贸易总协定》一个成员。此条对关境定义为：在对外贸易方面独立实行关税和贸易管理制度的地区，即所谓的单独关境。

（1）关境大于国境的情况：两个或两个以上国家结成关税同盟后，形成同盟的共同关境，各成员国各自的关境将不再存在，关税同盟的关境即是每一个成员国的关境。因此，各成员国的关境大于其国境。

（2）关境小于国境的情况：一个较为普遍的观点认为，保税区、保税仓库、自由港、自由区等区域（以下统称自由区）属于关境外地区，因此，设立了这些自由区的国家（或地区，以下略），其关境就会小于其国境。

截至 2020 年底，上海自贸区累计开立自由贸易账户（FT 账户）13.2 万个，全年跨境人民币结算总额为 54 311.8 亿元，比上年增长 4.3%，占全市比重为 41.4%；跨境人民币境外借款总额为 6.7 亿元，比上年下降 84.2%。上海首单自贸区人民币债券获批发行，对比前期数据，各项指标都有爆发性的增长，可见自由贸易的政策环境对生产效率的提高及社会公平的提升都有显著作用，因此产生了巨大的虹吸效应。

3. 双边或多边自由贸易区

双边或多边自由贸易区是指两个或两个以上国家（包括独立关税地区）主体之间签订的取消关税和其他限制性贸易法规的自由贸易协定项目下开展的贸易活动的区域。其特点是由两个或多个经济体组成集团，集团成员相互之间实质上取消关税和其他贸易限制，但又各自独立保留自己的对外贸易政策。

中国自由贸易区是指在国境内关外设立的，以优惠税收和海关特殊监管政策为主要手段，以贸易自由化便利化为主要目的的多功能经济性区域。其原则上在没有海关"干预"的情况下允许货物进口、制造、再出口。

2015 年 4 月 20 日，国务院批复成立中国（广东）自由贸易试验区、中国（天津）自由贸易试验区、中国（福建）自由贸易试验区。2017 年 3 月 31 日至 2020 年 9 月 21 日，陆续又批复成立了 18 个自贸区，包括北京、武汉、浙江等。

三、直邮物流模式

直邮（Direct Mail，DM）是指采购通过国际快递直发到客户手上，在中间不经过任何第三方中转，为人们提供一个安全可靠的购物渠道。常见的是海外直邮模式，就是国内顾客下单时，直接提供国内收货的地址，商家直接发货，全程物流可以追踪，这种模式比较适合一次性购买量大的顾客。比如亚马逊的海外购，用户可以直接在其平台上下单，货物通过海外站点的仓库直接寄到国内本地地址，直邮物流模式流程如图 6-2 所示。

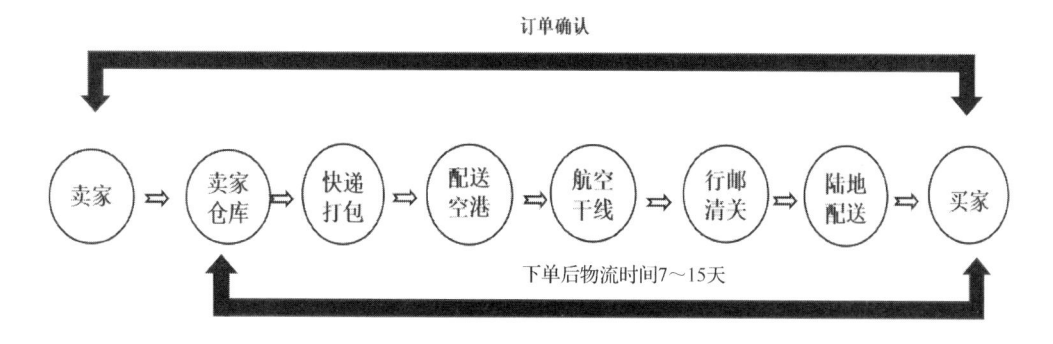

图 6-2　直邮物流模式流程

学习活动三　跨境电商物流概述

跨境电商物流的发展是建立在跨境电商需求扩张的基础上的。进入 21 世纪以来，伴随以亚马逊、ebay 为代表的电商平台的成熟化，跨境电商逐渐成为跨境贸易的新渠道。无论是发达国家还是发展中国家，跨境电商交易的规模在国际贸易中的占比均呈增长态势。

跨境电商在运作过程中涉及信息流、商流、资金流和物流，信息流、商流和资金流均可通过计算机和网络通信设备在虚拟环境下实现，但物流环节必须在现实环境下实现。跨境物流一般包括装卸搬运、运输、配送、流通加工、包装、仓储和信息处理七个内容。跨境物流高效率、高质量、低成本的运作是促进跨境电商发展的保证。

一、跨境电商物流的定义

（一）概念

跨境电商物流是指位于两个或两个以上不同国家和地区的交易主体通过电子商务平台达成交易并进行支付清关结算完成后，再通过跨境物流送达商品进而完成交易的一种商务活动。

广义上说，跨境电商物流就是利用国际化的物流网络，采用先进物流技术，选择最佳的物流方式与运输路径，以最低的费用和最小的风险，使货物发生空间和时间位移的一项国际商品或交流活动，达成国际商品交易，最终实现卖方交付单证、货物和收取货款；买方接收单证、支付货款和收取货物。

与传统物流相比，跨境电商物流的交易主体分属于不同关境，商品需要从供应方国家（或地区）通过跨境物流方式实现空间位置转移，在目的地所在国家（或地区）内实现最后的物流与配送，跨境电商物流分为供应方国家（或地区）物流、国际（地区间）物流与运输、目的国（或地区）物流与配送三个部分。

（二）特征

中国的跨境物流存在以下三个特征。

1. 地域性、区域化明显

中国的跨境物流主要集中在东南沿海地区，尤其是深圳、上海、宁波，中西部地区跨境物流较少。这是因为长江三角洲、渤海地区、珠江三角洲等东南沿海地区经济发达，跨境运输需求旺盛，该地区航运、航空运输等基础设施相对完善。但是在中西部地区，由于经济正处于发展中，跨境运输需求低，物流基础设施相对落后，资源投入较少，导致运输成本高。

2. 跨地区竞争较少、跨行业竞争较少，行业单一性

跨境电商的崛起驱动了物流行业的发展，竞争程度日益激烈，但受其自身实力、管理、技术、财务情况的限制，以及国家物流市场相互分离等因素，竞争特点表现为某区域某行业企业之间的竞争。比如长三角地区，跨境物流公司之间的竞争；或者某单一行业之间资源的竞争，例如 3C 行业、服装行业等；跨地区和跨行业之间的竞争反而较少。

3. 服务由单一性转型为多元化

随着跨境电商人需求的增多，各种同质化问题逼迫从事跨境物流的企业进行内部改革，大多数跨境物流公司从单一地提供运输服务开始转向多元化服务，比如与海外仓储公司之间的合作就是典型的代表，在跨境物流这一链条上，提供首程清关、仓储、配送，以及与 FBA 相关的诸多衍生和替代服务，如海外仓贴标换标、一件代发等。或者部分企业从提供海运物流或空运物流服务到提供多式联运服务，从报关、订舱等传统服务到提供运输方案优化设计、综合物流服务等。

二、跨境电商物流与跨境电商的关系

跨境物流水平的提高是跨境电商发展的保证，对跨境电商的发展至关重要，合理、高效的跨境物流一方面能帮助企业整合全球价值链，获取贸易机会，另一方面能帮助个人（或企业）便利购买全球商品，实现消费升级。

跨境电商效率与效益的提升对跨境物流服务提出更高的要求，从事跨境物流的企业需要不断更新网络技术、信息技术、物流技术，加强基础建设，增强供应链响应能力，压缩物流成本，不断提升智能化管理水平，提高客户服务水平。

1. 跨境电商必须通过跨境电商物流服务来完成

跨境电商的运营，会涉及信息、商业、资金的流动，这些工作都可以利用计算机网络系统完成，但是，商品运输是无法在虚拟的网络空间完成的，必须通过跨境电商物流在线下对商品进行搬运、运输、配送、流通加工、包装、仓储、分拣等才能得以实现。

2. 跨境电商物流服务的水平决定了跨境电商的效率和效益

跨境电商的交易主要表现为小批量、多频次、快速发货，这就要求跨境电商必须快速响应客户需求，通过电子商务平台，使用线下跨境电商物流将商品尽快送达客户手中。跨境电商物流服务的成本、精准度和快速响应的水平，将成为跨境电商服务的极大竞争优势，直接影响和决定跨境电商的效率和效益。

3. 国际物流的价格影响着跨境商品的定价、成本以及最终利润

国际物流是跨境电商商品交易中的重要一环，也是必不可少的一环。不管是物流渠道的选择、运费成本计算，还是运输商品中的包装，都影响着物流的最终成本和产品的利润。

一件跨境电商商品的价格主要由进货成本、跨境物流成本、国际汇率、关税、跨境电商平台成本、售后维护成本、其他综合成本以及利润构成。比如单位价值较低的商品，卖家通过免运费营销策略来吸引客户，卖家在上架商品前，通过将所有商品逐个称重并计算相应的运费，选择合适的包装，尽量将运费成本降到最低，让价格获得更多的竞争优势，扩大交易范围，增加利润。

与此同时，卖家必须要提高物流响应速度，发展自己的物流体系或选择高质量的第三方物流，关注消费者的满意度，不能遗忘逆向物流的优惠定价，使成本消耗更低和收益更高。

三、跨境电商物流的现状与发展趋势

1. 跨境电商物流规模快速增长

随着我国电子商务和对外贸易的发展，2010—2019 年，我国跨境电商的交易规模呈现逐年增长的态势，2019 年，中国跨境电商市场交易规模达 10.5 万亿元，比 2018 年的 9 万亿元增长 16.66%；我国跨境电商的快速发展驱动跨境电商物流市场持续增长。

中国海关总署最新数据显示，2020 年通过海关跨境电商管理平台验放的进出口清单为 24.5 亿票，同比增长 63.3%。随着跨境电商迅速发展，中国企业加快搭建包括海外仓在内的跨境物流体系，目前海外仓数量已超过 2 000 个，成为支撑跨境电商发展、拓展国际市场的新型外贸基础设施。

2. 国家政策促进跨境电商物流建设发展

近几年来，国家十分重视跨境电商物流行业的发展，政府工作报告、国务院常务会议以及商务部、国家邮政局、海关总署等多次出台相关政策文件，鼓励跨境电商企业和跨境寄递服务企业在境外建立海外仓，推动我国跨境电商物流建设，相关政策汇总如表 6-1 所示。

表 6-1 推动我国跨境电商物流建设政策汇总

时间	发布部门	名称或主要内容
2017 年 1 月	商务部	《对外贸易发展"十三五"规划》
2017 年 1 月	国家邮政局	《快递业发展"十三五"规划》
2017 年 5 月	海关总署	《2017 年海关推进"一带一路"建设重点工作》
2018 年 1 月	全国邮政管理工作会议	加强国际邮件快件航空运输网络建设

续表

时间	发布部门	名称或主要内容
2019年3月	国家邮政局、商务部、海关总署	《关于促进跨境电商寄递服务高质量发展的若干意见（暂行）》
2019年7月	国务院常务会议	鼓励搭建服务跨境电商的平台，建立物流等服务体系，支持建设和完善海外仓，扩大覆盖面
2020年2月	商务部	《关于应对新冠肺炎疫情做好稳外贸稳外资促消费工作的通知》
2020年4月	政协十三届全国委员会第三次会议	促进跨境电商健康快速发展，鼓励企业共建海外仓，以新业态助力疫情期间外贸企业克难前行
2020年6月	海关总署	《关于开展跨境电商企业对企业出口监管试点的公告》
2020年11月	东盟10国和中国等15个亚太国家	《区域全面经济伙伴关系协定》
2021年3月	商务部等6部门	《关于扩大跨境电商零售进口试点、严格落实监管要求的通知》
2021年8月	商务部等9部门	《商贸物流高质量发展专项行动计划（2021—2025年）》

3. 跨境电商物流服务趋于专业化发展

进入21世纪后，物流服务向专业化发展，第三方物流逐渐成熟，将仓储业、运输业、空运、海运、货运代理和企业内的物流部门进行综合管理，然后按照客户不同的需求，为其提供适合的、简便的物流运输整体方案服务。而全球经济一体化、分工专业化使得许多企业发现自营物流成本过高，在进行跨境电商交易时往往会更倾向与专业物流企业合作，通过专业企业标准化经营来降低自身成本，改善产品质量或服务质量。

在全球第三方物流市场中，中国的发展速度最快，所占市场份额最高。全球化态势异常迅猛，实现"买全球、卖全球"需要强大的全球物流体系的支撑。

如今，现代化的物流手段（如计算机网络技术、机电一体化技术、语音识别技术、全球卫星定位系统、卫星通信、射频识别装置、电子数据交换系统、管理信息系统等）的使用也变得越来越普及。现如今在第三方物流的基础上，第四方物流也逐渐进入了跨境电商物流行业。

四、跨境电商物流发展中面临的问题

近几年，我国跨境电商物流的迅猛发展，快速推动了国内出口产品品类的多样化，也帮助越来越多的中小微企业加入跨境电商行业中，同时也增加了跨境电商物流的交易量；但由于跨境电商物流时间跨度长、周期久、成本高，往往难以满足消费者的退换货要求。我国跨境电商物流主要存在以下问题。

1. 物流时间链长、环节繁杂、通关效率低

所谓通关效率，主要是指从报关开始一直到报关结束后放行，承担商品货物的受托物流企业，其所占用的时间占总报关时间的比重。各国海关政策不同，有些国家海关申报手续烦琐、时间长，费用支出也非常高，且经常发生进口国海关扣货查验的情况。查验结果通常是直接没收、退回货物或再补充报关材料，造成的损失物流企业往往无法承受，也有可能使消费者取消订单或拒绝付款。

跨境电商物流由于包含了海外仓储配送、海上运输、清关通关等环节，整个时间链比普通物流的时间链长、环节多，且涉及电商平台、物流企业、海关、国检、商检、税务、外汇等众多主体，各项信息需环环相扣，其运作自然更为复杂、难度更大。

2. 跨境物流成本较高

跨境物流成本主要包含了运输成本、关税、海外物流成本、国内物流成本、包装费用、转运费用等。跨境电商常常面对大数量小订单，由于我国国内物流企业国际服务能力欠缺，跨境电商卖家为安全实现跨境交付，对于小额订单商品往往通过国际快递邮寄，即使对跨境物流成本进行控制，但是由于很多因素（如海关关税、国外重派、国外仓储等）的不确定性，跨境物流成本依旧居高不下。而且跨境电商物流的运输方式相对单一，基本上不是空运就是海运，容易受到很多限制。因此跨境物流成本远远高出正常物流成本，有可能一笔订单的利润还不够支付快递费用。如中国邮政调整后的美国路向"e邮宝"收费标准已较此前上涨70%，UPS、DHL也通过不同方式，上调了国际快递价格。

3. 物流基础设施不完善

跨境电商物流涉及出入库、运输、报关、查验、清关、仓储、配送等一系列环节。我国国内物流的基础设施建设要实现与目的国或地区的物流信息联通、整合、对接，自主性的网络系统不能实现。

跨境电商物流涉及大量分散性订单，并且要快速完成订单拣选配送、出入库以及退换货处理，因此，对物流系统信息化程度的要求较高。而国内除了个别大型物流企业，大部分跨境电商企业由于发展时间短、自身积累不足、物流信息系统不够先进、智能化物流设备及技术引入较少，因此订单处理速度相对国内物流会更慢、效率低且错误率高、出入库管理存储混乱，有时候还会发生丢件、送错货、货物损坏等问题。

4. 退换货等逆向物流问题严重

逆向物流，又称反向物流，其定义为"从供应链下游向上游运动所引发的物流活动"，是指在电商活动中，由于消费者不满意而导致的退货，或者因质量问题召回返厂、以旧换新等，从最后的销售环节反向往生产环节移动货物的过程。

在跨境电商物流过程中，时效长、清关久、跨国运输等多种原因会导致货损率高，使消费者产生退换货需求。由于跨境电商的逆向物流涉及两个或两个以上的国家和地区，商品退税问题、国家间政策、物流平台沟通不畅等问题导致退换货时间漫长、过程烦琐。很多国家存在"无理由退货"的消费习惯和文化，使得退换货的现象更加普遍。

在我国，就商品的退换所引发的退税问题，海关还没有统一的政策和解决方案，只能依据各个口岸海关自己出具的一些暂行政策来解决。绝大多数海外消费者因高额退换成本、时间流程过长和手续麻烦，最终放弃了退换货的念头，从而给消费者带来了不好的购买体验。

学习活动四 跨境电商物流模式

一、国际邮政物流模式

邮政网络基本覆盖全球，比其他任何物流渠道都要广，主要得益于万国邮政联盟（UPU）和卡哈拉邮政组织（KPG）。邮政物流手续简单快捷，卖方只要提供报关单、收寄件人地址和挂号单，就可以完成投递，报关、商检等手续都会由邮政公司代为完成。据不完全统计，中国出口跨境电商70%的包裹都是通过邮政系统投递。其中中国邮政占据50%左右。

国际邮政物流包括了各国及地区邮政局运营的邮政大包、小包，以及中国邮政速递物流的国际EMS、e邮宝、e特快和e包裹，下面主要介绍一下中国邮政小包和国际e邮宝。

1. 中国邮政小包

中国邮政小包在万国邮联的分类中属于国际函件，除了禁止寄递和超过规定限量寄递的各类小件物品，其他物品都可以通过小包寄递。常见的邮寄商品有电子商品、饰品、配件、服装等。小包可以采用航空、水陆路和空运水陆路三种运输方式，但由于跨境电商的海外消费者对商品时效有着较高要求，因此小包往往通过航空邮路优先发运的方式运输。

中国邮政小包分为平邮小包和挂号小包两种。平邮小包不收取挂号费用也不接受查询，挂号小包在投递时需要收件人签收，并接受用户网上全程跟踪查询服务。

中国邮政小包具有以下几个明显的优点。

（1）运费比较便宜，这是最大的优点。它运达大部分国家的时间并不长，因此属于性价比较高的物流方式。

（2）邮政的包裹在海关操作方面比快递简单很多，享用"绿色通道"，因此小包的清关能力很强，而且中国邮政是万国邮联的成员，因此其派送网络世界各地都有，覆盖面非常广。

（3）中国邮政小包本质上属于民用包裹，并不属于商业快递，因此该方式能邮寄的物品比较多。

但是中国邮政小包也存在着以下一些缺点。

（1）限制重量2千克，阿富汗限重1千克，这就导致如果包裹重量超出2千克，就要分成多个包裹寄递，或者只能选择其他物流方式。

（2）有些国家的运送时间比较长，如俄罗斯、巴西超过40天才显示买家签收是经常现象。

（3）存在许多国家不支持跟踪的现象，中国邮政官方的 183 网站也只能跟踪国内部分，国外部分不能实现全程跟踪，因此卖家需要借助社会公司的网站或登录到寄达国的查询网站进行跟踪，查询显得不方便。总的来说，中国邮政小包属于性价比较高的物流方式，适合寄递重量较轻、数量少、价格要求实惠而且对于时限和查询要求不高的商品。

中国邮政小包通关的注意事项如下。

（1）由于中国邮政小包只是一种民用包裹，并不属于商业快递，海关对个人邮递物品的验放原则是"自用合理数量"，即是以亲友之间相互馈赠自用的正常需要量为限。因此，为了顺利通关，它并不适于寄递太多数量的商品。

（2）限值规定：海关规定，对寄自或寄往境外的个人物品，每次允许进出境的限值分别为人民币 800 元和 1 000 元；对超出限值部分，属于单一不可分割且确属个人正常需要的，可从宽验放。

2. 国际 e 邮宝

国际 e 邮宝主要寄递的商品是价值在 15 美元至 50 美元，单件质量在 2 千克以内的 3C、首饰、服装类别商品。该类邮件寄递时限一般为 7 至 10 个工作日，主要节点可跟踪查询。国际 e 邮宝业务已经开通美国、澳大利亚、英国、加拿大、法国、俄罗斯路向，其主要优点是在国内采用 EMS 快递网揽收、分拣和投递，在国外进入邮政轻小件网络，通关便捷、时效较快、邮费较低。

二、国际商业快递模式

由于邮政小包运输效率低且有一定的不稳定性，国际商业快递应运而生，其相对于邮政物流而言最大的区别在于计费标准与时效性。国际商业快递主要指四大商业巨头——DHL、TNT、UPS 和 FedEx。这些国际快递企业通过自建的较完善的全球物流体系，利用强大的 IT 系统、自有的物流团队和遍布世界各地的本地化服务，为卖家和买家提供极好的物流体验。

（一）DHL

DHL（DHL-SINOTRANS，敦豪航空货运公司）是全球快递、洲际运输和航空货运的领导者，也是全球第一的海运和合同物流提供商。DHL 为客户提供从文件到供应链管理的全系列的物流解决方案。DHL 于 1969 年成立于美国旧金山，DHL 航空通过空中运输来支持 DHL 的商业活动，DHL 本身拥有 4 家航空公司。1986 年中国对外贸易运输（集团）总公司和敦豪国际航空快递公司合资成立了中外运敦豪国际航空快件有限公司，DHL 是进入中国市场时间最早、经验最为丰富的国家快递公司。

DHL 的操作注意事项如下。

（1）物品描述：报品名时需要填写实际品名和数量，不接受礼物或样品申报。

（2）申报价值：DHL 对申报价值是没有要求的，客户可以自己决定填写的金额，建议按货物的实际价值申报，以免产生高额关税及罚金。

（3）收件人地址：DHL 在部分国家不接受邮政邮箱地址，发件人必须要提供收件人电话。

以上资料应该用英文填写，其他语种不行。

（二）TNT

TNT（TNT Express，荷兰快递服务商）是全球领先的快递和邮政服务提供商，总部设在荷兰。TNT 快递提供世界范围内的包裹、文件以及货运项目的安全准时运送服务。TNT 成立于 1946 年，拥有 43 架飞机、2 万辆货车，其国际网络覆盖世界 200 多个国家，提供一系列独一无二的全球整合性物流解决方案。TNT 同时还拥有数量众多的技术先进的分拣中心和完善齐全的设备资源，竭诚为客户提供业界最快捷、最可信赖的门到门送递服务。

早在 1988 年，TNT 就已进入中国市场，在中国拥有 26 个直属运营分支机构，3 个全功能国际快递口岸，拥有国内最大的私营陆运快递网络，服务范围覆盖中国 500 多个城市。

TNT 操作的注意事项如下。

（1）TNT 快递运费不包含货物到达目的地海关可能产生的关税、海关罚款、仓储费等费用。因货物原因无法完成目的地海关清关手续或收件人不配合清关，导致货物被退回发件地（此时无法销毁）所产生的一切费用，如收件人拒付，则需由卖家承担。

（2）若因货物原因导致包裹被滞留，不能继续转运，其退回费用或相关责任由发件人自负。

（3）卖家若授权货代公司代为申报，如因申报原因发生扣关或延误，货代公司大多不承担责任。

（4）如果 TNT 包裹需要申请索赔，则需在包裹上网后 21 天内提出申请，逾期 TNT 不受理。

（5）一票多件计算方式：计算包裹的实重之和与体积重量之和，取其中重量大的。

（6）TNT 不接收仿牌货物，扣关不负责。

（三）UPS

UPS（United Parcel Service，美国联合包裹运送服务）公司成立于 1907 年，总部设于美国佐治亚州亚特兰大市，是世界上较大的快递承运商与包裹快递公司之一。

UPS 业务网点遍布全球 220 多个国家和地区，拥有 49.5 万名员工。2019 年，UPS 成立子公司 UPS Flight Forward Inc.以发展商用无人机配送业务，成为第一家通过美国联邦航空管理局完全认证、获准运营的无人机运营商。

目前，UPS 在中国的服务范围覆盖 330 多个商业中心和主要城市，每周连接中国和美国、欧洲以及亚洲其他国家和地区的航班近 200 个班次。

（四）FedEx

FedEx（FedEx Express，联邦快递国际快递公司）是一家国际性速递集团，提供隔夜快递、地面快递、重型货物运送、文件复印及物流服务，总部设于美国田纳西州孟菲斯。

FedEx 设有环球航空及陆运网络，通常只需一至两个工作日，就能迅速运送时限紧迫的货件，而且确保准时送达。FedEx 于 1984 年进入中国，目前每周有 11 个班机进出中国，是拥有直飞中国航班数目最多的国际快递公司。

三、国际专线物流模式

国际专线物流服务主要是依托发件地与收件地之间的业务量规模，通过整合全球资源，与海外快递公司合作，将货物在国内分拣，批量直接发往特定的国家或地区的物流服务。国际专线物流也是现今跨境电商国际物流较常用的一种运作模式。

专线物流是专门针对某一国家或地区的物流运输方式。按照服务对象的不同，专线物流可以分为跨境电商平台企业专线物流和国际物流企业专线物流。

跨境电商平台企业专线物流是大型电商平台专门为电商平台内上线销售商品的中小企业开发的物流项目，通过在国内设立仓库提供简单易行且成本较低的物流服务。例如，敦煌网的在线发货 e-ulink 专线物流服务就属于这一类型，相同重量货物专线物流的运费大大低于邮政小包。

国际物流企业专线物流则是专门往返于某一国家或地区的物流运输线路，如专业从事中俄两国物流的 XRU——俄速通。为了提升运输效率，专线物流商会在目的地国家设置海外仓，所有的寄送物品都在海外仓中完成分拣、装配等工作，然后统一派送。但专线物流覆盖范围比较狭窄，而且不提供退换货服务。

市面上比较常见的专线物流产品有美国专线、西班牙专线、澳洲专线和俄罗斯专线，也有不少公司推出了中东专线、南美专线和南非专线等，比如针对中东，有中外运安迈世国际快递（Aramex），中欧国际班列也是一种专线运输。专线物流的优势在于其能够集中大批量的货物到某一特定国家或地区，通过规模效应降低物流成本。因此，专线物流的价格较商业快递低，时效方面稍慢于商业快递，但比邮政包裹快很多。

2015 年 6 月，蜜芽网在重庆开仓，部分德国进口商品可通过渝新欧线运抵重庆，开创了国内跨境电商采用国际铁路运输货物的先河。2018 年 8 月，借助航空货运，全国农产品地理标志的浦江葡萄成功进入新加坡、韩国、马来西亚等"一带一路"相关国家市场。

四、海外仓模式

海外仓物流服务是指卖家在销售目的地进行仓储、分拣、包装及派送的一站式控制及管理服务，主要是通过传统方式运送货物到海外仓，可以大大降低物流成本，提升发货速度，但不是所有商品都适合使用海外仓，最好是库存周转率快、流动性高的商品。

自2014年开始，国务院发布的《关于支持外贸稳定增长的若干意见》等一系列跨境电商政策文件中均提及了海外仓，鼓励跨境电商企业通过规范的海外仓等模式，融入跨境零售体系。而在2015年由商务部发布的《"互联网+流通"行动计划》中明确，进一步深化电子商务应用，促进跨境电商发展，助力企业拓展海外市场。

五、其他模式

（一）边境仓

边境仓是指在跨境电商目的国的邻国边境内租赁或建设的仓库，卖家通过物流将商品预先运达边境的仓库，当客户在电商平台下单后，卖家接收到信息将货物从该仓库进行发货。

边境仓的运营成本稍低于海外仓，但在时效方面比海外仓慢1~2天。比如对于一些新兴国家（如俄罗斯、巴西等国），清关环节流程多、费用高、税收政策严格，所以边境仓与海外仓的结合可大大便利中方与俄罗斯、巴西等国家的跨境电商贸易。2014年6月，首个对俄边境仓在哈尔滨落户并开仓。对目前实力比较薄弱的发展型电商企业来说，边境仓是一个很好的选择。

（二）自由贸易试验区

自由贸易试验区属于自由贸易园区，它是指在某一国家或地区境内设立的实行优惠税收和特殊监管政策的小块特定区域。

2013年9月—2018年4月，国务院先后批复成立上海、广东、天津、福建、辽宁、浙江、河南、湖北、重庆、四川、山西和海南12个自由贸易试验区。

2018年11月23日，《国务院关于支持自由贸易试验区深化改革创新若干措施的通知》发布。

2019年8月2日，《国务院关于印发6个新设自由贸易试验区总体方案的通知》发布。

2020年9月21日，《国务院关于印发北京、湖南、安徽自由贸易试验区总体方案及浙江自由贸易试验区扩展区域方案的通知》发布。

2021年7月9日，中央全面深化改革委员会第二十次会议，审议通过了《关于推进自由贸易试验区贸易投资便利化改革创新的若干措施》。

（三）保税区

保税区是一国海关设置的或经海关批准注册、受海关监督和管理的，具有国际中转、国际采购、国际配送、国际转口贸易、商品展示、出口加工、储存、改装、分类、口岸等功能的特殊经济区。

在中国，保税区是经国务院批准设立的、海关实施特殊监管的经济区域，是我国目前开放度和自由度最大的经济区域。

运入保税区的货物可以进行展览以及加工制造，但必须处于海关监管范围内。保税区的商品暂时不需要向海关缴纳进口关税、增值税、消费税等税收，只有当客户下订单之后，卖家将信息对接清关信息系统，发货出保税区进行配送时才需要缴纳进口税，这可降低企业成本。

我国第一个保税区是1990年国务院批准建立的，现已建有上海外高桥、天津港、深圳福田、沙头角、盐田港、大连、广州、张家港、海口、厦门象屿、福州、宁波、青岛、汕头、珠海、合肥16个保税区，主管部门是海关总署。

（四）保税港区

保税港区是指经国务院批准，设立在国家对外开放的口岸港区和与之相连的特定区域内，具有口岸、物流、加工等功能的海关特殊监管区域。

保税港区的功能具体包括仓储物流、对外贸易、国际采购、分销和配送、国际中转、检测和售后服务维修、商品展示、研发、加工、制造、港口作业等。保税港区是世界自由港在中国的一种特殊表现形式，是"中国化"的自由贸易港。

我国现已批复14个保税港区，如上海洋山港保税港区是经国务院批准设立的国内首个保税港区；重庆两路寸滩保税港区是唯一一个位于中国内陆地区、第一个采取"水港+空港"方式的保税港区；江苏张家港保税港区是第一个位于县域口岸的保税港区；山东烟台保税港区是全国第一家以出口加工区和临近港口整合转型升级形成的保税港区。

（五）集货物流

集货物流是指先将分散的或小批量的物品集中起来，达到一定数量或形成一定规模后，通过与国际物流公司合作，将商品进行运输、配送的模式。

复习与思考

一、名词解释

1. 国际物流模式。
2. 直邮物流模式。
3. 跨境电商物流。
4. 邮政包裹。
5. 边境仓模式。

二、简答题

1. 常见的国际物流方式有哪些？
2. 中国的跨境物流的特征是什么？
3. 简述跨境电商物流的现状与发展趋势。

4. 简述跨境电商物流发展中面临的问题。
5. 跨境电商物流模式有哪些？

三、案例分析

宁波跨境电商亮出最新战报：布局全球海外仓 203 个

"我们在全球设有数十个国际一流的物流中心，总仓储面积突破 40 万平方米。"面对专程到访的商务部研究院信用所副所长王惠敏一行，宁波豪雅进出口集团有限公司总经理吴威自豪地说，随着跨境电商业务的发展，扩仓仍将是公司下一步的战略重点。

作为国家重点培育的外贸三大新业态之一，宁波市跨境电商异军突起，成为稳外贸的重要力量。海关数据显示，自 2020 年 7 月 1 日试点跨境电商出口海外仓模式，至 11 月底，宁波市通过跨境电商出口海外仓的总值就达 7.9 亿元。市商务局估算，截至 2020 年底该数值预计突破 10 亿元。

"海外仓，顾名思义就是设在海外的仓库。跨境卖家将出口货物通过跨境物流送抵海外仓，在电商平台完成销售后，再经过'最后一公里'的尾程配送，将商品送达消费者。"遨森电商董事长严光耀说，依托"跨境电商+海外仓"模式，公司在新三板中大放异彩。仅去年前三季度，遨森就实现净利润 2.486 亿元，同比增长 1 936.4%。

海外仓在稳定跨境供应链方面的优势凸显。除了贸易公司、物流公司，不少工贸一体化企业也开始涉足跨境电商。记者发现，在 2020 年浙江省公布的 5 个省级公共海外仓中，宁波独占两席，分别是宁波发现国际物流有限公司以及工贸一体企业转型的典型代表宁波赛兰特汽车部件有限公司。广交会上总理视频连线的宁波乐歌在海外仓赛道上更是奋勇争先，布局海外仓面积累计超 20 万平方米，一年可流转上万个高柜，预计可帮助 100 家以上中小外贸企业延伸价值链跨境出海。外贸"龙头"中基宁波集团也重仓布局跨境电商。"中基在欧美共布局了 14 个海外仓，总面积 22 万平方米，并且已经与头程管理、尾程配送等环节无缝对接，搭建了'供应链数字化、物流可视化、电商仓配一体化'的跨境电商服务体系。"公司负责人周巨乐表示。

截至目前，宁波市共有 66 家企业在全球 20 个国家（地区）建设经营海外仓 203 个，总面积达 200.48 万平方米，居全国前列。

"去年，我市跨境电商进出口额为 1 486.8 亿元，同比增长 16%。跨境电商占全市外贸比重将进一步提升。"宁波市商务局负责人表示，宁波作为开放大市，在跨境电商布局上已经先人一步，未来更要争做表率，争当示范。

1. 中国跨境电商物流发展的趋势是什么？
2. 谈谈 2021 年中国跨境电商物流企业的新动态。

学习任务七 跨境电商支付

案例导入

跨境电商企业的支付痛点在哪里

今天,在跨境企业急速发展的时代,使用跨境支付平台的支付费率成本、支付方式以及账户的安全,已然成为影响全球商家利润的重要因素。跨境支付的一系列行业痛点,也被越来越多地关注并期待解决。

一、汇率损失

某跨境企业业务遍及全球,在世界主要城市都有自己的办公点,全球性的业务涉及多国货币的结算,而长期以来其合作的支付机构仅仅结算单一货币,导致该企业在汇率方面的巨大损失。由于在汇率方面的长期损失,企业本身发展受到严重制约,行业竞争力也在逐步下降。

二、本地化支付不足

某跨境服装企业,专注于对欧服装的在线清算,但整套流程下来,订单转化率非常低,且支付的成功率仅在 60%左右。原支付页面对客户付款的引导展示不足,且未提供当地受欢迎的本地化支付方式,因此造成购物车不付款的现象非常明显。

三、跨境融资难

在每年采购旺季,订单和备货需求增多,跨界电商企业一方面需要大量备货,另一方面也需要招聘人手和扩大办公空间,但这些项目往往需要资金投入。

作为跨境轻资产企业,向银行贷款难、三方贷款费用高、销售旺季资金回笼慢成了极大的融资痛点。而传统金融机构却极少为他们提供合理的融资服务,客户也很难获得个性化金融产品和服务。

四、跨境汇款手续烦琐

虽然跨境汇款方式多样,但是摆脱不了法律法规的相关条款限制,而且汇款手续费与汇率的成本较高、汇款周期长、手续烦琐,存在着较大的支付风险。

五、支付安全防不胜防

在跨境电商交易过程中,一些不法分子利用电子邮件诈骗和网络钓鱼,伪造来自银行或供应商的电子邮件或电话进行诈骗。这些欺诈手段在他们的巧妙伪装下花样百出,让人难以分辨真假,如木马程序和网址嫁接使大量的人都成为受害者。

学习任务七　跨境电商支付

学习目标

1. 掌握跨境电商支付的概念，了解跨境电商支付工具的演变与发展。
2. 掌握跨境电商支付的分类，理解几种主要支付方式的优缺点及适用情况。
3. 理解并能分析影响跨境电商支付方式的选择因素。
4. 熟知跨境电商支付风险来源，树立支付风险防范意识。

本章知识脉络图

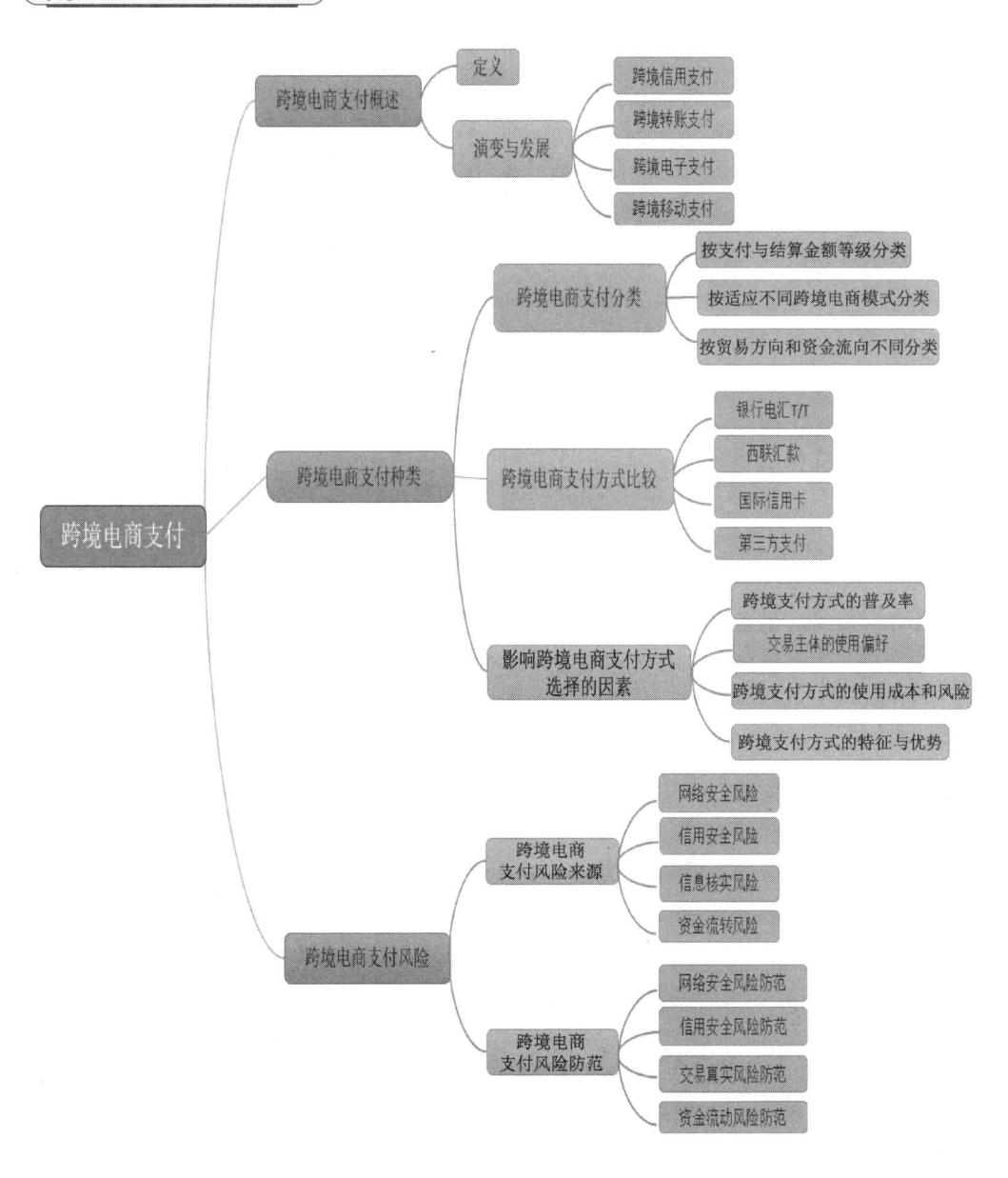

- 跨境电商支付
  - 跨境电商支付概述
    - 定义
    - 演变与发展
      - 跨境信用支付
      - 跨境转账支付
      - 跨境电子支付
      - 跨境移动支付
  - 跨境电商支付种类
    - 跨境电商支付分类
      - 按支付与结算金额等级分类
      - 按适应不同跨境电商模式分类
      - 按贸易方向和资金流向不同分类
    - 跨境电商支付方式比较
      - 银行电汇T/T
      - 西联汇款
      - 国际信用卡
      - 第三方支付
    - 影响跨境电商支付方式选择的因素
      - 跨境支付方式的普及率
      - 交易主体的使用偏好
      - 跨境支付方式的使用成本和风险
      - 跨境支付方式的特征与优势
  - 跨境电商支付风险
    - 跨境电商支付风险来源
      - 网络安全风险
      - 信用安全风险
      - 信息核实风险
      - 资金流转风险
    - 跨境电商支付风险防范
      - 网络安全风险防范
      - 信用安全风险防范
      - 交易真实风险防范
      - 资金流动风险防范

学习活动一　跨境电商支付概述

一、定义

跨境支付（Cross-border Payment）指两个或两个以上国家或地区之间因国际贸易、国际投资及其他方面所发生的国际间债权债务借助一定的结算工具和支付系统实现资金跨国和跨地区转移的行为。跨境电商支付是指不同国家或地区之间基于跨境电商平台（如 B2B、B2C 等）达成交易、进行支付结算的线上支付活动。

跨境电商支付与国内电商支付最大的区别是资金来源，中间涉及外币与人民币兑换，国内电商支付相对就简单很多，没有这些具体的限制。如中国消费者在网上购买国外商家产品或国外消费者购买中国商家产品时，由于币种不一样，就需要通过一定的结算工具和支付系统实现两个国家或地区之间的资金转换，最终完成交易。

跨境电商支付伴随着商品进出口而发生，具有以下特点。

（1）跨境支付与结算产生的原因是国际经济活动引起的债权债务关系。

（2）跨境支付与结算的主体是国际经济活动中的当事人。

国际经济活动中的当事人含义依据不同的活动而定。如在货物买卖中，当事人是指双方营业地处在不同国家（或地区）的人，且有银行参与。

（3）跨境支付与结算是以特定的工具进行支付的。

跨境支付与结算的工具一般为货币与票据。一方面，由于国际支付当事人一般是跨国（或地区）之间的自然人、法人，而各国（或地区）所使用的货币不同，这就涉及货币的选择、外汇的适用，以及与此有关的外汇汇率变动带来的风险问题；另一方面，为了避免直接运送大量货币所引起的各种风险和不便，就涉及票据或凭证的使用问题，与此相关的是各国（或地区）有关票据或凭证流转的一系列复杂的法律问题。

（4）跨境支付与结算是以一定的支付方式来保障交易的安全。

在国际贸易中，买卖双方通常从自身利益考虑，总是力求在货款收付方面能得到较大的安全保障，尽量避免遭受钱货两空的损失，并想在资金周转方面得到某种融通。这就涉及如何根据不同情况，采用国际上长期形成的不同的支付方式，以处理好货款收付中的安全保障和资金融通问题。

（5）跨境支付与结算的收付双方通常处在不同的货币圈，是异地结算中的特殊情况。

（6）由于收付双方处在不同的法律制度下，受到相关法律的限制，不能把一方的通行情况施之于对方，而只能采用国际结算的传统惯例，协调双方之间的关系，并相互约束。

（7）国际支付与结算必须以收付双方都能接受的货币为支付结算货币，为了支付方便和安全，一般采用国际通行的结算货币，如美元、欧元、英镑等，特殊情况下也有例外。

（8）跨境支付与结算主要通过中间人——银行进行支付结算，以确保支付过程安全、快捷、准确、保险以及便利。

（9）由于跨境支付与结算一般以不同于支付双方本国（或本地区）的货币为支付结算货币，因此结算过程中有一定的汇兑风险。

二、演变与发展

随着人类社会经济和技术的发展，跨境电商支付工具作为商品交换和贸易发展的产物，经历了跨境信用支付、跨境转账支付、跨境电子支付和跨境移动支付四个阶段，承载支付工具不断演变的载体——货币也从实物货币、信用货币，发展到了电子货币、数字货币。

（一）跨境信用支付

典型的信用货币是纸币，因纸币使用方便、便于携带和匿名交易等优点，该阶段现金交易最为频繁，但因现金易磨损、易伪造、易丢失、易被盗和仅适合小额交易，且安全性和便利性存在问题，故后期出现了汇票、本票和支票等其他信用货币。

银行业对汇票、本票和支票有着具体的定义范围。汇票可以理解为是一张命令书，是指由出票人签发的，委托付款人见票时或在指定日期无条件支付确定的金额给收款人或出票人的票据；本票可以理解为一张欠条，是指由出票人签发的，承诺自己在见票时无条件支付确定的金额给收款人或持票人的票据；支票可以理解为一种特殊的命令书，是指由出票人签发的，委托办理支票存款业务的银行或其他金融机构在见票时无条件支付确定的金额给收款人或持票人的票据。因此，信用支付是人类传统跨境贸易的主要支付形式。

（二）跨境转账支付

电子资金转账（Electronic Funds Transfer，EFT）的使用已有 40 多年，也称为电汇，即通过私有通信网络进行账户交易信息的电子传递。电子资金转账最初用于企业支票账户间的资金转账，后来使用范围逐渐扩大，包括向员工账户支付工资、自动归还贷款，以及政府向个人支付款项等。

电子数据交换（Electronic Data Interchange，EDI）是在两个不同的企业之间使用某种标准的数据格式进行的计算机到计算机之间数据的传递。相互传递信息的两家企业是贸易合作伙伴。EDI 是被跨境电商广泛采用的支付形式之一，它一直是 B2B 交易中最常用的技术。目前企业间基于 EDI 交易的总金额大约等于企业采用基于其他技术开展 B2B 电子商务交易的总和。

20 世纪 60 年代，很多企业意识到企业间相互传递的很多单据都与商品的运输有关，比如发票、采购订单、提货单等。对每笔交易，这些单据所包含的信息基本是相同的。企业还意识到要花费大量时间和金钱将这些数据录入计算机，再打印出纸质表格，接着交易的另一方又要将数据再次输入他们的计算机中。

虽然每笔交易中的采购订单、发票和提货单包含的信息大部分相同，如商品编码、商品描述、价格和数量，但每张纸质单据又有各自不同的格式来显示这些信息。通过建立一系列的标准格式来传递电子信息，企业可以减少失误，节省文件打印和邮寄成本，消除数据的重复录入。

到 20 世纪 90 年代，使用 EDI 的企业所面临的一个问题是高昂的实施成本，要求网络中每一家公司都各自拥有专属于自己的安装有 EDI 转换软件的计算机，这就是直接连接 EDI。后来增值网络（Value Added Network，VAN）在所有贸易伙伴间建立起直接的网络连接，增值网的用户通过使用专用电话线或拨号电话线连接到 VAN，然后将 EDI 格式的信息转发到 VAN。VAN 将收到的消息记录到计算机中，然后发送到贸易伙伴在 VAN 中的邮箱，贸易伙伴再通过联网到 VAN，从自己的邮箱中取回 EDI 格式的信息。综上所述，VAN 为交易伙伴双方提供连接服务，并负责确保数据传递的安全，这就是间接连接的 EDI。

（三）跨境电子支付

随着 Internet 在全球的普及应用，电子支付系统也真正实现网络化。其支付工具被称为电子货币，如电子钱包、数字现金等。电子货币本质上就是一种使用电子数据信息表达，通过计算机通信网络进行金融交易的货币。

这种货币在形式上已经与纸币等实物形式无关，而表现为一串串的特殊电子数据。它具有"网络货币"的特点，即以 Internet 为基础，以计算机技术和通信技术为手段，以电子数据形式存储在计算机中，并且通过计算机网络系统传递，实现其流通和支付功能。电子货币与传统的实物货币和信用货币相比，优点显著。电子货币的使用和流通更加方便与快捷，而且安全、成本低，尤其解决了跨境电商线上与线下的诸多支付问题。

2020 年，零接触的服务需求增长，作为支付宝母公司的蚂蚁集团推出"Alipay+"解决方案，通过和全球伙伴合作，连接全球商户和电子钱包用户，帮助商家抓住全球更多的商机，让消费者无论身在何处都可以享受本地化的数字生活和服务。

东盟和南亚约 78% 的消费者开始更频繁地使用数字生活服务。在马来西亚、泰国、印尼和菲律宾，当地用户通过电子钱包，用零接触的方式捐款超过 60 万美元，为当地弱势群体购买食物和口罩。此外，巴基斯坦当地电子钱包 Easypaisa、孟加拉国的 bKash 等都上线了当地政府发放补贴的功能，帮助低收入人群度过难关。2018 年 6 月，中国电子钱包 Alipay 和菲律宾电子钱包 GCash 之间率先实现了区块链技术支持的跨境汇款服务。该服务为菲律宾务工者提供了 7 天×24 小时/天更快捷、更安全的跨境汇款体验，交易时间从之前的 3 天多缩短到了不到 30 秒。

电子支付、电子货币可以说是跨境电商支付历史上的一次重大变革，这个变革是由网络信息技术的巨大进步促成的。

（四）跨境移动支付

移动支付是指移动客户端（简称 C 端）利用手机等电子产品来进行电子货币支付，移动支付将互联网、终端设备、金融机构有效地联合起来，形成了一个新型的支付体系。2021 年 2 月 1 日，中国银联发布了《2020 移动支付安全大调查研究报告》。报告显示，通过对全国超过 17 万人的调查分析，98%的受访者选择把移动支付作为最常用的支付方式。2020 年平均每人每天使用移动支付的频率是 3 次。此外，二维码支付已经成为人们最常用的移动支付方式，用户占比超过 85%。这意味着移动支付开创了新的支付方式，使电子货币进化为数字货币并开始普及。

跨境移动支付是相对于本地移动支付而言的，它的快速发展得益于第三方跨境支付技术与行业的发展，跨境移动支付以其快速、便捷、安全性高等特点，为跨境电商、境外线下商务的交易双方广泛使用。庞大的 B2C 跨境电商交易市场是跨境移动支付发展的沃土，给普通消费者在境外购物、饮食、旅游和娱乐等方面的付款带来了更多的便利。

近年来 C 端线上支付发展受到制约，一方面是由于跨境进口电商市场趋于饱和、增速放缓，且一部分电商平台逐渐将收单收款业务交由支付宝国内、微信国内端负责，再自行进行后续购汇款；另一方面垂直支付领域规模也将逐渐缩小，因其存在单笔支付金额较大、部分交易无法还原真实性等问题，因此将面临更加严格的管控。

反观 C 端线下跨境支付部分，则主要以国人出境游期间的境外线下消费为主，国人出境游开始越来越习惯首选手机支付。2020 年，C 端线下支付规模大幅缩水，然而随着出境旅游及出国留学消费市场的恢复，其增速将回归高位线，规模最终有望超过线上领域。

学习活动二　跨境电商支付种类

随着跨境消费需求的不断提升和相关政策的不断完善，跨境支付迎来快速发展，可供用户选择的支付种类也越来越多，形式也越来越灵活。

一、跨境电商支付分类

（一）按支付与结算金额等级分类

跨境电商支付按跨境电商支付与结算金额等级分类可分为微支付、消费者级支付和商业级支付三类。

1. 微支付

微支付是指在跨境电商中，经常发生一些小额的资金支付（少于 10 美元），例如，Web 站点为用户提供有偿的搜索服务、下载一段音乐、发送一个短消息等。目前短消息费用从手机费扣除可理解为微支付，因为这么小的费用很难采用一般的支付方式。由于网络的快速普及,这样的小额资金支付经常发生。因此,企业与银行发展一个良好的微支付系统将大大有利于数量众多的小额资金网络服务的开展。

支付宝(Alipay)和微信(Wechat)早已开放了跨境电商支付功能,无论是微支付还是小额支付,无论境内消费者是在境外消费还是在境外跨境电商平台上购物,都可以付款。即便是境内用户跨境付款给境外商家、朋友或境外用户跨境支付给境内商家、朋友,也可以通过支付宝国际汇款实现,非常方便快捷。

2. 消费者级支付

消费者级支付是满足个人消费者和商业(包括企业)部门在经济交往中一般性支付需要的支付服务系统,亦称小额零售支付系统,通常满足价值在 5~100 美元的网络业务支付,中国相应为 5~1 000 元人民币。小额支付处理的支付交易金额虽不是很大,但支付业务量很大(占总支付业务数量的 80%~90%),所以这类系统必须具有极强的处理能力,才能支持跨境电商活动中产生的大量支付交易。

LiqPAY 是一个小额支付系统,对最低金额和支付交易的数量没有限制并立即执行。LiqPAY 使用客户的移动电话号码作为其标识,一次性付款不超过 2 500 美元,账户存款是美元,如果是另一种货币,将根据 LiqPAY 内部汇率折算。

3. 商业级支付

商业级支付方式是按美国标准发生的支付金额服务系统,亦称中大额资金转账系统,通常为价值大于 1 000 美元的业务。一般来说,跨行之间、银行与企业间发生的支付金额较大,安全可靠性要求高,这些支付属于中大额支付系统处理的业务,占社会支付总额的 80%以上。常见的商业级网络支付方式主要有金融 EDI(FEDI)、信用卡支付、电子汇兑系统、电子支票、中国国家现代化支付系统(CNAPS)、网络银行系统等。

(二)按适应不同跨境电商模式分类

电子商务的主流分类方式就是按照开展电子商务的实体性质分类,即分为 B2B、B2C、C2C、M2C 和 O2O 跨境电商等类型。根据这些不同类型的电子商务实体实力、资金流通量大小和一般支付习惯等来考虑,跨境电商支付主要分为以下两类。

1. 适应 B2B 跨境电商的支付类别

B2B 模式涉及的资金量较大,主要采取传统跨境大额交易平台模式,为境内外会员商户传递采购商和供应商等合作伙伴的服务信息和商品信息,构建网络营销平台,促进双方交易的完成。中国制造网、阿里巴巴国际站等即属于此类。大宗交易平台仅提供卖家和买家信息,提供商家互相认识的渠道,因而结算主要以线下支付为主,涉及的金额较大,更类似于传统对外贸易,主要有汇付(Remittance)、信用证、托收、西联汇款等方式。

(1)汇付又称汇款,即付款人主动通过银行或其他途径将款项汇给收款人,是最简单的支付方式。汇付方式通常用于预付货款、货到付款,还用于订金、货款尾数、佣金等小金额的支付。汇付的种类有信汇(M/T)、电汇(T/T)和票汇(D/D)。

（2）信用证指由银行（开证行）依照申请人的要求和指示或自己主动，在符合信用证条款的条件下，凭规定单据向第三者受益人或其指定方进行付款的书面文件，即信用证是一种银行开立的有条件的承诺付款的书面文件。

（3）托收指在进出口贸易中，出口方开具以进口方为付款人的汇票，委托出口方银行通过其在进口方的分行或代理行向进口方收款的一种结算方式。托收属于逆汇，因为在托收中，作为结算工具的单据的传送与资金的流动呈相反的方向。另外，托收也属于商业信用。银行完全根据卖方的指示来处理，到底银行是否能收到货款，依靠买方的信用。最常用的托收类型是光票托收和跟单托收。

（4）西联汇款（Western Union）是西联国际汇款公司的简称，是世界上领先的特快汇款公司，它拥有全球最大、最先进的电子汇兑金融网络之一，代理网点遍布全球近200个国家和地区，可以在全球大多数国家的西联代理所在地汇出和提款。西联手续费由买家承担。需要买卖双方到当地银行实地操作，西联在卖家未领取款项前，买家随时可以将支付出来的资金撤销回去。国内多家银行都是西联的合作伙伴，如光大银行、邮储银行、建设银行等。

2. 适应 B2C 跨境电商的支付类别

如亚马逊、ebay、速卖通、Shopee、天猫国际、米兰网、兰亭集势等以零售、小额批发为主的 B2C 平台，主要提供交易、在线支付、物流、纠纷处理、售后等服务。这种平台模式多采用线上支付，第三方支付机构是其主要的支付方式，同时也支持西联汇款和 T/T 等线下支付方式。下面简单介绍国内外应用较为广泛的第三方支付机构。

（1）信用卡收款，跨境电商网站可通过与 Visa、MasterCard 等国际信用卡组织合作，或者直接与海外银行合作，开通接收海外银行信用卡支付的端口。目前国际上五大信用卡品牌分别为 Visa、Mastercard、America Express、Jcb、Diners club，其中前两个被广泛使用。信用卡收款适合从事跨境电商零售的平台和独立 B2C。

（2）PayPal 是跨境电商平台 ebay 旗下的第三方支付平台，国际知名度较高，尤其受美国用户信赖。它在 190 个国家和地区支持 23 种货币，目前在跨境交易中得到超过 90% 的卖家和超过 85% 的买家认可和使用。PayPal 与各大知名跨境电商网站合作，收取一定数额的手续费。PayPal 适合零售行业，跨境小额交易。

（3）Payoneer，简称 P 卡，是 2005 年于美国成立的跨境资金下发公司，是亚马逊目前唯一官方推荐的收款方式，提供全球支付解决方案，还可以像美国公司一样接收 B2B 资金。目前使用 Payoneer 的中国电商卖家用户超 10 万个，全球用户超 400 万个。除了电商平台打款，其业务还包括海外互联网公司的资金下发。中国公民用身份证即可完成 Payoneer 账户的在线注册，并自动绑定美国银行账户和欧洲银行账户，像欧美企业一样接收欧美公司的汇款，并通过 Payoneer 和中国支付公司的合作完成线上的外汇申报和结汇。Payoneer 适用于单笔额度比较小，但是客户群分布比较广的跨境电商卖家。

（4）PingPong 金融是 2014 年成立的国内首家跨境收款平台，专注为中国跨境电商提供亚马逊收款服务。其受中国和美国政府监管，在美国持有支付牌照，和国内四大银行有合作，接受中美两边监管，安全性上相对比较高。

（5）Airwallex（空中云汇）是由腾讯、万事达、红杉中国共同投资的跨境交易平台，公司致力于打造全球跨境支付一体化平台，业务涵盖跨境交易中的跨境收款、付款和多种货币的兑换。Airwallex 发展迅猛，产品已经应用在跨境电商、跨境 OTA、跨境物流、在线教育、留学缴费等行业。Airwallex 的产品能够帮助中小企业获得更快捷、更高性价比的支付体验，同时帮助京东等有跨境业务的平台更好地服务于商家。

（6）财付通公司是中国领先的支付平台，是首批获得中国人民银行支付业务许可证的专业第三方支付大型企业，长期致力于为互联网用户和各类企业提供安全、便捷、专业的支付服务。现阶段，财付通公司的支付业务类型包括网络支付、银行卡收单及跨境支付，客户类型包括个人客户及商户，业务范围覆盖全国。财付通跨境支付及国际业务的主要应用场景为跨境电商外汇支付业务。

（三）按贸易方向和资金流向不同分类

1. 跨境电商进口购汇支付

跨境电商进口业务涉及跨境购汇支付，国内银行购汇汇出、境外电商接受人民币支付、第三方购汇支付等是主要的购汇途径。其中第三方购汇支付的流程为：在跨境电商平台上，境内消费者提交订单后，通过国内第三方支付机构付款，第三方支付机构和境外卖家会同时接收到订单信息，第三方机构会从消费者在该机构中设置的合作银行进行购付汇操作，将商品货款转付给境外卖家，同时把相关支付信息传递给境外卖家，卖家通过跨境物流运输商品，最终消费者拿到所购买商品。

2. 跨境电商出口结汇支付

跨境电商出口业务涉及跨境收入结汇，结汇途径主要包括以下几种：以结汇或个人名义拆分结汇流入、国内银行汇款、第三方收结汇等。其中，在跨境电商平台上，境外消费者下单成功后，海外第三方支付机构和境内卖家都会接收到订单信息，境外消费者通过银行、信用卡组织、支付公司等方式向 PayPal 等海外第三方支付机构支付商品货款，海外第三方支付机构会通过收结汇的模式与中国合作的第三方支付机构进行交易，向境内卖家支付商品货款，卖家通过跨境物流运输商品，境外消费者收到商品后确认收货。第三方跨境支付企业参与跨境电商流程如图 7-1 所示。

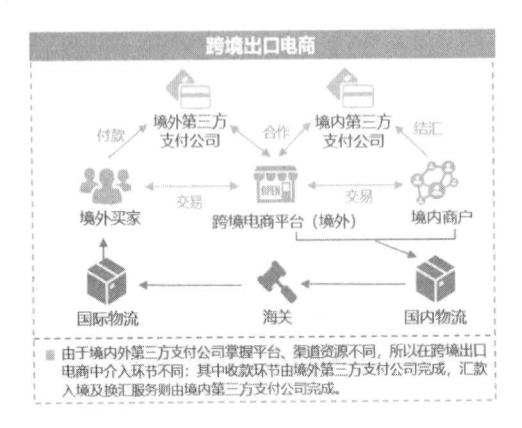

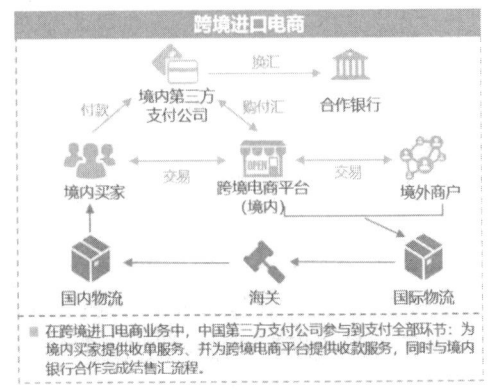

图 7-1 第三方跨境支付企业参与跨境电商流程

二、跨境电商支付方式比较

1. 银行电汇 T/T

在传统贸易结算中，银行电汇是一个重要的结算方式，此种方式也适用于跨境电商较大金额的付款。

（1）优点：跨境电商交易中，如果选择银行电汇，通常会要求先付款后发货的前 T/T 模式，以此确保卖家利益不受到损害；在汇款手续费方面，银行设置了最高限，但对汇款金额没有限制，对汇款人的身份也不限制。

（2）缺点：办理汇款业务一般需要汇款人亲自到银行柜台处理，受到时间和空间的限制；银行电汇比新兴线上跨境支付工具有着更高的手续费；卖方选择前 T/T 的方式会将风险转嫁到买方，使得交易不能快速完成；不适合小额外贸交易；出于安全考虑，部分买家只同意电汇到中国卖家的对公账户，因此更适合 B2B 公司；对银行信息要求非常高，有时候会因为银行分行地址不正确或 SWIFT 代码不被接受而导致款项退回。

2. 西联汇款

西联汇款的电子汇兑金融网络发达，全球覆盖面广，在中国有多家合作银行，对于 1 万美元以下的中等交易金额尤其适用。

（1）优点：收款人不承担手续费；采用全球安全的电子系统，商家可通过密码对款项信息进行核实，确保每笔汇款及时、安全达到；汇款手续简便，汇款速度快；代理网点众多，包括机场、火车站、邮局、银行和外币兑换点等；西联汇款还联合国内银联电子支付完善了在线汇款方式，可将汇款从线下转变为线上，增加了便利性。

（2）缺点：手续费由买家承担，尤其在小额款项中收费相对较高；如果买卖双方是初次交易，采取先付款后发货的方式，买家可能会因为承担的风险较大而放弃交易；当前只能用单一美元货币结算汇款。

3. 国际信用卡

国际信用卡同时具备了信贷功能和支付功能，可以进行透支消费，在一定期限内，还能享有免息还款的权利。在跨境电商 B2C 零售交易平台，国际信用卡支付方式适合进行低于 1 000 美元的小额支付。

（1）优点：消费者付款过程操作便捷，简单方便；欧美地区客户有着提前消费的习惯，信用卡保有量大；信用卡支付在恶意拒付的情况下会直接对持卡人的信用状况造成影响，这就有效降低了可能存在的拒付风险；如果信用卡交易过程中出现纠纷，银行会对当笔交易的金额进行冻结，而不是对持卡人的整个账户进行冻结。

（2）缺点：为支付网关的通道维护，国际信用卡需要支付开户费和年服务费；接入方式麻烦、需预存保证金，付款额度偏小；存在一定的拒付风险；通常情况下，信用卡会对信用额度进行限制，有的还会限制日交易额和单笔交易额；不同的国家有不同的信用卡普及率，如中东等地区和国家中，信用卡持卡率明显较低。

4. 第三方支付

第三方支付是指具备一定实力和信誉保障的独立机构，通过与银联或网联对接而促成交易双方进行交易的网络支付模式。传统的线下跨境支付模式已经无法满足小额跨境消费支付需求，这就为跨境电商的第三方支付方式提供了生长的土壤，如 PayPal、Moneybookers、Payoneer、WebMoney 等众多在线支付方式层出不穷，第三方支付比线下支付方式更适合于跨境电商零售业务，也受到了更多个人和企业的喜爱。2020 年中国第三方跨境支付行业图谱如图 7-2 所示。

（1）优点：支付过程方便快捷，支付成本较低；网络环境下不再受到时空分布的影响，能随时完成跨境支付业务；在第三方支付平台的担保下，买卖双方能更好地达成跨境交易。

（2）缺点：第三方支付平台有着较高的提现手续费；收款方的资金容易出现沉淀，如果流动性管理效率不高，可能导致支付风险和资金安全问题；当前未实施强制性付款约束，第三方支付机构一般会偏向交易纠纷中的客户利益，对卖方不利。

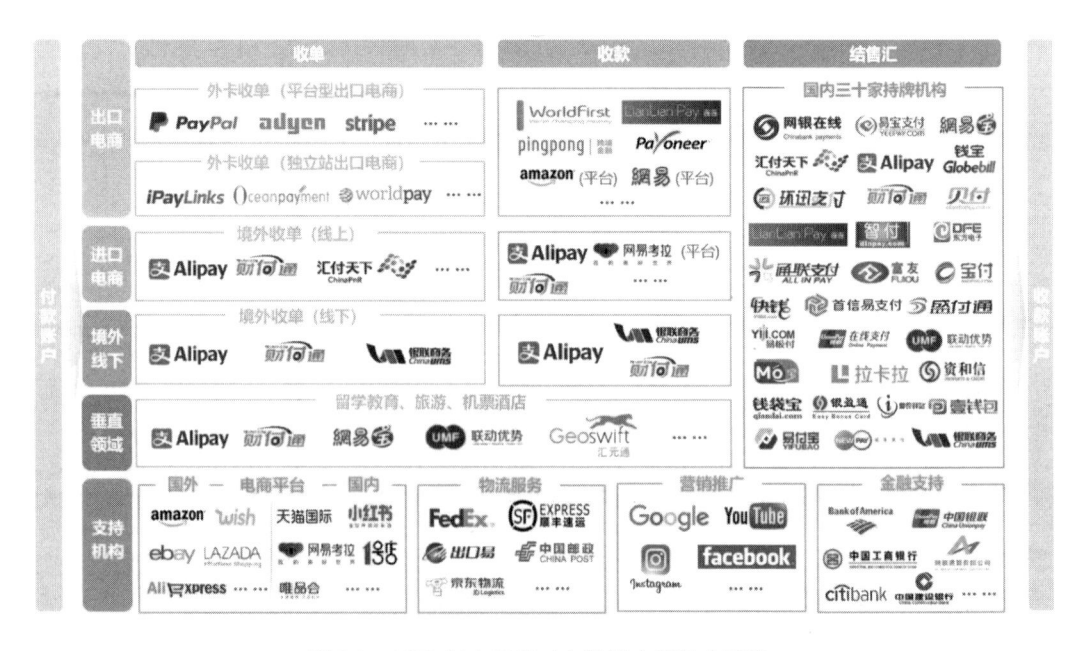

图 7-2　2020 年中国第三方跨境支付行业图谱

> ◼ 小资料 ◼
>
> **国内第三方支付平台**
>
> 1. 财付通公司
>
> 财付通公司是中国领先的支付平台,是首批获得中国人民银行支付业务许可证的专业第三方支付大型企业,支付业务类型包括网络支付、银行卡收单及跨境支付,客户类型包括个人客户及商户,业务范围覆盖全国。跨境支付及国际业务的主要应用场景为跨境电商外汇支付业务。
>
> 2. 连连支付
>
> 连连支付是中国国内收款的集大成者,国内的很多支付通道都是连连支付公司的。截至2018年6月底,连连支付已经服务于中国超过30万个跨境电商卖家,跨境支付交易量超过200亿元人民币,成为国内跨境支付交易规模最大的支付公司。
>
> 3. PingPong金融
>
> PingPong金融是2014年成立的国内首家跨境收款平台,专注为中国跨境电商提供亚马逊收款服务。其受中国和美国政府监管,在美国持有支付牌照,和国内四大银行有合作,接受中美两边监管,安全性上相对比较高。
>
> 4. UMPAY联动支付
>
> UMPAY联动支付由中国移动、中国银联的合资公司联动优势推出,于2017年获得中国人民银行支付业务许可证,主营业务有人民币收款和外币、人民币结算,跨境金融服务,移动营销和其他增值服务。
>
> 5. 网易支付
>
> 网易支付是少数拥有第三方支付、跨境外汇、跨境人民币全牌照的第三方支付机构,受中国人民银行和国家外汇管理局监管。网易跨境收款平台属于网易支付旗下,为出口电商卖家提供费率低、到账快、流程便捷、安全合规的服务,帮助卖家简化海外收款、结汇等流程,平台提现最快可在2小时内到账。

三、影响跨境电商支付方式选择的因素

跨境支付作为跨境电商运营中关键的一环,越来越引起人们的重视。如何选择合适的跨境电商支付方式,除了受制于跨境电商的实体类型、运营平台、当地政策法律、税费以及基础设施,不同货币之间的汇率波动、能不能通汇通兑等都是需要考虑的问题。

(一)跨境支付方式的普及率

跨境支付方式的覆盖范围和普及率是一个重要的前提和基础,不同的支付方式在不同的市场中有着不同的普及率。对于金融环境成熟的欧美国家,支付技术和电子商务发

展较为成熟，第三方支付和信用卡支付的覆盖范围和普及率较高，成为跨境支付过程中的首选方式。而在东南亚、非洲等地区，呈现较为落后的金融环境，较低的信用卡普及率，常用的跨境支付方式是货到付款。

（二）交易主体的使用偏好

跨境支付方式会因目标消费群体的偏好和习惯不同而有所不同。全世界范围内，不同地区和国家的消费习惯有着较大的差异，中国消费者更习惯使用微信和支付宝支付，欧美国家更喜好 PayPal，俄罗斯消费者更忠于 Qiwi Wallet 等本土支付工具，在印度和非洲等发展中市场，消费者则更多选择货到付款方式。

（三）跨境支付方式的使用成本和风险

从事跨境电商的卖家在回收货款时要承担更多的成本，面临更多的风险。海外资金提款费率高、周转慢、结汇难以及汇率变动风险等都会影响到货款的回收。不同的支付方式收费标准不同，同时卖家在兑换货币的过程中还会产生汇兑成本。此外，资金在第三方支付平台中会有沉淀，从而产生时间成本。

（四）跨境支付方式的特征与优势

不同跨境支付方式合作的平台和使用范围不同，手续费、交易时间、支付流程、风险以及合作门槛等都存在差异。跨境电子交易主体在进行商务活动时，要结合这些方式各自的优缺点和适用条件，从自身情况出发选择适合的跨境支付方式。常用跨境电商零售出口平台收款方式对比如表 7-1 所示。

表 7-1　常用跨境电商零售出口平台收款方式对比

平台	收款方式	支持币种	入账费用	提现费用	货币转换费	提现时间
亚马逊	Payoneer（P 卡）	多币种	美元 1% 欧元和英镑免费	1%～2%	无	T+1～2
	WoddFirst	多币种	分币种$1000 以下$30	无	1%～2.5%	T+0～1
	PingPong、连连支付等国内机构	多币种	0.5%～1%	无	银行即时汇率结汇	T+0～3
速卖通	国际支付宝 Escrow	CNY USD	中国供应商会员 3% 普通会员 5%	人民币免费 美元账户每笔$15	银行即时汇率结汇	T+3～5
ebay	PayPal	多币种	$0.3+2.4%～4.4%	人民币 1.2% 美元账户每笔$35	2.5%	T+3～7 或更长
Wish	Payoneer	多币种	无	1%～2%	无	2 小时
	易联支付	CNY	1%	无	无	T+5～10
Shopee	连连支付	新加坡站 SGD，印度尼西亚站 IDR，其他站美元	2%	0.7%	无	5 分钟
	Payoneer	多币种	2%	1.2%封顶	无	1 天左右
	PingPong	CNY	2%	1%封顶	无	2 小时

学习活动三　跨境电商支付风险

一、跨境电商支付风险来源

跨境电商支付风险主要来源于以下几方面：一是基于网络安全问题的支付风险；二是基于跨境电商交易中的信用安全问题引发的支付风险；三是基于国家对跨境电商管控涉及法律政策问题引发的支付风险；四是基于跨境电商企业资金流转问题引发的支付风险。

（一）网络安全风险

计算机安全包括三个主要元素：保密性、完整性和即需性。保密性是指防止未经授权的数据泄露并确保数据源的可靠性；完整性是指防止未经授权的数据修改；即需性则是防止数据延迟或拒绝服务。消费者在处理跨境电商支付流程中的每一个逻辑环节（客户端、消息传输的通信通道、Web 服务器）都有可能受到网络安全的威胁。

1. Cookie 和网页臭虫

Web 客户机和服务器之间的通信是通过多个独立的传输来完成的，Cookie 是 Web 服务器放置在 Web 客户机用于识别再次访问者的校文本文件。通过保存从一组独立的服务器——客户端消息交换到另一组过程中的 Web 用户的信息，Cookie 还允许 Web 服务器维护某些类型的购物车和支付处理功能，而无须创建公开会话。对于网站访问者来说，保护自己免受隐私信息泄露或避免被 Cookie 跟踪的最彻底的办法就是完全禁止 Cookie。该方法的问题在于有用的 Cookie 也被一起禁用，访问者每次重新访问一个网站都要重新输入信息。

网页上会有某些广告商发出的一些小到看不见的图片。第三方网站放在别的网站页面上的微小图片被称为网页臭虫（Web bug）。当网站访问者载入此页面时，网页臭虫也从第三方网站发来并能在访问者计算机里放置一个 Cookie，从而进行非法跟踪与入侵。

2. 病毒与恶意软件

跨境电商支付一个重大的风险就是恶意用户在电子邮件中植入病毒，或者利用带有恶意软件的网站盗窃信用卡信息（包括卡号、姓名、地址或个人偏好等敏感信息）。这种盗窃行为在任何人通过互联网提交信息的时候都可能发生，恶意用户很容易将这些信息记录下来，供日后使用。

3. 电子伪装攻击

电子伪装攻击俗称网络钓鱼，是指某个网站伪装成另一个网站。域名服务器是互联网上负责维护域名和 IP 地址关联目录的计算机。不法用户可以利用运行在这些计算机上的软件中的安全漏洞,用他们网站的地址代替真实网站地址来欺骗网站访问者。

不法用户往往将电子邮件与电子伪装攻击结合起来,发出数百万封看起来像是合法公司发出的电子邮件。这些电子邮件中保护一个指向某网页的链接,该网页的设计与公司网站完全相同,然后诱导受害人输入用户名、密码、银行卡等信息,对跨境电商支付造成严重威胁。近年来,主要跨境电商支付平台包括亚马逊、PayPal 等都受到过电子伪装攻击。

(二)交易信用风险

交易信用风险是指交易中的一方没有履行事先约定的承诺,而给交易另一方带来经济利益损失的可能性。在跨境交易中,由于交易双方存在时空的差异以及商业习惯的不同,货款支付与货物收发往往并不同步。由于互联网的虚拟性及开放性,在跨境电商交易模式下,这种不同步极易带来交易的信用风险,会出现跨境货物款项已收而货物未收,或者货物已发而款项未收等现象。

目前,在跨境电商在线支付服务中,跨境信用协调体系尚未完善,这对于跨境电商支付交易双方来说,都存在一定的信用风险。对买方而言,其面对的主要风险是:卖方进行虚假信息宣传,利用促销让利活动骗取买方下单,从中赚取利益。对卖方而言,其主要面临风险是:买方进行虚假交易与交易欺诈等行为,并恶意对不存在质量问题的商品寻找各种理由退货,使得卖方为了不损自己的信誉而接受退货遭受运费损失。交易参与者的信用问题成为阻碍行业发展的一大难题。

另外,引入第三方也存在诸多困难。比如 PayPal 在针对海外贸易发生纠纷时,可能会对其他国家有意偏袒,使得中国企业在面对海外贸易时利益得不到保障。

(三)信息核实风险

跨境电商交易的核实既包括对交易主体真实性的核实,也包括对交易内容真实性的核实。首先,从跨境交易的对象方面,跨境交易双方难以进行交易对象的审查。

在当前,跨境交易双方缺乏对交易对象进行审查的有效方法与手段,即使是第三方交易平台及第三方支付机构对交易者的身份识别也往往仅停留在形式审核的阶段。在国家层面,也尚未出台相应的法律法规对身份识别加以指导和规范。

其次,跨境交易的内容真实性审核同样存在一定困难。由于电商平台和支付平台属于两个不同的主体,它们之间的信息并不完全共享。对于支付平台而言,并不掌握交易的订单信息和物流信息,那么经营范围与交易内容是否一致、交易金额和交易商品是否匹配等信息均难以确认。

此外,支付机构从电商平台和物流公司获取的信息可能滞后,信息的准确性也可能受影响。跨境电商支付交易领域很可能成为网络欺诈、跨境洗钱、网络赌博,以及贪污贿赂逃避监管的法外之地,这对跨境电商的发展十分不利。

据央视新闻网报道,自 2017 年全国开展整治跨境网络赌博犯罪"断链"行动以来,共计侦破组织出境赌博、利用跨境电商交易为名目开设赌场等案件 3 690 起,追缴、冻结、扣押涉案资金 55 亿多元。此类案件中,跨境电商交易平台、支付机构均无法真正识别资金去向,也难以识别交易双方交易行为的真实性。

（四）资金流转风险

跨境电商支付结算过程中，由于手续较为烦琐且不同支付方式下资金到账时间不同，使外企业支付容易面临资金周转不足的风险。一般而言，当境外消费者在我国跨境电商平台消费之后，资金不会当时到账，一般需要3～7天的时间。同时，由于通关、退税等跨境业务复杂，境外买家支付货币不能直接兑换为人民币，企业资金回笼面临汇兑问题，进而导致资金周转面临较大风险。

另外，不管采用何种支付方式，跨境电商支付都需要支付一定比例的交易手续费和提现手续费，总体收费水平较高。在客户付款后商家收到货款之前，国际汇率变动会直接影响到资金的实际购买力。货物退回过程中，又存在购物资金汇兑不足额的风险。这些都将增加跨境电商的支付成本，影响企业资金流动性。

二、跨境电商支付风险防范

（一）网络安全风险防范

日益发展的网络在给人们带来便利的同时，也带来了许多风险，因此我们必须牢牢树立网络安全意识，多渠道提高规避风险的能力。

一是利用数字证书技术、防火墙技术、网络加密技术，如实施身份认证、口令认证、位置认证等加密方式完善支付的软件环境，以及在客户端安装生物识别安全设备，如识别签名形状与着力点的书写板、人脸识别、识别视网膜上血管模式或虹膜颜色的扫描仪等，完善支付的硬件环境。加强 Web 服务器的安全控制，从而提升跨境电商支付系统防病毒与防攻击能力，有效保护重要支付数据及文件不被篡改或盗取。

2017 年 7 月，京东国际与中国银联云闪付合作，正式上线"京东闪付"。该产品在支付认证方面，推出了包含 U-Key、双重验证等多种方式；在支付形式上，开通 NCF 非接快速支付、蓝牙支付、二维码支付、指纹支付等多种功能。

二是提高甄别网络信息能力，注意识别钓鱼网站，减少个人信息被盗窃的危险。不随意打开陌生或来历不明的电子邮件，不要因为一些价格或利益的诱惑随意登录有安全隐患的网站，不要下载一些存在安全隐患的 App。

三是在跨境电商支付系统设置终端安全机制，对用户采用统一开放构架，规范跨境电商交易双方数据使用的安全标准，完善交易处理流程。

（二）信用安全风险防范

从跨境电商商家的角度，卖家可以通过买家的平台信息和购买行为分析买家的真实购买意图，通过 IP 地址定位服务跟踪并核实送货地址，对买家信用状况进行鉴别。对来自高风险国家和地区的买家要保持高度警惕。另外，商户可尝试建立信用评价机制，对于失信的客户及时将其纳入黑名单，终止与其业务往来和交易。

从跨境电商平台的角度，向买家提供真实、可靠的卖家信息，鼓励卖家诚信经商，引入第三方诚信认证和自身诚信评价。目前，国内较大的 B2B 网站（如阿里巴巴、慧聪网、中国制造网、环球资源网、酷配网、敦煌网等）纷纷推出了自身网站诚信认证和第三方诚信认证等方式。

同时，跨境电商平台可与保险机构合作，推出针对平台卖家的跨境交易保险产品，如退货运费险、拒付货物损失险等网络购物类保险和个人消费信用类保险，减少因信用问题产生的交易纠纷。

从政府层面的角度，将企业、个人、事业单位、公共组织和政府五类信用主体建立统一的信用主体数据库，搭建跨境电商信息共享服务平台。

同时，协同外国政府、机构或国际组织，积极构建跨境信用保障体系，在跨境电商交易中秉承公平公正态度，不给予国外买家过度的保护，给国内跨境电商商家提供一个公开的申诉渠道和公正的争端解决机制，以帮助跨境电商企业、个人商家和跨境电商平台更好地防控信用风险。

（三）交易真实风险防范

针对交易真实性的风险，跨境电商经营者应坚决抵制刷单、虚假信息引流等制造虚假交易的行为。跨境电商平台对交易对象信息、订单信息、物流信息等进行严格审查，制定严厉的奖惩制度，对于不诚信经营者予以产品下架、降低信用等级、账号限制等惩罚。支付机构对于高风险业务做好对客户的风险警示工作。

作为国内跨境电商企业，要尽量核实交易对方的信息，包括以往交易记录、公司资质证明等。对于某些资信较差的国家，要特别谨慎。如果不能得到有效信息，可借助第三方资信平台，例如，可通过中国出口信用保险公司等对客户资信、交易记录等信息进行调查，选取优质客户。

（四）资金流动风险防范

为了让跨境电商企业的资金链能够正常运转，以更好地应对国际市场的风险，对跨境支付过程中的沉淀资金（其实际所有人是参与交易的客户），支付机构应将客户备付金账户资金与自有外汇资金严格区分，并限制支付机构沉淀资金的投资范围，设立自有外汇资金风险监控指标、系统后台交易与客户端交易的相关监控指标，一旦出现可疑交易便立即触发风险指标预警，针对不同风险预警等级采取不同的应对措施。

其次，监管部门可在借鉴国外经验基础上，逐渐尝试分层监管的模式。在风险可控的前提下，允许支付机构在支付清算、资金融通、风险和信息管理等方面进行创新探索。

2016 年 7 月 1 日中国人民银行公布的《非银行支付机构网络支付业务管理办法》要求："支付机构应当建立健全风险准备金制度和交易赔付制度……支付机构应在年度监管报告中如实反映上述内容和风险准备金计提、使用及结余等情况。"按照这一规定建立非银行支付机构风险准备金，可以有效避免账户里沉淀太多的资金，弱化部分支付机构账户体系的隐形清算结算功能，从而减少风险的积累和信息的不透明。

2018 年 4 月 13 日，中国海关总署发布《关于规范跨境电商支付企业登记管理的公告》指出，跨境电商支付企业在向海关办理注册登记或信息登记手续时，需要提交中国银保监会颁发的金融许可证复印件；非银行支付机构提交中国银行颁发的支付业务许可证复印件。这些政策在一定程度上规范了跨境电商支付机构，降低了企业的跨境支付风险。

复习与思考

一、名词解释

1. 跨境电商支付。
2. 微支付。
3. 第三方支付。
4. 电子伪装攻击。
5. 交易信用风险。

二、简答题

1. 跨境电商支付的分类有哪些？
2. 请比较几种主要跨境电商支付方式的优缺点及适用情况。
3. 请简要分析如何选择合适的跨境电商支付方式。
4. 跨境电商支付风险来源于哪些方面？
5. 如何才能更好地防范网络安全风险？

三、案例分析

跨境人民币结算

人民银行于 2022 年 6 月印发《关于支持外贸新业态跨境人民币结算的通知》，进一步发挥跨境人民币结算业务服务实体经济、促进贸易投资便利化的作用，支持银行和支付机构更好服务外贸新业态发展。

人民银行印发的这一通知加大了对外贸新业态的支持力度，完善跨境电商等外贸新业态跨境人民币业务相关政策。通知将支付机构跨境业务办理范围由货物贸易、服务贸易拓宽至经常项下，明确了银行、支付机构等相关业务主体展业和备案要求，还明确了业务真实性审核、反洗钱、反恐怖融资、反逃税以及数据报送等要求，压实银行与支付机构展业责任，防控业务风险。

该通知自 2022 年 7 月 21 日起实施。人民银行将稳步推进相关政策落地实施，为外贸新业态市场主体提供良好的配套金融服务，支持和引导外贸新业态新模式健康持续创新发展，助力稳定宏观经济大盘。

试分析跨境人民币结算对于我国跨境电商企业的有利之处有哪些？

学习任务八
跨境电商法律与规则体系

案例导入

【案例一】"海淘免税店"商品被鉴定为假货 商家不予退款

陕西省的吕女士投诉称她于2020年12月23日在"海淘免税店"购买了一支香奈儿柔和净肤泡沫洁面乳,于12月26日签收,打开包装发现这支洗面奶无论是颜色、气味、质地和瓶身都与之前不同,且气味非常刺鼻,闻久了会产生头晕、想吐的现象,使用心心美妆App进行鉴定,鉴定结果为假货。产品于2020年12月26日发回退货地址,商家于2020年12月30日签收,但商家不予退款。

【案例二】"考拉海购"赠品到货不对板 退换货却"查无音信"

孙先生于2020年6月1日在"考拉海购"下单购买3盒君乐宝奶粉,页面显示是买3盒赠送水杯,到货时却为奶粉、面条和湿巾,于是联系客服,被告知可以调换,当孙先生将面条和湿巾退货后,16日商家收到商品,但是之后孙先生久未收到补发水杯和补退的运费,再次联系客服,其答复是疏忽,各种推脱,不是下班了,就是第二天给解决,到了第二天又说忘了。

【案例三】"别样海外购"商品包装破损致商品摩擦有污渍

上海市的陆女士投诉称她于2020年11月23日在"别样"电商平台(店铺名:别样头等仓)购买RealHer唇彩三件套,价格97元,于2020年12月3日收到货,货物被丰巢快递柜自动签收,等取件后发现商品包装盒破损,并且唇彩外壳上有摩擦污渍,且污渍不可擦拭掉。由于此商品用作礼物,目前无法赠送,并且等待时间过久。陆女士表示她的诉求是立刻换货或退款,同时,陆女士认为她等待时间很长,严重耽误了换货或退款,影响了使用,要求得到一定的补偿。

学习目标

1. 掌握跨境海关监管政策,熟悉跨境电商征税种类。
2. 能够计算跨境电商进口税,熟悉跨境电商法律义务。

学习任务八　跨境电商法律与规则体系

3. 了解跨境电商纠纷解决方式，了解跨境电商知识产权。
4. 了解跨境电商网络安全，熟知跨境电商法律法规。

本章知识脉络图

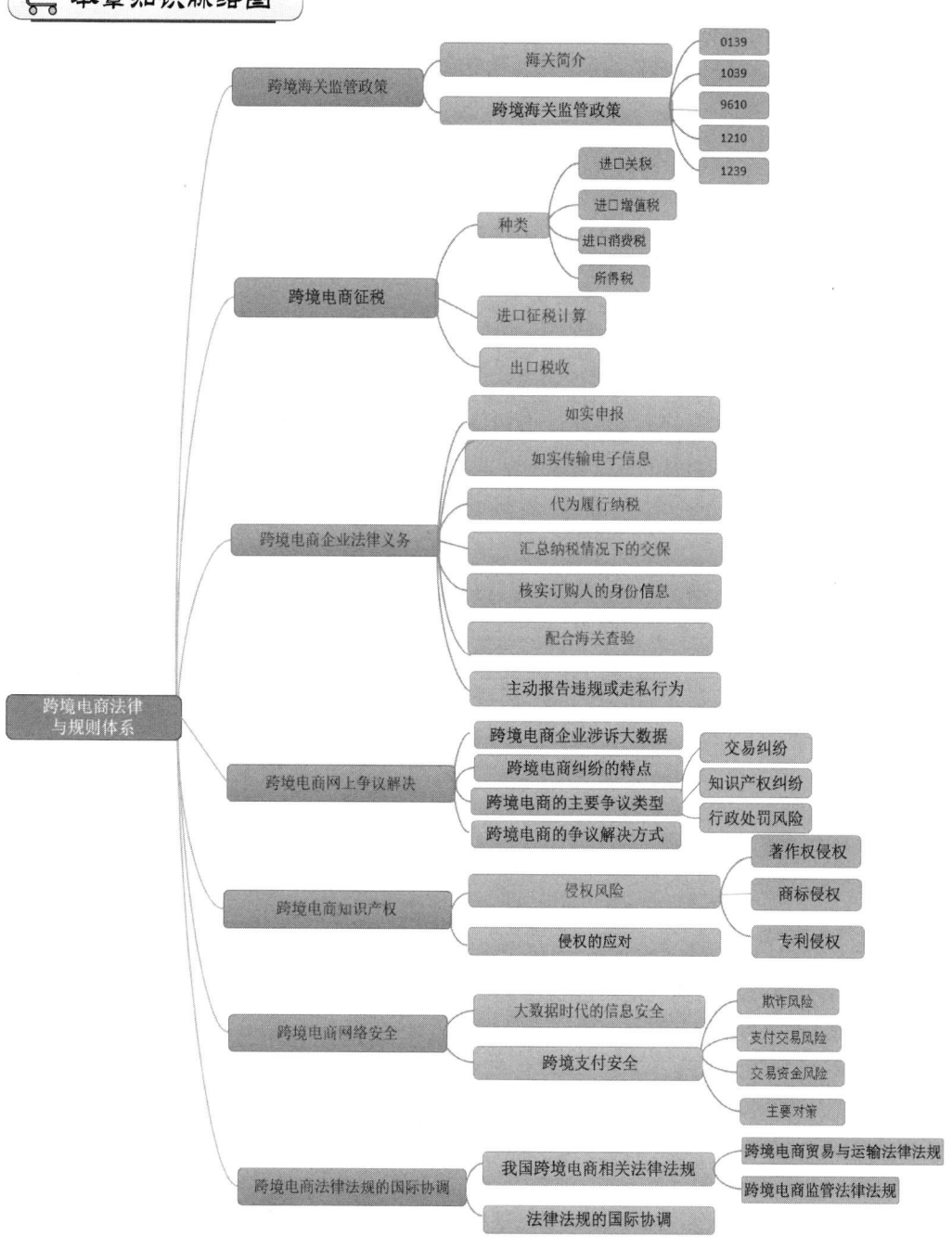

跨境电商法律与规则体系
- 跨境海关监管政策
  - 海关简介
  - 跨境海关监管政策
    - 0139
    - 1039
    - 9610
    - 1210
    - 1239
- 跨境电商征税
  - 种类
    - 进口关税
    - 进口增值税
    - 进口消费税
    - 所得税
  - 进口征税计算
  - 出口税收
- 跨境电商企业法律义务
  - 如实申报
  - 如实传输电子信息
  - 代为履行纳税
  - 汇总纳税情况下的交保
  - 核实订购人的身份信息
  - 配合海关查验
  - 主动报告违规或走私行为
- 跨境电商网上争议解决
  - 跨境电商企业涉诉大数据
  - 跨境电商纠纷的特点
  - 跨境电商的主要争议类型
    - 交易纠纷
    - 知识产权纠纷
    - 行政处罚风险
  - 跨境电商的争议解决方式
- 跨境电商知识产权
  - 侵权风险
    - 著作权侵权
    - 商标侵权
    - 专利侵权
  - 侵权的应对
- 跨境电商网络安全
  - 大数据时代的信息安全
  - 跨境支付安全
    - 欺诈风险
    - 支付交易风险
    - 交易资金风险
    - 主要对策
- 跨境电商法律法规的国际协调
  - 我国跨境电商相关法律法规
    - 跨境电商贸易与运输法律法规
    - 跨境电商监管法律法规
  - 法律法规的国际协调

学习活动一　海关简介及跨境海关监管政策

一、海关简介

海关是依据本国（或地区）的法律、行政法规行使进出口监督管理职权的国家行政机关。海关依照《中华人民共和国海关法》（以下简称《海关法》）和其他有关法律、法规，执行以下几项任务：对进出境的运输工具、货物、行李物品、邮递物品和其他物品进行实际监管；征收关税和其他税费；查缉走私。走私是指进出境活动的当事人以牟取暴利为目的，偷逃关税，有意逃避海关监管的违反《海关法》的行为；编制海关统计和办理其他海关业务。货物进出口通关流程如图8-1所示。

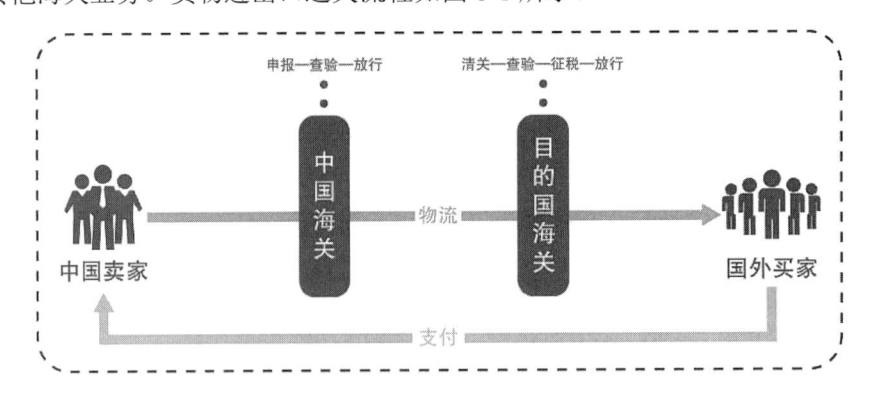

图 8-1　货物进出口通关流程

二、跨境海关监管政策

如何对跨境电商进行监管，实际上既没有纵向的历史经验可循，也没有横向的外国经验借鉴，因此我国的跨境电商监管政策是在不断探索中逐渐定型的。自2014年以来，海关频繁出台涉及跨境电商的贸易监管方式："0139""1039""9610""1210""1239"。这几种监管方式都有什么特点，有何作用？

（一）0139

海关监管代码"0139"，即"旅游购物"贸易方式是指外国旅游者或外商采购货值在5万美元以下（含5万美元），以货物运输方式出口的小批量订购的货物。对于这类商品的出口申报，海关采取简化归类、便利通关的操作模式。

（二）1039

海关监管代码"1039"，即"市场采购"贸易方式是指由符合条件的经营者在经国家商务主管部门认定的市场集聚区内采购的、单票报关单商品货值 15 万美元以下（含 15 万美元）、并在采购地办理出口商品通关手续的贸易方式。目前，该贸易方式使用范围仅限于在义乌市场集聚区（义乌国际小商品城、义乌市区各专业市场和专业街）内采购的出口商品。

"市场采购"贸易方式与"旅游购物"贸易方式的最大不同是："旅游购物"单票报关单货值不能超过 5 万美元，而"市场采购"放宽到最高不超过 15 万美元；同时，税务部门对市场经营户以"市场采购"贸易方式出口的货物，实行增值税免税；外汇管理部门允许"市场采购"贸易采用人民币结算。

（三）9610

为促进跨境贸易电子商务零售进出口业务发展，方便企业通关，海关总署增列海关监管方式代码"9610"，全称"跨境贸易电子商务"，简称"跨境电商"。

跨境电商有着小额多单的特点，传统的海关监管政策对跨境电商企业来说负担过重。跨境电商 B2C 企业，在物流上主要采用航空小包、邮寄、快递等方式，报关主体是邮政或快递公司，该块贸易原来都没有纳入海关统计，海关新增代码将跨境电商的监管独立出来，有利于规范和监管。

增列海关监管方式代码"9610"，适用于境内个人或电子商务企业通过电子商务交易平台实现交易，采用"清单核放、汇总申报"模式办理通关手续的电子商务零售进出口商品（通过海关特殊监管区域或保税监管场所一线的电子商务零售进出口商品除外）。"9610"出口模式如图 8-2 所示。

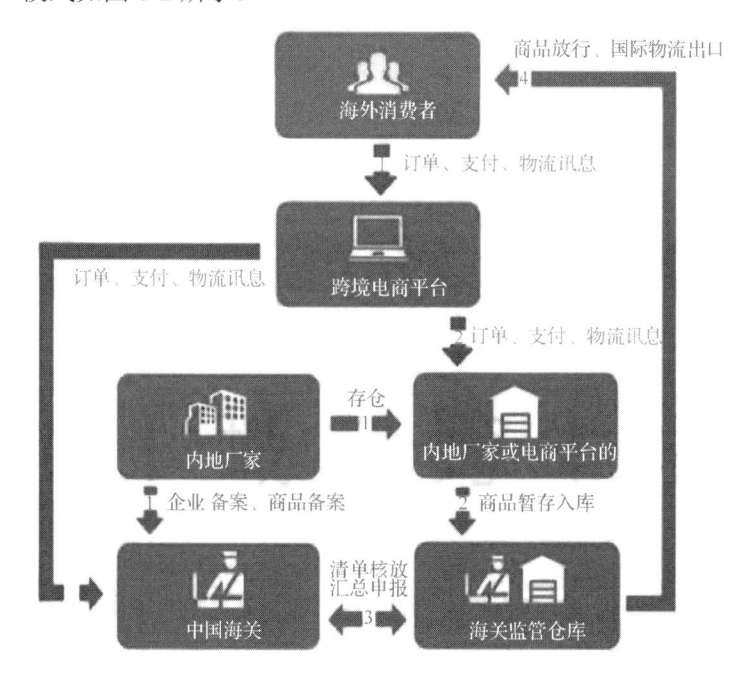

图 8-2 "9610"出口模式

（四）1210

海关监管代码"1210"，即"保税跨境贸易电子商务"，简称"保税电商"，适用于境内个人或电子商务企业在经海关认可的电子商务平台实现跨境交易，并通过海关特殊监管区域或保税监管场所进出的电子商务零售进出境商品，海关特殊监管区域、保税监管场所与境内区外（场所外）之间通过电子商务平台交易的零售进出口商品不适用该监管方式。"1210"出口模式如图8-3所示。

1210出口模式

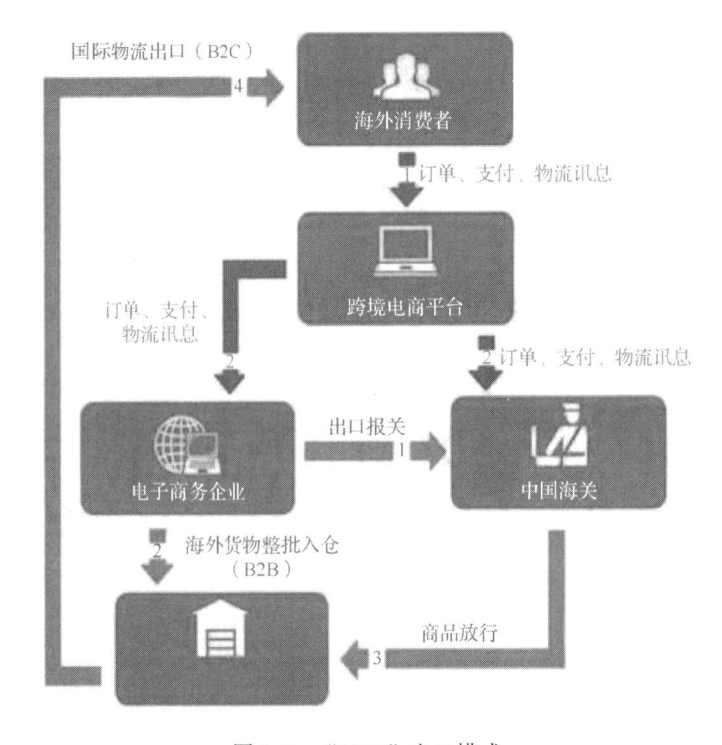

图8-3 "1210"出口模式

"保税跨境贸易电子商务"与"跨境贸易电子商务"的不同之处是："跨境贸易电子商务"俗称"集货模式"，以出口为例，商家将多个已售出商品统一打包，通过国际物流运送至国内的保税仓库（暂存区），电商企业拆大包按小包（单个订单包裹）逐个申报，为每件商品办理海关通关手续，经海关查验放行后，再由国内快递派送至消费者手中，每个订单附有海关单据。"保税跨境贸易电子商务"俗称"备货模式"，还是以出口为例，保税仓的商品可以多次先出口，经过监管区，到每月月底来汇总数量之后，再一次性口岸集报，生成一份正式报关单。

（五）1239

海关监管代码"1239"，即"保税跨境贸易电子商务A"，简称"保税电商A"。"1239"

监管方式适用于境内电子商务企业通过海关特殊监管区域或保税物流中心（B 型）一线进境的跨境电商零售进口商品。

近几年来，国内保税进口分化成两种：一是具备保税进口试点的城市；二是保税进口业务的其他城市。"1210"当时的要求开展区域必须是批准跨境贸易电子商务进口试点的城市的特殊监管区域。而"1239"监管代码对城市没有具体要求，意味着只要"符合海关特殊监管区域或保税物流中心（B 型）"条件即可。因此海关在监管时将二者区分开来：对于免通关单的保税进口试点城市，继续使用"1210"代码；对于需要提供通关单的其他城市，采用新代码"1239"。

2021 年 3 月 18 日国家发布的《关于扩大跨境电商零售进口试点、严格落实监管要求的通知》明确，将跨境电商零售进口试点扩大至所有自贸试验区、跨境电商综试区、综合保税区、进口贸易促进创新示范区、保税物流中心（B 型）所在城市（及区域）。今后相关城市（区域）经所在地海关确认符合监管要求后，即可按照要求，开展网购保税进口（海关监管代码"1210"）业务。

学习活动二　跨境电商征税

一、种类

跨境电商在经营中一般会涉及四个税种：进口关税、进口增值税、进口消费税以及所得税。

（一）进口关税

进口关税是一个国家的海关对进口货物和物品征收的关税。征收进口关税会增加进口货物的成本，提高进口货物的市场价格，影响外国货物进口数量。因此，各国都以征收进口关税作为限制外国货物进口的一种手段。适当使用进口关税可以保护本国工农业生产，也可以作为一种经济杠杆调节本国的生产和经济的发展。

（二）进口增值税

进口增值税属于流转税的一种。不同于一般增值税对在生产、批发、零售等环节的增值额为征税对象，进口增值税是专门对进口环节的增值额进行征税的一种增值税。

（三）进口消费税

进口消费税是以特定消费品为课税对象所征收的一种税，属于流转税的范畴。在对货物普遍征收增值税的基础上，选择部分消费品再征收一道消费税，目的是调节产品结构，引导消费方向，保证国家财政收入。

（四）所得税

所得税一般分为企业所得税和个人所得税，是根据企业实际经营的利润乘以不同的所得税率进行纳税。电商卖家需要根据不同的主体性质，如企业或个人，在目标国或本国缴纳其对应的所得税。

所得税与增值税不同，除了扣除货物本身的成本，还可以扣除一些相应费用后，再进行纳税。

二、进口征税计算

2016年3月24日发布的《关于跨境电商零售进口税收政策的通知》要求，2016年4月8日起，跨境电商进口物品取消按邮寄物品征收行邮税纳税方式，改为按货物征收关税、进口增值税、消费税。跨境电商彻底告别"免税时代"，使用"跨境电商综合税"代替了行邮税。

跨境电商零售进口商品的单次交易的临界值为人民币5 000元，个人一年的交易临界值为人民币26 000元。在规定的金额以内，跨境电商零售进口商品关税税率暂设为0%；进口增值税、消费税取消免征税额，暂按法定应纳税额的70%征收。具体计算如下：

$$税费 = 购买单价 \times 件数 \times 跨境电商综合税率$$

$$跨境电商综合税率 = [（消费税率 + 增值税率）/（1-消费税率）] \times 70\%$$

跨境电商部分商品品类增值税率、消费税税率、综合税率如表8-1所示。

表8-1 跨境电商部分商品品类增值税率、消费税税率、综合税率

类目		增值税率/%	消费税率/%	综合税率/%
婴儿奶粉	婴儿奶粉	13	0	9.1
食品	橄榄油	9	0	6.3
化妆品	面膜（片装）<15元/片	13	0	9.1
化妆品	面膜（片装）≥15元/片	13	15	23.1
服装、轻奢	宝石或半宝石制品	13	10	17.9

资料来源（京东国际商城）

完税价格超过5 000元单次交易限值但低于26 000元年度交易限值，且订单下仅一件商品时，可以自跨境电商零售渠道进口，按照货物税率全额征收关税和进口增值税、消费税，交易额计入年度交易总额，但年度交易总额超过年度交易限值的，应按一般贸易管理。

电子商务企业或个人、支付企业、物流企业应在电子商务进出境货物、物品申报前，分别向海关提交订单、支付、物流等信息。对纳税人偷税的，由税务机关追缴其不缴或少缴的税款、滞纳金，并处不缴或少缴的税款百分之五十以上五倍以下的罚款；构成犯罪的，依法追究刑事责任。

三、出口税收

（一）出口退税政策

出口退税是指在国际贸易业务中，对我国报关出口的货物退还在国内各生产环节和流转环节按税法规定缴纳的增值税和消费税，即出口环节免税且退还以前纳税环节的已纳税款。作为国际通行惯例，出口退税可以使出口货物的整体税负归零，有效避免国际双重课税。

出口退税一般分为两种：一是退还进口税，即出口产品企业用进口原料或半成品，加工制成产品出口时，退还其已纳的进口税；二是退还已纳的国内税款，即企业在商品报关出口时，退还其生产该商品已纳的国内税金。出口退税，有利于增强本国商品在国际市场上的竞争力，为世界各国所采用。

出口退税应具备以下条件。

（1）必须是增值税、消费税征收范围内的货物。增值税、消费税的征收范围，包括除直接向农业生产者收购的免税农产品以外的所有增值税应税货物，以及烟、酒、化妆品等11类列举征收消费税的消费品。之所以必须具备这一条件，是因为出口货物退（免）税只能对已经征收过增值税、消费税的货物退还或免征其已纳税额和应纳税额。未征收增值税、消费税的货物（包括国家规定免税的货物）不能退税，以充分体现"未征不退"的原则。

（2）必须是报关离境出口的货物。所谓出口，即输出关口，它包括自营出口和委托代理出口两种形式。区别货物是否报关离境出口，是确定货物是否属于退（免）税范围的主要标准之一。凡在国内销售、不报关离境的货物，除另有规定者外，不论出口企业是以外汇还是以人民币结算，也不论出口企业在财务上如何处理，均不得视为出口货物予以退税。对在境内销售收取外汇的货物，如宾馆、饭店等收取外汇的货物等，因其不符合离境出口条件，均不能给予退（免）税。

（3）必须是在财务上作为出口销售处理的货物。出口货物只有在财务上作为出口销售处理后，才能办理退（免）税。也就是说，出口退（免）税的规定只适用于贸易性的出口货物，而对非贸易性的出口货物，如捐赠的礼品、在国内个人购买并自带出境的货物（另有规定者除外）、样品、展品、邮寄品等，因其一般在财务上不作为销售处理，故按照现行规定不能退（免）税。

（4）必须是已收汇并经核销的货物。按照现行规定，出口企业申请办理退（免）税的出口货物，必须是已收外汇并经外汇管理部门核销的货物。

不同货物的退税率不同，主要有17%、14%、13%、11%、9%、5%五档退税率。合理利用出口退税，可有效降低成本，提高毛利。一般跨境电商的热销品的退税率都在 11%～17%。国家对通过一般贸易交易方式出口的货物可以按规定办理退（免）税。

（二）跨境电商综合试验区出口税收政策

国务院批准的跨境电商综合试验区企业，从事跨境电商零售出口，可享受出口货物增值税、消费税免税和企业所得税核定征收的优惠政策。符合条件的跨境电商零售出口企业，将试行核定征收企业所得税办法，即采用应税所得率方式核定征收企业所得税，应税所得率统一按照4%确定。例如，一家跨境电商企业当年的收入总额为2 500万元，根据应税所得率为4%计算，该企业应纳税所得额仅为100万元，对应的应缴纳企业所得税也就只有5万元。

学习活动三　跨境电商企业法律义务

2016年4月7日，海关总署进一步明确了跨境电商企业、电商平台、物流企业等代收代缴义务人的法律义务和责任范围。在海关注册登记的电子商务企业、电子商务交易平台企业或物流企业作为跨境电商零售进口商品税款的代收代缴义务人。上述代收代缴义务人可概括为承担如下七大法律义务。

一、如实申报

就申报义务主体问题，代收代缴义务人应当如实、准确向海关申报跨境电商零售进口商品的商品名称、规格型号、税则号列、实际交易价格及相关费用等税收征管要素。为审核确定跨境电商零售进口商品的归类、完税价格等，海关可以要求代收代缴义务人进行补充申报，海关通关监管流程如图8-4所示。

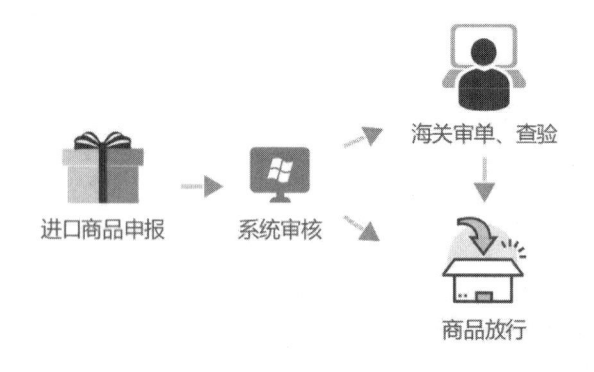

图8-4　海关通关监管流程

二、如实传输电子信息

跨境电商零售进口商品申报前，电子商务企业或电子商务交易平台企业、支付企业、物流企业应当分别通过跨境电商通关服务平台如实向海关传输交易、支付、物流等电子信息。进出境快件运营人、邮政企业可以受电子商务企业、支付企业委托，在书面承诺对传输数据真实性承担相应法律责任的前提下，向海关传输交易、支付等电子信息。

电子商务企业或电子商务交易平台企业、支付企业、物流企业如果向海关传输的这些数据信息存在不实或不准确的情况，同样可能导致前述申报不实的行政或刑事法律风险。

三、代为履行纳税

在海关注册登记的电子商务企业、电子商务交易平台企业或物流企业作为税款的代收代缴义务人，代为履行纳税义务。

代收代缴义务人，并非仅承担简单的"先收后缴"义务，而是可能被海关认定为具有"独立"的代为履行纳税义务。换言之，即便实际纳税义务人并未向代收代缴义务人支付有关商品的进口税款，依据该条规定，代收代缴义务人同样具有向海关代为履行纳税的"独立"法律义务。

对于电子商务企业、电子商务交易平台企业或物流企业等代收代缴义务人而言，这意味着如果海关在商品清关后的汇总纳税、海关稽查等程序中认为之前进口的有关商品存在税号、价格等申报不实、不准确等情况，进而需要补税，则很有可能海关部门会要求代收代缴义务人直接承担补税义务。

> ▪ 小资料 ▪
>
> **代收代缴**
>
> 代收代缴指由国家税法规定的代收代缴义务人，依法代收代缴纳税人应纳税款的一种征收方法。这种征收方法主要适用于以下两种情况。
>
> （1）工业企业以外的单位和个人委托加工产品，由受托方在向委托方收取加工费的同时，代收其应纳的产品税或增值税，并按期向国库或国库经收处缴纳。
>
> （2）从事商品经营的个体商贩和部分国营、集体商业企业向批发单位进货，由批发单位在收取商品货款的同时，代收零售环节营业税或临时经营营业税，并定期向国库或国库经收处缴纳。

四、汇总纳税情况下的交保

海关对满足监管规定的跨境电商零售进口商品按时段汇总计征税款，代收代缴义务人应当依法向海关提交足额有效的税款担保。

汇总征税对于从事一般贸易业务的进出口企业来说并不陌生。在该按时段汇总征税模式下,海关由原来的"先税后放"变为现行的"先放后税,汇总缴税"。

但是,为确保国家税收安全,代收代缴义务人有义务依据其进出口量事先向海关部门提交相应的税款担保。担保可采用保证金形式,通常也可以采用商业银行出具的保函形式。货物实际通关时,海关暂不打印税单征税,而是在扣除与应缴税款相应金额的信用额度后,即可办理商品放行手续。代收代缴义务人在放行后一定期限内向海关办理汇总纳税手续。

五、核实订购人的身份信息

电子商务企业应当对购买跨境电商零售进口商品的个人(订购人)身份信息进行核实,并向海关提供由国家主管部门认证的身份有效信息。

值得注意的是,无法提供或无法核实订购人身份信息的,订购人与支付人应当为同一人。换言之,在电子商务企业经适当努力无法核实订购人身份信息的情况下,法律规定默认支付人为订购人,这一规定对电子商务企业可以起到一定的保护作用。

六、配合海关查验

电商企业以及其他主体(如监管场所经营人、仓储企业)有配合海关查验的义务。海关实施查验时,电子商务企业或其代理人、监管场所经营人、仓储企业应当按照有关规定提供便利,配合海关查验。

七、主动报告违规或走私行为

电子商务企业或其代理人、物流企业、监管场所经营人、仓储企业发现涉嫌违规或走私行为的,应当及时、主动报告海关。

学习活动四 跨境电商网上争议解决

一、跨境电商企业涉诉大数据

(一)投诉用户性别分布

2020年全年投诉跨境电商的用户性别占比分别为男性(26%)、女性(74%),如图8-5所示。

(二)投诉问题类型分布

国内电商专业消费调解平台"电诉宝"(315.100EC.CN)受理用户维权案例显示,

退款问题、发货问题、商品质量、网络售假、霸王条款是 2020 年全年跨境电商投诉的主要问题,如图 8-6 所示。

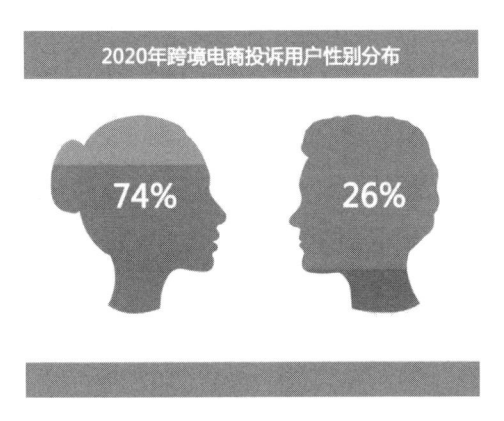

图 8-5　2020 年跨境电商投诉用户性别分布

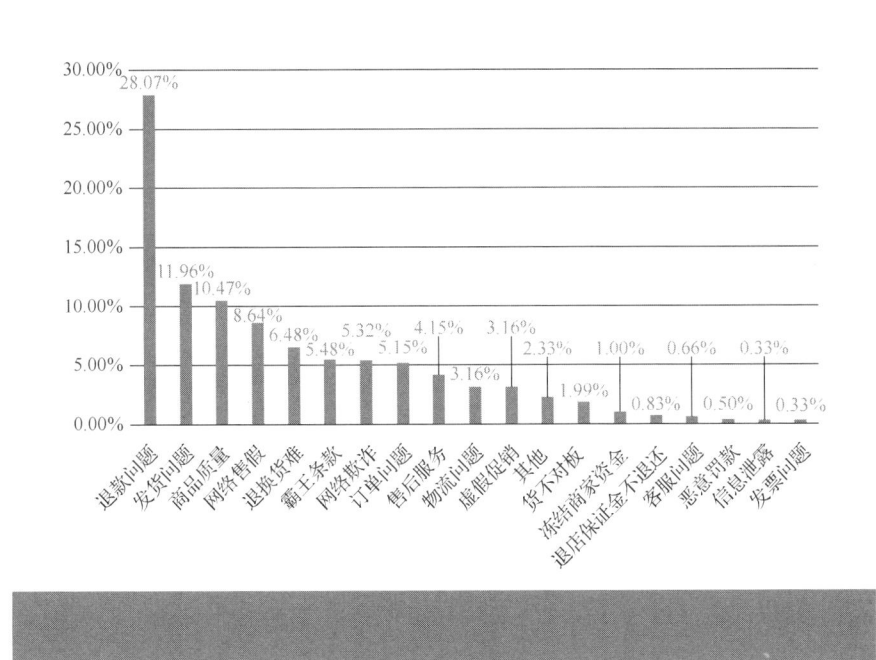

图 8-6　2020 年跨境电商投诉问题类型分布

(三)投诉金额区间分布

投诉金额区间前三依次为 100～500 元(34.88%)、1 000～5 000 元(20.10%)、500～1000 元(16.28%),如图 8-7 所示。

2020年跨境电商投诉金额分布

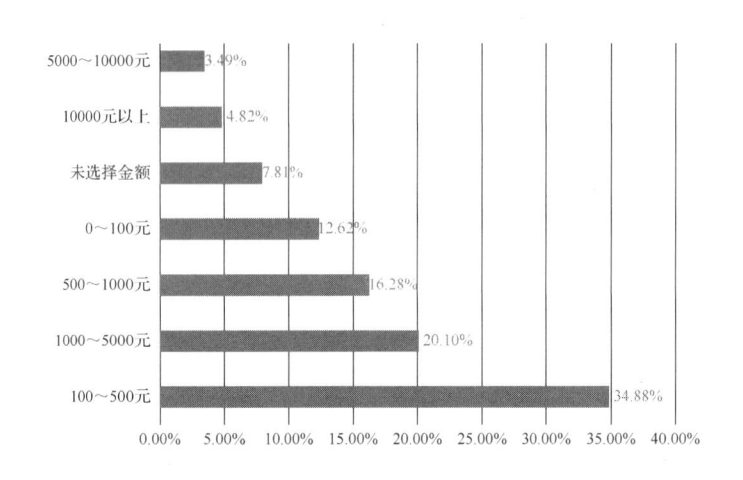

5000~10000元	3.49%
10000元以上	4.82%
未选择金额	7.81%
0~100元	12.62%
500~1000元	16.28%
1000~5000元	20.10%
100~500元	34.88%

图 8-7　2020 年跨境电商投诉问题金额分布

（四）投诉地区分布

2020 年全年投诉跨境电商的用户集中地前三依次为广东省、山东省、北京市，占比分别为 10.30%、8.97%、7.81%，如图 8-8 所示。

2020年跨境电商投诉问题类型分布

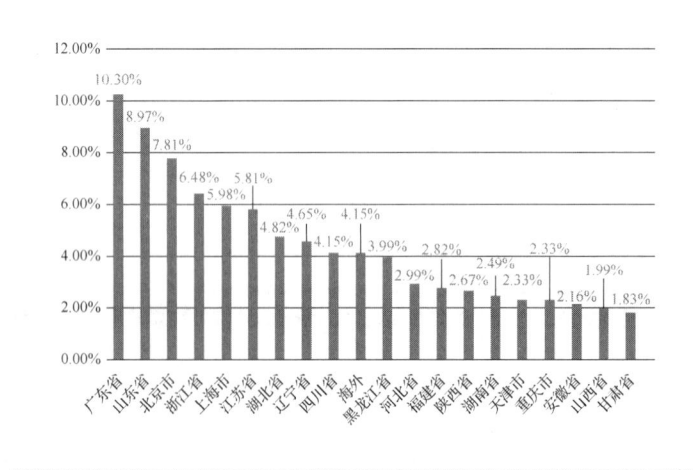

广东省	10.30%
山东省	8.97%
北京市	7.81%
浙江省	6.48%
上海市	5.98%
江苏省	5.81%
湖北省	4.82%
辽宁省	4.65%
四川省	4.15%
海外	4.15%
黑龙江省	3.99%
河北省	2.99%
福建省	2.82%
陕西省	2.67%
湖南省	2.49%
天津市	2.33%
重庆市	2.33%
安徽省	2.16%
山西省	1.99%
甘肃省	1.83%

图 8-8　2020 年跨境电商投诉地区分布

二、跨境电商纠纷的特点

（一）客户分散、主体多元

跨境电商的兴盛伴随着移动支付、电子传输等信息技术的普及和发展，在交易便捷性不断提升的驱使下，参与跨境电商的主体越来越多。

一方面，没有地理位置的阻碍，跨境电商的客户可能潜在于世界的任何一个角落，甚至固定客户的位置也可以随时发生变动，因而客户分散化特点明显；同时相较于传统外贸对规模、资质等要求而言，跨境电商的开放平台能容纳和接收更多的企业加入。

另一方面，跨境电商体系囊括 IT、营销、代运营、售后、物流、支付、金融、保险、质检等多个第三方服务机制，第三方服务主体的多元同样影响跨境电商纠纷的主体多元趋势。诸多主体在不同环节中引发的纠纷对应不同的争议解决方案。

（二）小额量

跨境电商的小额量是承接"客户分散、主体多元"的另一个显著特点。平台受众广、主体多元和交易的便捷等因素使得数量大成为跨境电商行业的应有之义。在日常生活碎片化以及支付方式渐趋成熟的背景下，网购已然从需求成为习惯；随着跨境支付的日益完善，以及跨境物流的高效助推，中小企业之间以及企业与消费者之间的跨境交易作为跨境电商的主力军同步发展，针对单个买方的购买力和购买需求而言，其单笔跨境电子交易以小额为主。争议数额小、争议数量大的特点便一并体现出来。

（三）无形性、全球性

这种全球互联的交易模式在全面分享海量信息的同时需要各交易主体全面考虑由于各国文化、政治及法律存在较大差异而引起的风险隐患。鉴于跨境电商的无形性和全球性，相较于传统实体交易模式，其所引发的纠纷对于争议解决方式也提出了不同的要求。

与在传统国际商事争议解决领域主要依据属地原则确立管辖权不同，跨境电商纠纷的全球性和无形性使得行为地或物之所在地不易确定，难以确定受理争议的法域。同时，客户的分散和主体的多元以及纠纷小额、量大的特点同样对传统的国际商事争议解决提出挑战，传统的争议解决方式在此类纠纷的适用过程中会加大个体维权成本，涉外纠纷的长周期性在主体多元和金额偏低的纠纷处理上也会更加突出。

三、跨境电商的主要争议类型

（一）交易纠纷

交易纠纷即发生在交易过程中的各类纠纷，包括如下几种。

1. 运输纠纷

运输纠纷是指争议双方之间因发货时间、运输的在途时长以及运输过程中造成的损害等问题产生的纠纷，这一纠纷类型在跨境电商纠纷总量中占 50%~60%的比例。

2. 退换货纠纷

退换货纠纷是指争议双方就商品是否已经被使用、是否人为破坏以及退换货的费用承担等问题产生的纠纷。

3. 购买评价纠纷

电商交易过程中的售后评价机制是影响他人是否购买网上商品的重要因素，正以其重要性，现实中往往会存在卖方认为买方通过购买评价进行诽谤、竞争商家假装买方互打差评等现象产生的纠纷。网络评价体系重要性的加强使此类纠纷在跨境电商纠纷中出现增长趋势。

4. 支付纠纷

相较于信用证、托收、汇付、西联汇款和速汇金等线下跨境支付方式，跨境电商零售的小额交易主要还是依托国际信用卡和第三方支付方式在线支付。而在线支付存在不少风险，如交易信用风险和交易核实风险规避不当易产生交易欺诈纠纷，网络风险造成支付信息泄露和资金流失引起的纠纷，以及资金沉淀风险造成虚拟账户资金挪用引起的纠纷。

（二）知识产权纠纷

现实中，知识产权纠纷在跨境电商领域是一个多发的类型。这是由于跨境电商的准入门槛较低，很多刚起步的生产型和出口型企业选择这种途径拓展对外贸易业务。而正如前所述，信息技术是其立足和发展的前提和关键，网络世界里产品外形图片的公开不仅在一方面给予了他人模仿、盗用的机会，另一方面，这种盗用行为又容易在开放和透明的环境中被权利人发现，从而引发知识产权纠纷。

（三）行政处罚风险

跨境电商领域的行政处罚风险主要体现在海关处罚和对应主管部门的处罚。企业应当注意并需风险提示的地方主要体现在以下几个方面。

1. 特殊商品的监管规则

如食品除接受海关监管之外，受《中华人民共和国食品安全法》规制，还应办理入境检验检疫、卫检证明等，进口的食品同时要有中文标签。对于向我国境内出口食品的境外出口商或代理商、进口食品的进口商也应向国家主管部门进行备案。

2. 跨境电商的税收代缴义务

《海关总署关于跨境电商零售进出口商品有关监管事宜的公告》规定，海关的纳税义务监管对象是在海关注册登记的电子商务企业、电子商务交易平台企业或物流企业等代收代缴义务人。就算实际纳税义务人即消费者并未向代收代缴义务人支付有关商品的进口税款，上述代收代缴义务人仍应向海关代为履行纳税义务。

3. 跨境电商平台的连带责任

《中华人民共和国消费者权益保护法》第四十四条规定："消费者通过网络交易平台购买商品或者接受服务，其合法权益受到损害的，可以向销售者或者服务者要求赔偿，如平台能提供销售者或者服务者的真实名称、地址和有效联系方式，即无须承担赔偿责任。"尽管该条款在司法实践中的适用并不一致，但可以明确的是，我国对于跨境电商平台的责任规定，其实是呈现严格的走向。

四、跨境电商的争议解决方式

跨境电商在实际运营过程中，面对诸多潜在行政管制与处罚方面，不仅需要在纠纷发生之前做好合规应对，还要明确在纠纷发生之后选择何种解决方式。

在此背景下，现有的国际商事争议解决方式会造成当事方诉讼和争议解决机构的资源浪费，所以跨境电商争端需要更加便捷、高效和低成本的争端解决方式——在线纠纷解决（Online Dispute Resolution, ODR），它是一种植根于互联网通信技术，综合运用谈判、调解、仲裁和诉讼等多种手段在线解决当事人纠纷的纠纷解决机制（最初仅指非诉讼纠纷解决方式，后范围扩大至包含法院），如图 8-9 所示。在线协商、在线调解、在线仲裁和在线诉讼四种 ODR 方式各有利弊。但无疑此类争议解决方式契合跨境电商的业务特点，未来必定会有长足发展。

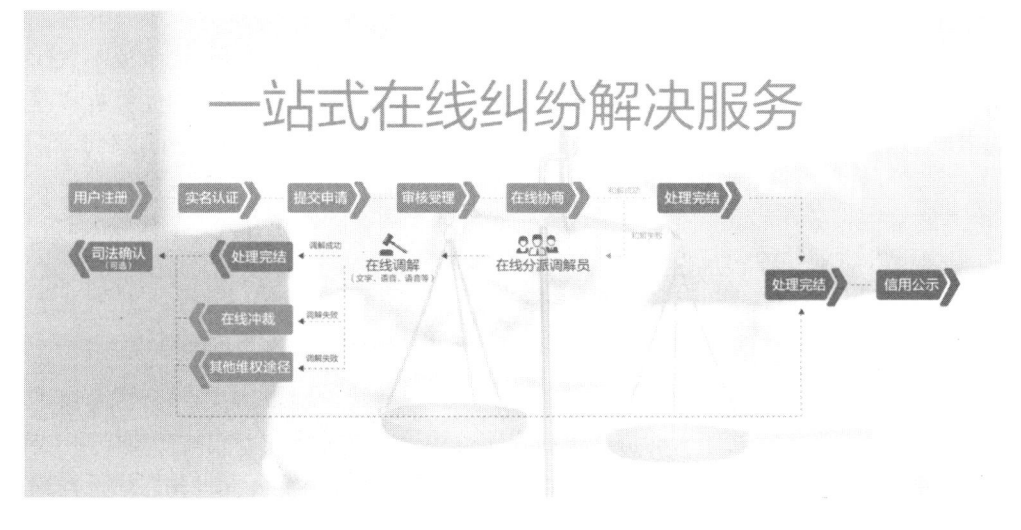

图 8-9 在线纠纷解决（ODR）服务助力电商行业健康发展

目前世界上 ODR 的应用主要是联合国贸法会《关于网上争议解决的技术指引》、欧盟出台的《消费者 ODR 条例》和 ODR 平台（线上争议解决机制）以及包括加拿大、英国等国网上法院。2002 年，中国国际经济贸易仲裁委员会网上仲裁开通，标志着我国在线纠纷解决机制应用的开始，2004 年 6 月成立第一个专门的在线争议解决机构"中国在线争议解决中心"。争议解决方式有不同的分类，具体如下。

（一）按类别分类

1. 依附型 ODR

依附型 ODR 是指电商平台附设的在线仲裁平台解决纠纷机制，如 ebay 的内部调解系统、美国的 Cybersettle 争议解决网站和天猫国际及京东国际附设的纠纷解决机制。依附型 ODR 为平台客户提供了增值服务，客户可以很便捷地提交争议，争议不大的纠纷可以经过平台的调解而化解，方便、成本低。当然，其不足之处也是很明显的，一方面受制于平台工作人员的人数和调解能力，调解的成效低；另一方面平台不能做出有约束力的决定，故有些调解无法发挥作用。

2. 独立型

独立型是指独立于电商平台的在线调解及在线仲裁等程序，一是政府机构管理的，如墨西哥消费者保护署（PROFECO）管理的 Concilianet 机制，深圳市市场监督管理局和福田区人民政府推动成立的众信电子商务交易保障促进中心；二是私人机构主导的，如美国和加拿大地区运作的商业促进局理事会和 China ODR、21CN、中国电子商务协会调解中心；三是专业性仲裁机构的网上争议解决平台，如 CIETAC 的网上争议解决平台、国际商会的 Net Case 系统和广州仲裁委网络仲裁平台。

（二）按形式分类

1. 在线协商

对于小额、量大的跨境电商交易来说，在线协商可以说是交易额小、争议不大纠纷的最优解决方式。在线纠纷包括自助式在线协商，即不公开报价处理，由计算机程序自动达成交易；以及辅助性在线协商，网站提供虚拟环境供双方进行纠纷的直接协商，最后在当事人间达成协议，而非由计算机软件直接根据报价生成协议。但在处理纠纷高效便捷的同时，这种方式的适用范围比较窄，而且缺乏专业的沟通介入。争议较大时，还是需要选择第三方协助解决纠纷。

2. 在线调解

在线调解即将现实中借助第三方对争议解决进行调解的形式通过网络信息技术实现，争议当事方最终在第三人的协助下达成调解协议。这种解决方式同在线协商一样，都是争议方合议后处理的方式。但是，双方达成的调解协议未经公权机关往往不具约束力，在后续的执行上也存在很大难度。

可以看出，就在线协商和在线调解方式而言，欠缺平台信用评价体系与争议解决执行机制相联系的制度，处理结果的非约束性对于争议当事方而言，没有定纷止争的保障，从而后续可能还会借助其他的纠纷解决方式。

3. 在线仲裁

在线仲裁即借助网络信息技术，案件庭审在线进行。仲裁协议的订立、仲裁程序的进行、仲裁裁决的得出均通过互联网进行。维信贵和的仲裁方式可以满足当事方对保密性、安全性的要求；由于仲裁都通过网上进行，节省了交通时间，开庭时间更容易安排，大大降低了仲裁成本。同时，鉴于《纽约公约》的成员国数量在不断增加，因而仲裁裁决的域外执行也有了更多的保障。

在线仲裁与线下仲裁在仲裁原理、仲裁程序、仲裁运行机制等方面并无实质差异，但适用的前提是要有一个有效的仲裁条款，该条款要约定当事人同意"在线仲裁"，要选择有在线仲裁经验的机构，此外还需明确约定适用的实体法，避免法律适用的不确定性。因为涉外争议的法律适用是根据连结点来确定的，但连结点因跨境电商纠纷的国际性、无形性等因素而难以确定。这就对平台提出了要求，由平台在客户注册时所签署的协议中加入仲裁条款。

▶ 小资料 ◀

国际仲裁

国际仲裁，又称"国际公断"，简称"仲裁"或"公断"，是指由争端当事国共同选任的仲裁人审理有关争端并做出有约束力的裁决，是国际争端的法律解决方法之一。某一国际争端的当事国可依其事先或事后所自愿达成的仲裁协议将争端交付仲裁。仲裁人由争端当事国协议选任，可由一人担任，亦可组成仲裁法庭或仲裁委员会，依仲裁协议规定的程序和规则对仲裁协议规定的争端事由进行审理，所做出的裁决对争端当事国具有约束力。

提交仲裁，必须要有书面的仲裁协议。

仲裁协议是指双方当事人自愿将他们之间已经发生或可能发生的可仲裁事项提交仲裁裁决的书面协议。仲裁协议包括双方当事人在合同中订立的仲裁条款和以其他书面方式在纠纷发生前或纠纷发生后达成的请求仲裁的协议。仲裁协议是仲裁委员会受理案件的前提条件。

双方当事人在自愿、协商、平等互利的基础之上将他们之间已经发生或可能发生的争议提交仲裁解决的书面文件，是申请仲裁的必备材料。

4. 在线诉讼

在线诉讼将线下开展的诉讼流程搬到线上进行，这种方式兼具法院的权威性和在线机制的便捷性，对于当事方来说也是更有保障的一种方式。

2016年6月28日,《最高人民法院关于人民法院进一步深化多元化纠纷解决机制改革的意见》第15条明确规定:"创新在线纠纷解决方式。根据'互联网+'战略要求,推广现代信息技术在多元化纠纷解决机制中的运用。推动建立在线调解、在线立案、在线司法确认、在线审判、电子督促程序、电子送达等为一体的信息平台,实现纠纷解决的案件预判、信息共享、资源整合、数据分析等功能,促进多元化纠纷解决机制的信息化发展。"

中国各地法院也广泛建立了在线调解平台、空中调解室、电子法院、电子商务法庭等,如2018年1月,深圳前海法院"一带一路"国际商事诉调对接中心成立;2020年7月15日,杭州互联网法院跨境贸易法庭挂牌成立,成为中国首个集中审理跨境数字贸易纠纷案件的人民法庭,也是互联网司法主动适应跨境数字贸易发展的一项制度创新。

与在线仲裁类似的是,由于立案、审理都在线进行,在线诉讼的成本更低、用时更短,此外法院采用在线方式审理,不需要当事人事先的合议,法院依职权便可进行。但需要特别注意的是,当事人需要事先约定管辖的法院,否则会导致发生争议不知道到哪个法院起诉,或者管辖的法院能确定,但法院没有在线审理的条件,只能按照传统方式进行审理。此外,法院判决的一大不足是,法院的判决在其他大部分国家不能得到执行,截至2021年年底,仅有34个国家与中国有相互承认和执行法院判决的司法协助条约,这就意味着如果平台上没有财产,而对方所在的国家与中国没有司法协助条约,那么法院判决便无法执行。

由上可以看出,ODR是跨境电商行业发展的应时之作。争议解决的所有程序均借助ODR平台在线完成,更为便捷;较传统争议解决方式,ODR可有效缩减解决周期,更为高效;同时ODR还能在一定程度上减轻当事方的争议解决负担,更为低成本。虽然总体而言,当前ODR机制存在欠缺行业统一标准、技术不成熟、社会认可度有待提高等缺点,但这一机制契合跨境电商的业务特点,未来必定会有长足的发展。

学习活动五　跨境电商知识产权

我国于2018年8月31日出台了我国电子商务领域首部综合性法律——《电子商务法》,对电子商务平台中的卖家、平台的相关责任做了明确的界定与划分,明确了电子商务平台经营者在知识产权保护中的法定责任与义务,提高了跨境电商从业者的知识产权保护意识。

商务部、发展改革委、财政部、海关总署、税务总局、市场监管总局出台的《关于完善跨境电商零售进口监管有关工作的通知》,进一步明确了包括跨境电商零售进口的参与主体,细化了包括跨境电商企业、跨境电商平台、境内服务商以及政府在内的各类主体的知识产权保护义务。

然而，由于跨境电商领域涉及的知识产权存在地域性保护，再加之国内知识产权保护意识淡薄、管理制度尚未完善等原因，跨境电商中的知识产权保护问题仍然面临着巨大挑战。

一、侵权风险

（一）著作权侵权

侵犯著作权的行为主要表现为：商家未经版权人许可，通过盗版的文字、音乐、视频等进行相关宣传或商业利用，以牟取不法利益，由此引发了诸如网络服务商侵权行为责任承担、第三方平台责任分担等法律问题。在跨境电商著作权领域，"盗图"是最典型的侵权行为。

相较于作品传统的存储及传播方式，当今作品主要以电子化形式进行存储与传播，电子化后的作品更容易被复制与传播，大大降低了侵权人的侵权成本，实施侵权行为更为便利，也造成了在跨境电商活动中著作权侵权涉及的相关权利主要集中在复制权、传播权与发行权等。从表现形式来看，普通跨境电商经营活动中的著作权侵权行为主要存在以下三种情况。

1. 未经著作权人许可擅自使用权利人的图片、宣传语、音乐等进行宣传

这种情况较为典型的行为就是"盗图"。在"小猪佩奇"国内著作权纠纷首案中，侵权人某凡公司非法使用著作权人的卡通形象，在淘宝网展示侵权商标，并销售印有"小猪佩奇"形象玩具，被杭州互联网法院认定为侵犯了作品的发行权、信息网络传播权与复制权，最终判赔15万元。

2. 未经权利人同意擅自出售、传播作品的行为

例如，盗版书籍、盗版影片、商家在未获得授权的情况下在亚马逊平台销售米老鼠毛绒玩具等，就是属于该类型。该类侵权行为在跨境电商发展的早期阶段较为普遍，目前已经逐渐减少。

3. 未经权利人同意，擅自修改他人作品

此类行为往往与不正当竞争行为挂钩，一般表现为侵权人故意修改权利人享有著作权的美术作品、卡通形象等，形成与原作品有区别却神似的"新作品"，以期鱼目混珠、搭上原作品的"便车"来扩展销售市场。

（二）商标侵权

商标侵权是跨境电商经营活动中知识产权侵权频发的"高风险区"。中国海关总署的统计数据显示，在跨境电商贸易中，侵犯商标权的产品占据了所有侵权产品总量的95%以上，属于侵权"重灾区"。

商标侵权是跨境电商经营活动中最显著的问题，主要包括以下几种情况：未经权利人许可而在相同或相似商品上使用与他人相同或近似的商标、非法销售侵犯注册商标专用权的商品、伪造或擅自制造他人注册的商标标识、为侵权商品提供生产加工仓储运输等便利条件的行为、混淆行为或虚假宣传等不正当竞争行为。

由于跨境电商交易活动是通过线上平台完成的，除卖家在平台披露、介绍的信息外，境外买家在收到货物之前，均无法判断所购商品的真伪、质量优劣，而只能通过对品牌的信任与依赖实现对商品的判断。

正因如此，不少跨境电商企业往往会利用他人知名商标或品牌已有的影响力，来混淆消费者的视听。实践中，企业侵害商标权行为多种多样，主要包括将店铺名称或网站域名注册成与商标权人的商标一致或近似、在产品介绍时使用与商标权人相同或近似的商标、售卖标有他人注册商标的产品、销售仿冒产品等行为。

2020年12月30日，"亚马逊AWS商标纠纷案"判决结果出来——亚马逊被要求不得再用"AWS"商标标志，并赔偿原告7 646万元。因此在这个重视知识产权的时代，不论你是小卖家，还是像亚马逊这样的巨头，在商标、专利及著作权侵权面前，都必须一视同仁。

（三）专利侵权

未经许可而以生产经营为目的，实施他人受保护专利的违法行为即为专利侵权。

相较于著作权侵权与商标侵权，专利侵权在知识产权侵权案件中所占的比例并不大，这是由于专利侵权确认的复杂性与专业性。

在跨境电商活动中，专利侵权行为主要表现为未经授权假冒、销售专利权人的产品；未经权利人许可，许诺销售、销售、进口、制造他人享有专利权的产品；未经权利人许可，利用专利方案制造、销售、许诺销售专利产品等。

虽然专利侵权的占比不高，但一旦为认定为存在侵权行为，就会掀起不小的波澜。

二、侵权的应对

首先，国内企业要正视知识产权的重要性，逐渐提升知识产权的意识，了解知识产权的规则，才能在平台上站稳脚跟；其次，专利、商标要及时申请专利权和商标权，可以自己申请或通过代理公司来办理，趁早申请，把握住主动权才是关键。

（一）主动备案

根据《知识产权海关保护条例》的规定，企业进行知识产权备案是海关采取主动保护措施的前提条件。因此，要想依靠海关的力量为企业把好知识产权这道关，企业应当尽早对自己享有的知识产权进行海关备案。同时，备案可以对企图进行侵权的其他企业产生震慑作用，可以迫使已经在生产、销售侵权货物的企业停止侵权，还可以使非恶意侵权的企业避免"误打误撞"的侵权。

（二）一商标一申请

《中华人民共和国商标法》（以下简称《商标法》）虽然是海关进行知识产权海关保护的重要依据，但海关对商标权的保护与《商标法》的规定并不能直接画等号。因此进出口企业如果想要充分保护自己商品的知识产权，一商标一申请是最稳妥的保护措施。

（三）提升知识产权保护意识，侵权发生时积极维权，打造自己的品牌

现阶段跨境电商的迅速发展，部分原因是产品价格低廉，企业在以价格取胜的同时忽视知识产权风险。此外，从长远看，跨境电商在发展过程中，还应注重自有品牌的打造和维护。

学习活动六　跨境电商网络安全

一、大数据时代的信息安全

由于电商交易要借助虚拟的互联网平台来实现，买卖双方不需要见面来完成交易，这就导致了交易双方的身份不确定性。跨境电商交易中，国境和各国法律的不同使虚拟平台对其身份的确定更为模糊，这就更加方便不法分子冒用或盗用他人身份进行欺诈，或者通过各种诈骗手段盗取合法用户的身份信息，或者通过诈骗、盗取篡改消费者的交易信息从而获得非法利益。

对于大多数跨境电商企业来说，大数据已经成为左右其战局的决定性力量，然而安全风险也随之凸显。大数据包括大量的结构化和非结构化数据，需要通过整合、提炼、分析才能具有相应的应用价值。"大数据"之"大"实际上指的是它的种类丰富、存储量大，因此管理起来是一个具有挑战性的工作。然而，无论从企业存储策略与环境来看，还是从数据与存储操作的角度来看，"管理风险"不可避免地成了"大数据就是大风险"的潜在推力，主要体现在以下五个方面。

第一，目前来看，企业快速采用和实施诸如云服务等新技术还是存在不小的压力，因为它们可能带来无法预料的风险和造成意想不到的后果。而且，云端的大数据对于黑客们来说是个极具吸引力的目标，所以这就对企业制定安全正确的云计算采购策略提出了更高的要求。

第二，随着在线交易、在线对话、在线互动、在线数据越来越多，黑客们的犯罪机会也比以往任何时候都要多。如今的黑客们组织性更严密，更加专业，作案工具也更加强大，作案手段更是层出不穷。相比于以往一次性数据泄露或黑客攻击事件的小打小闹，现在数据一旦泄露，对整个企业可以说是"一着不慎，满盘皆输"，不仅会导致声誉受损、造成巨大的经济损失，严重的还要承担法律责任。所以在大数据时代，网络的恢复能力以及防范策略可以说是至关重要。

第三，随着产生、存储、分析的数据量越来越大，隐私问题在未来的几年也将愈加凸显。所以新的数据保护要求以及立法机构和监管部门的完善应当提上日程。

第四，众所周知，数据的搜集、存储、访问、传输需要借助移动设备，所以大数据时代也带动了移动设备的猛增。现在很多用户互联网体验都转向了移动端，移动设备更多地承载了数据存储工具。

第五，每个企业都是复杂的、全球化的、相互依存的供应链中的一部分，而供应链很可能就是最薄弱的环节。信息将供应链紧密地联系在一起，从简单的数据到商业机密再到知识产权，而信息的泄露可能导致名誉受损、经济损失，甚至是法律制裁。信息安全的重要性也就不言而喻了，它在协调企业之间承包和供应等业务关系扮演着举足轻重的角色。

信息安全是关乎企业生存命脉的一根"红线"，在任何时候都是不可碰触的。面对大数据的双刃剑，保护好这些敏感数据的安全及其大数据分析生成的各种战略方案、机密文档、市场报告等成果，是促使大数据助力企业发展的关键环节。而保护大数据的安全，管理是重中之重，要制定合理的管理制度及访问权限控制。

另外，大数据一般都需要在云中实现上传、下载及交互，做好加密保护必不可少。用透明加密技术对敏感数据进行严密的加密处理，使它们始终以加密的状态存在，任何人未经授权或解密都接触不到原始数据的真实内容，也就有效制止了黑客及企业员工对数据的窃取或利用。

二、跨境支付安全

电子商务及跨境电商第三方支付行业迅速发展，由于跨境支付系统面向的是国际贸易，相对于国内第三方支付系统来说更加复杂，并且跨境外汇电子支付还没有较为统一的管理规范制度，使得第三方支付的潜在风险很高，由此存在的问题也很多。

（一）欺诈风险

跨境支付欺诈是很多跨境电商都遭遇过的问题，也给企业带来了不小的损失。而因担心风险损失拒绝潜在客户的案例也很多，这些都严重影响了企业的发展和客户的体验。

目前国际上主流信用卡品牌有 Visa、MasterCard、American Express、JCB、国际银联、Diners Club、Discover，其中前两个被广泛使用，占全球市场 68%，并每年保持 20%左右增长率。

在跨境电商主流消费市场，欧美国家的信用卡普及率非常高，当地消费者也习惯通过信用卡消费，因此各跨境电商企业通常都会接受国际卡组织 Visa 或 MasterCard 发行的信用卡。而目前通行的互联网支付方式大致可以分为凭密支付和无密支付，凭密支付一般需要发卡行、收单行等多方验证及支持，成功授权的失败率比较高，如美国等国家授权失败率高达 50%。为了减少授权失败率、提升用户的支付体验，大多数跨境电商企业倾向于无密支付，用户只需输入卡号、有效期及CVV2，即可完成支付流程。这除了调高支付的成功率，也方便了犯罪分子的交易欺诈。

与此同时，不同于境内支付交易，跨境支付交易过程中发生的大多数欺诈交易的追溯流程需要经历的路径也非常长，往往要2~3个月才能判定一笔交易是否属于欺诈交易，这实际上非常考验跨境支付过程中风险管理的有效性，并且跨境支付交易的来源方往往遍布全球各地，加上跨境支付交易的风险管理还得承受全天24小时来自全球犯罪分子的攻击，这一系列的跨境支付欺诈风险都给跨境支付交易的风险管理提出了巨大的挑战。

（二）支付交易风险

因为跨境支付的整个交易流程涉及各方主体的交互，所以跨境支付的交易风险也一直是跨境支付能否健康发展的重要看点。跨境支付的交易风险主要分为两类。

1. 第三方支付机构本身发生的不合规交易带来的交易风险

目前跨境电商还是跨境贸易的一种新型业态，行业的一系列规则和法规还不成熟。所以第三方支付机构在国家还没有出台具体的法律法规之前，可能会以追求利益最大化的原则，省去没有规定但却有一定成本的工作流程，比如放弃成本较高但效果更好的大数据分析来审核相关信息，而采用成本较低的方式来审核客户的身份信息。这在一定程度上会造成主体身份的虚假信息泛滥，增加跨境支付的交易风险，并且境内外个人也可能会趁机以服务贸易或虚假货物贸易的方式来转移外汇资金，从而逃避外汇管理局的监管，这在严重影响跨境支付交易秩序的同时，还威胁到了国家的资金安全。

2. 用户遭遇的交易风险

用户遭遇的交易风险主要源自跨境支付交易过程中可能遭遇的各类网络支付安全问题。境内消费者将面对个人隐私信息被窃取、账号被盗、银行卡被盗用和支付信息丢失等情况，这些都对跨境支付的系统安全提出了更高的要求。

（三）交易资金风险

除了跨境支付交易过程中的安全性、支付成本和放款效率，资金安全也是跨境电商卖家非常关心的方面。但因为很多中小卖家对跨境电商平台的相关条款并没有完全吃透，对国外的法律法规更不了解，所以经常会在这方面吃亏。

比如Wish和ebay等跨境电商平台很多时候都以买家的利益为主，在碰到纠纷时往往会为买家考虑更多，而让中国卖家遭受损失，近几年发生的纠纷事件就直接反映了中国卖家在发生纠纷时的弱势。当发生知识产权纠纷或交易纠纷时，卖家资金往往会很快被跨境电商平台冻结，然而由于这些平台在中国没有合适的法律主体，中国卖家要向平台申诉还要赴海外聘请当地律师。从众多中国中小卖家的角度出发，他们既没有时间也没有精力来承担相应的上诉流程。

（四）主要对策

1. 建立风险管控

开展数据监控，建立一套完整的风险管理架构，无论对跨境电商还是对支付机构都非常重要。面对不断发生的跨境电商欺诈交易，企业可以通过账户安全、交易安全、卖家安全、信息安全和系统安全五大安全模块的组合来实现风险管理架构的搭建，从而防止账户出现盗用或信息泄露，并最终借助管控交易数据等手段降低交易风险欺诈的可能性。除了搭建风险管理架构，企业还可以通过建立以数据驱动为核心的反欺诈系统来进行风险管控。不同于传统的反欺诈系统，通过签名识别、证照校验、设备指纹校验和IP地址确认的审核方式，跨境支付反欺诈系统拥有强大的实施模型、灵活的风险规则和专业的反欺诈人员判断力。

第三方支付机构还应该加强行业内部的风险共享和合作机制，因为一般犯罪分子在盗取一批信用卡信息之后会在多个交易平台上反复使用，实现价值的最大化，且往往把风控能力最弱的一方作为突破口，这时平台的信息共享和合作能及时进行预警。

2. 履行相关责任

在跨境支付交易的过程中保证交易真实，支付机构应严格按照相关法律法规，并遵循有关部门发布的指导意见审核交易信息的真实性及交易双方的身份。

支付机构可适当增加交易过程中的信息交互环节，并留存交易双方的信息以备核查，对有异常的交易及账号进行及时预警，按时将自身的相关业务信息上报给国家相关部门。国家相关部门也应定期抽查并审核交易双方的身份信息，并对没有严格执行规定的第三方支付机构进行处罚。同时应制定科学的监管方案对支付机构进行监管，并促进支付机构和海关、工商、税务部门进行合作，建立跨境贸易信息共享平台，使得跨境交易的监测更加准确和高效。

在加强监管的同时，支付机构也应加大技术的研发力度，提升跨境支付的安全性，增加跨境支付的交易数据的保密程度，利用大数据及国内云技术的优势对跨境交易的双方进行身份审核并分级，为境内外客户提供更加安全、有保障的购物环境。

3. 遵守知识产权

随着跨境电商的快速发展和国家的大力推动，跨境电商应从原来的粗放模式慢慢向精细模式发展。

从事跨境电商的卖家要真正解决跨境交易的资金风险，首先要做的就是合规经营，以知识产权为公司核心，同时注重企业产品品质，并且要努力、持续地学习各个跨境电商平台的规则和条款，尤其是涉及资金安全的条款。其次，在遭遇跨境电商交易纠纷时，中小跨境电商卖家应该认识到个体的力量是弱小的。遭到资金冻结的卖家一方面应积极了解相关法律法规，另一方面也可以利用行业协会的优势，积极应诉取得诉讼的主动权，保证自己的资金安全。

学习活动七　跨境电商法律法规的国际协调

一、我国跨境电商相关法律法规

2021年8月20日，经第十三届全国人大常委会第三十次会议审议后，《中华人民共和国个人信息保护法》（以下简称《个保法》）通过并公布。2021年11月1日起生效实施后，《个保法》将与《中华人民共和国网络安全法》《中华人民共和国数据安全法》一起构建我国网络空间治理和数据保护的法律体系。

2018年8月31日，十三届全国人大常委会第五次会议通过了《中华人民共和国电子商务法》。有评论认为对跨境电商的规范是此次立法的一大亮点之一，对跨境电商有了法律上的基本规定和行为规范。对此，我们认为需要谨慎客观评论。我国跨境电商确实存在立法缺失，从这个方面讲，电子商务立法对跨境电商的规范，确实是一个标志性事件。

（一）跨境电商贸易与运输法律法规

1. 规范对外贸易主体、贸易规范、贸易监管的一般性法律

跨境电商的参与者很多具有贸易主体的地位，对跨境B2B电商而言，仍然适用于货物贸易的情形。在这个方面，我国出台的最重要的法律基础是《中华人民共和国对外贸易法》（以下简称《对外贸易法》）。在修订后的《对外贸易法》中，规范了贸易参与者、货物进出口、贸易秩序、知识产权、法律责任等，从根本上确立了贸易参与者的备案登记，对货物进出口的许可管理和监管，保护知识产权等措施。

与此同时，针对贸易参与者的登记问题，又出台了《对外贸易经营者备案登记办法》，规范了登记需要递交的材料和审核细节。针对货物进出口环节，我国还具体制定了《货物进出口管理条例》，规定了对禁止进出口、限制进出口、自由进出口等的管理措施。

2. 贸易合同方面的法律

跨境电商的合约除了具有电子合同的属性，还具有贸易合同的性质。当前，国际上比较重要的公约是《联合国国际货物销售合同公约》，该公约实际规范的是一般贸易形态的商业主体之间，非个人使用、非消费行为的货物销售合同订立。该公约具体规范了合同订立行为、货物销售、卖方义务、货物相符（含货物检验行为等）、买方义务、卖方补救措施、风险转移、救济措施、宣布合同无效的效果等。同时，也需要参照我国《中华人民共和国合同法》（以下简称《合同法》）进行规范。我国《合同法》不仅规范了销售合同，而且也对商事代理方面的合同行为提出了专门的条款，对运输过程中的一些问题也进行了规定。

3. 知识产权方面的法律和规范

跨境电商活动中交易的商品需要遵守知识产权有关规范，主要涉及商品的专利、商标、著作权等问题的规范，我国相继出台了《中华人民共和国专利法》《中华人民共和国商标法》和《中华人民共和国著作权法》。我国已经加入或批准了《保护工业产权巴黎公约》及《商标国际注册的马德里协定》，在加入 WTO 之后也受《与贸易有关的知识产权协定》的约束。这些法律及国际公约详细规定了知识产权的性质、实施程序和争议解决机制。

4. 跨境运输方面的法律法规

跨境电商交易活动后期会涉及较多的跨境物流、运输问题，涉及海洋运输、航空运输方面的法律，主要应参照《中华人民共和国海商法》《中华人民共和国航空法》和《货物运输代理业管理规定》。这些法律法规对承运人的责任、交货提货、保险等事项进行了具体规定，同时也对国际贸易中的货物运输代理行为进行了规范，理清了代理人作为承运人的责任。这部分的法律规范同时还需要参照我国的《合同法》，解决代理合同当中委托人、代理人、第三人之间的责任划分问题。货运代理的代理人身份和独立经营人身份/合同当事人的双重身份也需要参照《合同法》进行规范。

（二）跨境电商监管法律法规

跨境电商活动仍然需要受到跨境贸易监管部门的监管，主要涉及通关、商检、外汇、税收方面的法律法规。

1. 跨境运输方面的法律法规

跨境电商所涉及的货物/物品需要经过海关的查验，我国出台了《中华人民共和国海关法》（以下简称《海关法》），并通过《海关企业分类管理办法》《海关行政处罚条例》进一步细化。

《海关法》涉及海关的监管职责，对进出境运输工具、货物、物品的查验，以及关税等内容。《海关企业分类管理办法》对海关管理企业实行分类管理，对信用较高的企业采用便利通关措施，对信用较低的企业采取更严密的监管措施。同时，在通关环节，加强了"知识产权的海关保护"，出台了《知识产权海关保护条例》及其实施办法。针对目前空运快件、个人物品邮件增多的情况，我国也出台了一些专门的管理办法。

2. 商检方面的法律法规

跨境电商所交易的较多货物都需要通过商检的检验环节，目前的依据主要是《中华人民共和国商检法》（以下简称《商检法》），涉及商品检验检疫方面的进口、出口的检验以及监督管理职责。同时，依据《商检法》出台了《商品检验法实施条例》，对商检法各个部分拟定了细则。另外，我国还出台了一些针对邮递和快件的检验检疫细则，如《进出境邮寄物检疫管理办法》和《出入境快件检验检疫管理办法》等。

3. 外汇管理的有关规定

跨境电商主要涉及向外汇管理部门、金融机构的结汇问题，当前的规范主要有《外汇管理条例》等。《外汇管理条例》中所涉及的经常项目售汇、结汇条文会直接影响到跨境电商的部分支付问题。

4. 税收方面的法律法规

跨境电商进出口环节可能会面临征税问题，该类法律法规主要有《进出口关税条例》，以及涉及退税阶段的各类规章制度。《进出口关税条例》在《海关法》和国务院制定的《进出口关税税则》的基础上具体规定关税征收的规定和细则，包括货物关税税率设置和适用、完税价格确定、进出口货物关税的征收、进境货物的进口税征收等。针对新出现的跨境电商企业的征税和退税问题，税务总局也出台了一系列文件。

在跨境电商活动中，货物都需要通过海关、商检，经营参与者需要进行收汇和结汇，在通关过程中还会遇到税收问题。因此，跨境电商的法律需要考虑和参照已有的此类法律内容。

二、法律法规的国际协调

联合国国际贸易法委员会先后通过《电子商务示范法》《电子签名示范法》等，为各国家及地区电子商务立法提供了一整套国际通行规则。作为电子商务及跨境电商法律体系较为健全的国家，美国制定了《统一电子交易法》和《电子签名法》，德国也颁发了《电子签名框架条件法》和《电子签名条例》。

欧盟在电子商务领域立法的目的在于确保电子商务在欧洲发展没有障碍，包括电子协议和新技术因缺乏法律依据而引发的发展障碍。起初，欧委会提出了《欧洲电子商务行动方案》，作为欧盟内部电子商务制定基本法律的框架。欧盟后续颁布了《电子商务指令》，该指令主要目的在于确保欧盟成员国之间信息与服务的自由流动，促进内部市场的形成。

美国在电子商务及相关方面法律较为健全，除了早期的《电子资金划拨法》《金融服务现代化法》《统一货币服务法案》，还建立了《统一电子交易法》和《电子签名法》等法律。目前，美国的《全球电子商务政策框架》是跨境电商领域的重要文件。

2020年11月5日包括中国在内的15个国家签订了全球最大自贸协议协定。协定已经由各国磋商了8年之久，《区域全面经济伙伴关系协定》（RCEP）的签订，具有特殊的划时代意义，其成员包括中国、日本、韩国、澳大利亚、新西兰和10个东南亚经济体，共15个参与方。RCEP涵盖人口超过35亿，占全球总人口47.4%，成员国的经济规模占全球GDP的30%左右，是全球最大的自由贸易区，覆盖人口数量最多、成员结构最多元。

作为一个现代、全面、高水平和互惠的协定，RCEP涵盖了知识产权、电子商务等现代化议题。针对电子商务，RCEP在无纸化贸易、电子认证和电子签名、消费者线上保护、线上个人信息保护、国内监管框架、海关关税、透明度、争端等方面作出了相关规定，将有效促进和加强缔约方在电子商务发展方面的合作。

中国商务部国际贸易经济合作研究院发布了《RCEP 对区域经济影响评估报告》（以下简称《报告》），就 RCEP 生效后对区域贸易、投资以及经济产业发展的影响进行了全面分析。

《报告》指出，整体来看，RCEP 生效后，区域内 90%以上的货物贸易最终会实现零关税，这不仅将显著拉动区域整体的经济、贸易和投资增长，对于全球贸易和福利增长也将起到积极的促进作用。RCEP 作为现代、全面、高质量、互惠的自由贸易协定，生效后更高水平的贸易投资开放力度和更有保障的制度性合作环境将使成员国共同受益。《报告》模拟结果显示，RCEP 成员国中，东盟国家宏观经济层面相对受益最大，实际 GDP、进出口、投资等都呈现大幅增长，中国、日本、韩国、澳大利亚和新西兰在经济福利总量增加方面则更为显著。

《报告》模拟结果显示，到 2035 年，RCEP 将使中国实际 GDP、出口和进口增量分别较基准情形累计增长 0.35%、7.59%和 10.55%，出口和进口累计增量将分别达到 3 154 亿美元和 3 068 亿美元，经济福利将累计增加 996 亿美元。

RCEP 作为全球规模最大的自由贸易协定，对区域经济发展以及产业链供应链格局将产生重要影响。RCEP 生效后，通过降低贸易投资壁垒，提高区域经济一体化水平，推动形成统一的区域大市场，将促进中国农业、轻工纺织、汽车、机械、电子信息、石化等重点行业的进出口贸易增长，为产业发展带来难得的发展机遇，但石化、机械等部分产业需在更加激烈的市场竞争中不断提高自身能力，轻工纺织、电子信息、汽车等行业也需与东盟、日本、韩国等 RCEP 伙伴推动共建互利共赢的区域产业链供应链合作体系。

RCEP 削弱或者说消除了自贸区内的贸易关税壁垒，在区域内的商品交易能够实现最低成本的流通，跨境交易变得更加方便，这能够促进区域内的外贸行业的大跨步式发展。同时，RCEP 协议下通过的新技术应用推动跨境物流通关便利性提升，在商品零关税、区域内国际间关税双边减让方面取得的新突破，也将促进跨境消费增加。

复习与思考

一、名词解释

1. 海关。
2. 跨境电商综合税。
3. 所得税。
4. ODR。
5. RCEP。

二、简答题

1. 跨境电商的监管方式有哪些？
2. 跨境电商税收一般会涉及哪些税种？
3. 跨境电商企业法律业务有哪些？
4. 跨境电商知识产权侵权包括哪些？
5. 简要阐述跨境电商网络安全风险。

三、案例分析

跨境电商助力东南亚经济加速复苏

2020年是中国—东盟数字经济合作年，电子商务已成为中国与东盟数字经济合作的新亮点。据东盟秘书长林玉辉预计，到2025年，东盟的数字经济将从2015年占GDP的1.3%提高到8.5%，中国与东南亚国家在跨境电商领域始终密切合作，为东南亚经济加速恢复形成有力支撑。泰国椰青、马来西亚"猫山王"榴莲、缅甸芒果等众多东南亚特色产品，通过电商平台热销，受到越来越多中国消费者喜爱。东盟国家同中国的贸易往来呈现逆势增长的良好态势，跨境电商发挥了重要作用。

随着东南亚地区电商市场规模不断扩大，网购模式正逐渐影响着东南亚地区的商业形态，相关行业都在积极调整政策措施。

数据显示，目前菲律宾的电商市场规模正以每年20%至30%的速度增长。据当地媒体报道，随着电商平台崛起，今年首都马尼拉商场的空置率预计将达12%。菲律宾高力国际房地产集团研究部高级经理乔伊·邦多克表示，越来越多的消费者倾向于网络购物，实体商场必须改变，空置下来的建筑可以改造成仓储和物流中心，以迎合电商发展趋势。

随着RCEP的签订，东南亚跨境电商的市场潜力值得重点关注。一方面，近年来，东南亚跨境电商市场快速发展，平台电商、二类电商、COD（货到付款）等各类电商模式尽显活力。有预测认为，其在2019年至2025年的市场复合增长率为26%，市场规模将在2025年达1 530亿美元。另一方面，"一带一路"倡议为东南亚跨境电商发展提供了广阔空间。RCEP签署后，东盟与中方的贸易关系将更趋紧密，进一步激发跨境电商的发展活力。

1. 签署RCEP对中国、对世界有什么影响？
2. 实施RCEP有哪些挑战？请小组合作完成调查报告。

参 考 文 献

[1] 王健. 跨境电商[M]. 北京：中国商务出版社，2020.

[2] 曲莉莉，杨利，卢秋萍. 跨境电商基础[M]. 上海：华东理工大学出版社，2019.

[3] 宋艳萍，汪健. 电子商务法律法规[M]. 上海：华东理工大学出版社，2019.

[4] 杜娟，王冰，蔡君如. 跨境电商运营[M]. 成都：电子科技大学出版社，2020.

[5] 易传识网络科技. 跨境电商多平台运营实战基础[M]. 2版. 北京：电子工业出版社，2017.

[6] 马述忠. 跨境电商理论与实务[M]. 杭州：浙江大学出版社，2018.

[7] 孙韬. 跨境电商与国际物流——机遇、模式及运作[M]. 北京：电子工业出版社，2018.

[8] 殷建磊. 跨境电商物流模式创新与发展趋势[J]. 计算机产品与流通，2019（01）：91.

[9] 逯宇铎，陈璇. 跨境电商物流（微课版）[M]. 北京：人民邮电出版社，2021.

[10] 张函. 跨境电商基础[M]. 北京：人民邮电出版社，2019.